Eva Gesine Baur
Freuds Wien

Eva Gesine Baur

Freuds Wien

~

Eine Spurensuche

Verlag C.H.Beck

Mit 48 Abbildungen und einer Karte:
S. 156: www.Planet-Vienna.com
Alle übrigen Abbildungen und Karte:
Imagno Bildarchiv, Wien

© Verlag C.H.Beck oHG, München 2008
Gesetzt aus der Janson Text bei Janß, Pfungstadt
Druck und Bindung: GGP Media GmbH, Pößneck
Gedruckt auf säurefreiem, alterungsbeständigem Papier
(hergestellt aus chlorfrei gebleichtem Zellstoff)
Printed in Germany
ISBN 978 3 406 57065 0

www.beck.de

Inhalt

Vorbemerkung 7

Freuds Wien als Widerspruch
*Vom Café Imperial bis zum Karlsplatz unterwegs mit
Freuds genialem Spötter* 9

Die Schande im Leben des Einserschülers
Rund um den Karmeliterplatz im 2. Bezirk 20

Zuhause in zwei Welten
Anna Freud bei den Ursulinen und in der Leopoldstadt . 29

Ort der Hoffnungen und ihrer Enttäuschung
*Eine Exkursion rund um die Alte Universität und das
Alte Allgemeine Krankenhaus* 41

Wo das Problem begraben liegt
*Ein Spaziergang auf dem Zentralfriedhof in Freuds
Vergangenheit* 54

Beschwörungszauber in der Praxis des Doktor Freud
*Die Orte des Aberglaubens, des Glaubens und der
Magie* 67

Ein genialer Selbstmörder neben Freud in den
Schlagzeilen
Auf den Spuren des Otto Weininger auf dem Matzleinsdorfer Friedhof 80

Die Süchte des Seelenforschers
*Der Weg von der Berggasse zum Café Landtmann und
zum Café Central* 89

Das Glückstier und das Brudertier in Freuds Menagerie
Mit Lou Andreas-Salomé und Viktor Tausk in der Urania und im Zoo 101

Der Vater und seine Neurosenprinzessin
Auf Spurensuche in zwei Luxushotels 118

Krankenbesuch im Villenviertel
Erkundungen zu Freud im Cottage, XVIII. und XIX. Bezirk 130

Freuds angehimmelte Diseuse
Zu Gast bei Yvette Guilbert im Hotel Bristol und im Konzerthaus 145

Familienbandenkrieg und -frieden
Die brisante Idylle rund um die Servitenkirche 155

Sonderbare Anwandlungen eines enttäuschten Mannes
Ein Ausflug nach Pötzleinsdorf 166

Düstere Ahnungen im lichten Sommerdomizil
Woran ein Besuch an der Hohen Warte erinnert . . . 176

Annas Alleingang ins Hotel Métropole
Dunkle Erinnerungen am Morzinplatz 186

Was Freud so gern vernichtet hätte
An den Schauplätzen des Abschieds 197

Vom Staat beraubt, verzogen nach Theresienstadt
Auf den Spuren von Freuds Schwestern im Stubenviertel. 208

Literatur 223

Register 227

Stammbaum der Familie Freud (Auszug) 234

Vorbemerkung

~

Wer sich in Wien auf die Suche nach Freuds Spuren begibt, brauchte bisher sehr viel Phantasie und gute Laune, denn an den legendären Schauplätzen erwartet den Spurensucher meistens Enttäuschung. Die Domizile, in denen er als Schüler mit seinen Eltern hauste, sind allesamt zerstört. Das so genannte Sühnhaus, wo Freud als junger Ehemann wohnte, ist längst durch einen freudlosen Nachfolgebau ersetzt worden. Das Hotel Bellevue, idyllisch oberhalb der Stadt gelegen, wo Freud seinen ersten Traum deutete, fiel, wohlgemerkt erst Jahrzehnte nach Kriegsende, der Abrissbirne zum Opfer. Den Platz vor der Votivkirche, der Freuds Namen trägt, ziert keinerlei Freud-Denkmal. Das Feriendomizil in Grinzing, in dem Gäste aus aller Welt verkehrten, steht nicht mehr. Blumen aufs Grab legen kann der Spurensucher Herrn Freud auch nicht, die Urne befindet sich im Krematorium Golder's Green in London.

Trost bot schon immer das Museum in seinen ehemaligen Wohn- und Praxisräumen in der Berggasse 19, das mit jedem Jahr reicher, schöner und aufregender geworden ist. Doch auch dort lauert eine leise Frustration; die berühmte Couch steht in der Freud-Gedenkstätte im Londoner Stadtteil Hampstead.

Trotzdem verbinden so viele Wienreisende diese Stadt mit dem Vater der Psychoanalyse, dass es lohnt, einen neuen Versuch zu unternehmen, Wege zu erkunden, auf denen sie ihm begegnen können.

Und es gibt sie.

Zuweilen waren gedankliche Umwege nötig, um sie zu entdecken, doch sie führen ins Herz von Freuds Leben und in das seiner Stadt. In den Prunksaal der Hofbibliothek und in das Kunstforum an der Freyung, in das traumverlorene Cottageviertel oder an den vitalen Karmelitermarkt, in die Romantik der Servitengasse oder ins grandiose Postsparkassenamt des Otto Wagner.

In Szenen wird von einem Mann erzählt, der zu Lebzeiten so berühmt wie Einstein war und mit ihm befreundet, der Süchte analysierte und selbst nikotinsüchtig war, der Eifersucht durchschaute und selbst daran litt, der analytische Distanz lehrte und von einer Patientin die schönheitsoperierten Brüste vorgeführt bekam, der Sammeltrieb als anal bezeichnete und fanatisch sammelte.

Ein Mann, der die Welt verändert hat, und bis heute bekämpft wird, der als Greis aus der Stadt fliehen musste, die sich heute mit ihm schmückt.

Ein Mann, in dessen Schicksal sich die österreichische Geschichte verdichtet.

Freuds Wien als Widerspruch

~

*Vom Café Imperial bis zum Karlsplatz unterwegs
mit Freuds genialem Spötter*

Freud wusste, was er an Wien besaß. «Die Stadt Wien hat alles, was in ihrer Macht lag, getan», schrieb er in seinen Bemerkungen ‹Zur Geschichte der psychoanalytischen Bewegung›, «um keinerlei Anteil an der Entwicklung der Psychoanalyse zu nehmen.»

Dass Wien eine Stadt der Superlative war, übersah Freud dabei nicht: «An keinem andern Ort bekam der Analytiker die feindselige Gleichgültigkeit der wissenschaftlichen und gebildeten Kreise so zu spüren wie gerade in Wien.»

Am liebsten sprach Freud in Wien vor ausgewählten Zuhörern, vor Studenten, die ihn bewunderten, in der Loge B'nai B'rith, die ihn ehrte, vor der Psychoanalytischen Gesellschaft im Café Korb oder später in eigenen Räumlichkeiten, wo er verstanden wurde. Damit verweigerte er den Wienern, was ihnen, wie Freud mutmaßte, so lebensnotwendig ist wie Kaffeehäuser: das Spektakel, die Hetz, die Schau.

Zweifellos war die Psychoanalyse in Wien zu Freuds Lebzeiten ein Thema. Elias Canetti, sicherlich kein Freudianer, erinnerte sich, dass es Mitte der 1920ger Jahre kaum ein Gespräch gab, in dem Freud nicht vorkam. Von den maßgeblichen Köpfen an der Universität sei er zwar hochmütig abgelehnt worden, aber das Deuten Freudscher Fehlleistungen sei ein Gesellschaftsspiel geworden, die Suche nach dem Ödipuskomplex eine Mode, die «Traumdeutung» werde gerne mit Astrologie verglichen und in diesem Sinne durchgehechelt. Über Freud, auch über seine Person, wurde gemunkelt, getuschelt, geklatscht, gewitzelt. Auf hohem Niveau breit diskutiert wurden seine Theorien jedoch nicht.

Spiel, Sport, Mode, aber eben kein Spektakel. «Spectacle müssen seyn», hatte es schon im Wien des 18. Jahrhunderts geheißen. Freud bot das nicht, weder was Affären mit seinen meist berühmten und vermögenden Patientinnen noch was den Auftritt anging, und schrieb sich deshalb selbst Schuld daran zu, in Wien nicht durchzudringen: «Wenn ich Gelegenheit zu Zusammenstößen gegeben hätte, in denen alle Affekte sich entladen, alle Vorwürfe und Beschimpfungen, die die feindlichen Parteien auf der Seele hatten, herausgeschrien werden konnten –, vielleicht wäre in diesem Fall der Bann gegen die Psychoanalyse jetzt aufgehoben.» Das war 1914, vierundzwanzig Jahre, bevor er Wien verließ. Ans Ende dieser Überlegungen über das Verhältnis seiner Stadt zu seiner Arbeit und seiner Existenz, setzte er ein Zitat aus Schillers Wallenstein: «Doch das vergeben mir die Wiener nicht, dass ich um ein Spektakel sie betrog.»

Die Wiener aber lassen sich eben darum nicht betrügen. Sie beschaffen sich das Spektakel. Es findet sich immer ein angemessener Herausforderer, der die Stillen in die Arena zerrt. Und im Fall Freud fand sich ein brillanter, ein Mann, der Wien die meisten und heißesten Spektakel bescherte: Karl Kraus, 1874 im böhmischen Jitschin (auch Gitschin) geboren, als Provokateur von Sigmund Freud, 1865 im benachbarten Mähren geboren, bestens geeignet, weil die beiden so vieles verband.

Wie Freud war Kraus, was man Ostjuden nannte, wie Freud war er mit den Eltern als Kind nach Wien gekommen, wie Freud fühlte er sich immer höchsten Anforderungen gewachsen. Freilich hatte er als Fabrikantensohn eine verwöhnte Kindheit und Jugend gehabt, war im ersten, nicht im zweiten Bezirk aufgewachsen, in repräsentativen Wohnungen, sogar in einem Ringstraßenpalais, nicht in engen Be-

Ort der Konzentration: Im Café Imperial las Kraus für sich alleine, bevor er in vollbesetzten Sälen mit Lesungen das Publikum hinriß. Er hatte es zu seinem Stammcafé gemacht, weil es dort ruhiger war als im Central oder den anderen Künstlertreffs, weil es in der Nähe seiner Wohnung in der Lothringerstraße 6 und seiner bevorzugten Auftrittsorte lag. Kraus konnte nicht ahnen, dass hier zwischen 1938 und 1941 mehrmals Adolf Hitler gastieren würde. «Zu Hitler fällt mir nichts ein», hatte er später gesagt. Zu Freud fiel ihm vieles ein.

hausungen. Doch er wollte wie Freud zu Ruhm gelangen und schaffte es. Beide besaßen Zivilcourage, Stolz, Ehrgeiz, Lust am Querdenken und am Verletzen von Tabus. Freud wie Kraus hatten keine Schwierigkeiten, sich mit ihrer jüdischen Herkunft zu identifizieren, sehr wohl aber mit der Glaubensausübung: Freud fühlt sich zwar als «Jude, der sein Judentum nie verbergen wollte», lehnte es jedoch ab, jüdische Gottesdienste zu besuchen, jüdische Feste zu feiern und Rituale zu befolgen, von koscherem Essen ganz zu schweigen, und meinte, auf die Frage, was an ihm jüdisch sei, könne er nur antworten: «Nicht sehr viel, aber wahrscheinlich die Hauptsache.» Karl Kraus, offenbar doch weniger Skeptiker, hielt von jüdischem Brauchtum ebenso wenig, ließ sich jedoch in der Karlskirche am 8. April 1911 mit siebenunddreißig Jahren katholisch taufen, Taufpate war Adolf Loos, stand elf Jahre später in der «Fackel» öffentlich zum bis dahin verheimlichten Glaubensübertritt, bekannte sich aber deutlich zu seinem Judentum, als 1933 die Nationalsozialisten in Deutschland die Macht ergriffen.

Für Sigmund Freud wie für Karl Kraus wurde das Jahr 1899 zu einem Schicksalsjahr. Freud veröffentlichte eine Arbeit, von der er sich Ruhm und sein Verleger Geld erhoffte: «Die Traumdeutung». Franz Deuticke, der schon Freuds Frühwerk mit Überzeugung, aber ohne Gewinn verlegt hatte, war erleichtert: «Traumbücher gehen immer!» Damit es noch besser gehen möge, druckte er als Erscheinungsjahr nicht 1899 sondern 1900, hinein; damit signalisierte er, dass es sich bei diesem Buch um das Dokument einer Zeitenwende handelte, um ein Jahrhundertwerk. Doch es brauchte zwanzig Jahre, bis die ersten sechshundert Exemplare verkauft waren.

Kraus brachte ein Periodikum heraus, auf das niemand große Hoffnungen setzte.

Im April 1899 erschien die erste Nummer der Zeitschrift «Die Fackel», zweiunddreißig Seiten in einem roten Einband. «Soweit das Auge reicht, alles rot», erinnert sich Robert Scheu. «Einen solchen Tag hat Wien nicht wieder erlebt. War das ein Geraune, ein Geflüster, ein Hautrieseln! Auf den Straßen, auf der Tramway, im Stadtpark, alle Menschen lesend aus einem roten Heft.» Es war das erste von 922 Heften und der Beginn einer beispiellosen Erfolgsgeschichte.

Anfangs hatte sich Karl Kraus für die Psychoanalyse interessiert, sah er doch in Freud einen Verbündeten, der wie er gegen die verlogene Sexualmoral der Zeitgenossen ankämpfte, «die sich den Geschlechtsverkehr nur auf ethischer Grundlage, nicht auf dem Diwan vorstellen können.»

Freud hatte Forscher werden wollen, am liebsten alleine im Labor, und hatte diesen Plan aufgegeben, weil er als Jude darin keine Karrierechancen hatte und auch wenig Hoffnung, Geld zu verdienen. Kraus hatte Schauspieler werden wollen und von diesem Ziel nur Abstand genommen, weil er bei seinem ersten großen Auftritt in Schillers «Die Räuber» durchgefallen war. Doch beide blieben der ursprünglichen Idee treu: Freud machte sein Sprechzimmer zum Laboratorium der Träume, Kraus machte jeden Vortragsaal zum Theater und lieferte seinem dankbaren Publikum ein Spektakel. Seine Kommentare zur Psychoanalyse waren von so funkelndem Witz und so glänzender Rhetorik, dass die Zuschauer über dem Funkeln und Glänzen bereitwillig übersahen, dass der Inhalt oft fehlerhaft war. Es hörte sich einfach gut an, wenn Kraus behauptete, Psychoanalyse sei «mehr eine Leidenschaft, als eine Wissenschaft», und Psychologen seien «Durchschauer der Leere und Schwindler der Tiefe»; mit solchen Bonmots war jedem, der sie zitierte, ein Lacher sicher. Und Kraus reichte ständig neue Zuckerl nach. «Hysterie ist die geronnene Milch der Mutterschaft», stand in der Fackel vom Dezember 1907. Damit konnte man sich die mühsame Lektüre von Freuds Studien zur Hysterie sparen. Und die Analyse sparte sich ein vernünftiger junger Mensch ohnehin besser, befand Kraus und brandmarkte Freud als einen, der mit seinen Lehren der Jugend schade, nicht nutze. «Was fängt man doch mit dieser Jugend an? Sie ist missgestalt und reagiert psychisch. Nichts als Freudknaben», lästerte er 1913. Zwei Jahre später wurde er deutlicher, scheute weder vor Kalauern noch vor Zweideutigkeiten zurück. «Was hat denn diese Jugend für einen Lehrmeister der Liebe? Sie lebt hemmungslos. Es scheint, dass sie den Sigi Ernst mit dem Sigi Freud überwunden hat.» Freuds Bemühung um sexuelle Offenheit führte Kraus ad absurdum, leider amüsant. «Es ist höchste Zeit, dass die Kinder ihre Eltern über die Geheimnisse des Geschlechtslebens aufklären.»

Die Psychoanalyse erklärte er zu einer geistigen Kinderkrankheit, weil sie «keinen Meister hat und nur fortzeugend Lehrlinge muss gebären». Dankbar nutzte Kraus jeden An-

Ort der Konversion: Hier verstummte seine scharfe Zunge: Am 18. April 1911 wurde Karl Kraus, der schon 1899 aus der jüdischen Glaubensgemeinschaft ausgetreten war, in der Karlskirche katholisch getauft. Adolf Loos, sein Pate, schenkte ihm ein goldenes Kreuz. Wie so viele andere Juden hätte auch ihn die Konversion nicht vor der Verfolgung durch die Nationalsozialisten verschont; doch er starb bereits 1936 an einer Herzembolie. Sein Grab befindet sich auf dem Wiener Zentralfriedhof, Gruppe 5 A, Reihe 1, Nummer 22.

lass, der sich ihm bot, Analysanden als die Geprellten zu bemitleiden. Als 1931 in einem Autographenkatalog ein Schreiben Freuds angeboten wurde, kommentierte er vergnügt: «Der Patient hatte ganz recht, seine Widerstände nicht mürbe machen zu lassen, sondern sich durch Verkauf der Rezepte schadlos zu halten.»

Das eigentliche Spektakel in der Stadt war das, was zurecht so heißt: das Burgtheater. Freud hatte daran wenig Interesse, besuchte es nur dann gerne, wenn er dort Arbeitsmaterial fand in antiken Tragödien wie «Ödipus» oder Shakespeare-Dramen wie «Hamlet», Kraus hingegen war

Ort der Handlung: Im kleinen Saal des Musikvereinsgebäudes, nach Plänen von Theophil Hansen am Karlsplatz errichtet, der immerhin 520 Zuhörer fasste, empfand es Karl Kraus als erotischen Reiz, die Emotionen im Saal zu erhitzen. Obwohl er in Vielem mit Freuds Ansichten zur Massenpsychologie übereinstimmte, bedrängte ihn im Gegensatz zu Freud der Gedanke an die Haltlosigkeit der dumpfen Masse nie. Kraus fürchtete sie nicht, er meinte, sie zu beherrschen. Elias Canetti erlag wie so viele der Bannkraft des unscheinbaren Mannes. «Die Dynamik eines solchen, bis auf den letzten Platz gefüllten Saals unter Einwirkung jener Stimmer, die auch in den Augenblicken nicht aussetzte, in denen sie verstummte, lässt sich so wenig wiedergeben wie das Wilde Heer der Sage.» Dass Fritz Wittels, von 1907 bis 1910 Mitglied von Freuds Mittwochsgesellschaft, Kraus Impotenz unterstellt hatte, lastete dieser auch Freud an.

Stammgast im Burgtheater. Er lernte dort, dramaturgisch geschickt Effekte zu setzen, was seine Lesungen zum theatralischen Ereignis machte, während Freud leise, wie beseite sprach.

Freud suchte die intime Gesprächsrunde, Kraus das Bad in der Menge, ob im Saal des Gewerbehauses, des Musikvereins oder des Konzerthauses. Freud analysierte kühl, Kraus suggerierte hitzig. Freud machte es Angst, das Aufwallen von Emotionen in einem Publikum zu erleben, Kraus liebte es. Seine Auftritte sehnte er herbei wie «Manna in der Wüste». Freud unterhielt sich gerne, Kraus am liebsten andere. Und das kam an. Statt der Absichten der Psychoanalytiker wurden seine Ansichten über sie berühmt. «Ein guter Psycholog ist imstande, dich ohne weiteres in seine Lage zu versetzen», behauptete Kraus. Oder: «Krank sind die meisten. Aber nur wenige wissen, dass sie sich darauf etwas einbilden können. Das sind die Psychoanalytiker.» Die Brillanz, mit der Kraus ein Kompliment in eine vernichtende Kritik verwandelte, besaß soviel Unterhaltungswert, dass selbst den Vernichteten oft unwillkürlich ein Grinsen entglitt. So lobte er Freud: «Ihm gebührt das Verdienst, in die Anarchie des Traums eine Verfassung eingeführt zu haben.» Und setzte nach. «Aber es geht darin zu, wie in Österreich.» Freuds Gegenwehr wirkte daneben beinahe hilflos. «Er ist», kommentierte er Kraus in einem Brief an Ferenczi, «ein toller Schwachsinniger mit großer schauspielerischer Begabung, der Entrüstung wie Intelligenz gleichermaßen glänzend darstellen kann». Der Intelligenzdarsteller war jedenfalls publikumswirksamer, lieferte er doch allen die vor dem Blick in die eigenen Seelenabgründe zurückschreckten, frei Haus scharfe Wortgeschütze, um die Psychoanalyse niederzumachen. Nicht die Kernsätze des Sigmund Freud, sondern die Merksätze des Karl Kraus machten die Runde. «Psychoanalyse ist jene Geisteskrankheit, für deren Therapie sie sich hält», höhnte er in der Fackel vom Juni 1913. Das konnte bald jeder in Wien auswendig.

Kraus und Freud verband eine Hassliebe. Und Hassliebe

war es auch, was Freud für Wien empfand, die Stadt, in der er fast sein ganzes Leben verbrachte. Er war gekränkt, hier erst so spät mit einem ordentlichen Professorentitel dekoriert worden zu sein, lehnte es aber als «unsinnig und unschicklich» ab, als zu seinem 75. Geburtstag die Berggasse in Sigmund Freud-Gasse umbenannt werden sollte. Außerdem fand er es unmöglich, einem Taxi-Fahrer diese Adresse zu nennen. Das war 1931 gewesen. 1938, als er die Stadt verließ, hätte man die Gasse ohnehin wieder umbenannt.

Freud unternahm bewusst oder unbewusst vieles, um seiner Stadt ein Fremder zu bleiben, vermied konsequent alles typisch Wienerische, besuchte selten die Oper, das Theater, Heurige, Beiseln oder Kaffeehäuser, flanierte nicht, sondern rannte spazieren, heiratete eine Hamburgerin, die ihr Leben lang keinerlei Wiener Dialektfärbung annahm, und blieb immer misstrauisch gegenüber Gemütlichkeit und Genussfreude. In Wien trank er nur zu besonderen Anlässen im Jahr ein Glas Wein, auf seinen Italienreisen freute er sich täglich am Rotwein. Und doch verriet er sich selbst als echten Wiener, denn der gibt sich dadurch zu erkennen, dass es ihm ebenso schwer fällt, etwas Freundliches über diese Stadt zu sagen, wie sie zu verlassen. «Das ist nämlich wienerisch. Hört man den Wiener, so muss hier zu leben ein Fluch sein, aber keiner wandert aus. Er schimpft, er raunzt, er höhnt, je nach seiner Art. Aber er bleibt. Es scheint, dass er von der so geschmähten, so verhassten Stadt dennoch nicht lassen kann. Und er tut nichts», diagnostizierte Hermann Bahr 1906.

Wien sei erträglicher, wenn man es verlasse und wieder komme, befanden viele Wiener. Auch Freud dachte so. «Ich hasse Wien geradezu persönlich und wie im Gegensatz zum Riesen Antaeus sammle ich frische Kräfte, so oft ich den Fuß vom vaterstädtischen Boden abgehoben habe», schrieb er am 22. September 1898 an Wilhelm Fließ. Er war auch echt Wienerisch in jener Lethargie, die Bahr erkannt hatte. Er tat nichts, um Wien zu verlassen, bis es gefährlich wurde, und auch da hoffte er noch, es werde irgendwie glimpflich verlaufen und lehnte es ab, sich mit dem Gedanken an Emigration zu befassen. Erst im letzten Moment raffte er sich auf und ließ sich mit vereinten Kräften nach London expedieren. Am 6. Juni 1938, gerade erst dort angekommen, und sich bewusst, welcher Gefahr er entronnen war, packte Freud bereits wieder das Heimweh. «Die Affektlage dieser Tage ist schwer zu fassen, kaum zu beschreiben», schrieb er an Max Eitington. «Das Triumphgefühl der Befreiung vermengt sich zu stark mit der Trauer, denn man hat das Gefängnis, aus dem man entlassen wurde, doch geliebt.»

Dass bis auf die Wohnung in der Berggasse alle Spuren getilgt, alle originalen Häuser durch unschöne Neubauten ersetzt worden sind, hätte ihm, dem Meister der Selbstverdunkelung, wohl behagt. Dass nach ihm nur eine Grünfläche von mäßiger Poesie vor der Votivkirche heißt, wäre ihm vermutlich ebenfalls recht gewesen, und dass man im Café Landtmann, dem einzigen Kaffeehaus, in dem er regelmäßig auftauchte, weder eine Freud-Feige kreiert hat noch eine vielschichtige Traumdeutungstorte, hätte ihn beruhigt. Was ihn jedoch nach wie vor aufbrächte, ist die Behauptung, sein Werk sei eine typische Hervorbringung Wiens. Nur in diesem lasziven Treibhausklima habe seine Theorie zum Sexualtrieb gedeihen können. Hier nämlich sah Freud klar: hinter dieser Behauptung verbirgt sich nichts als die antisemitische Idee, die Juden seien in abnormer Weise sexualisiert. Eine ebenso alte wie beliebte Unterstellung.

Freuds Werk ist trotz Wien entstanden, trotz des Missverstandenwerdens dort, trotz der mangelnden Anerkennung. Das war Freud bewusst. Denn als nach dem Ersten Weltkrieg die Behörden die Richtigkeit seiner Steuerzahlungen bezweifelten, «da es bekannt ist, dass Ihr Ruhm äußerst zahlungsfähige Patienten aus dem Ausland herbeizieht», antwortete er: «Ich konstatiere mit Vergnügen diese erste offizielle Anerkennung, die mein Werk in Österreich gefunden hat.»

Der Spaziergang im Umkreis der Karlskirche:

Karlskirche, Karlplatz, IV. Bezirk
Saal des Konzerthauses, Lothringerstraße 20, III. Bezirk, nahe der letzten Wohnung von Karl Kraus, Lothringerstraße 6, II. Bezirk
Saal des Wiener Musikvereinsgebäudes, Karlsplatz/Bösendorferstraße. I. Bezirk
Haus der gastgewerblichen Arbeiterschaft («Gewerbehaus»), heute Technische Universität Wien, Karlsplatz/ Treitlstraße, IV. Bezirk

Weitere Adressen:

Die Wohnungen der Familie Kraus und von Karl Kraus im I. Bezirk: Wollzeile 19, Mahlerstraße 13 (früher Maximilianstraße), Elisabethstraße 20 und Dominikanerbastei 22
Das Gebäude, in dem sich das k. u. k. Franz-Joseph-Gymnasium befunden hatte, das Karl Kraus von 1884–1892 besuchte, Hegelgasse 3, I. Bezirk
Burgtheater, I. Bezirk
Café Imperial im Hotel Imperial, Kärntner Ring 16. 1. Bezirk
Ehemaliges Gebäude der Loge B'nai B'rith, Universitätsstraße 4, I. Bezirk
Café Korb, zeitweise Sitz der Wiener Psychoanalytischen Vereinigung, Tuchlauben 10, I. Bezirk
Sigmund-Freud-Park vor der Votivkirche, IX. Bezirk

Die Schande im Leben des Einserschülers
~
Rund um den Karmeliterplatz im 2. Bezirk

Wenn eine Mutter ihren Sohn «mein Gold» nennt, hat sie für ihn große Pläne. Amalia Freud ist so eine Mutter. Und jeden Morgen, wenn Sigmund aufbricht, spürt sie, dass ihr Ehrgeiz gezündet hat.

Der Schulweg ist für viele ein Passionsweg. Nicht für ihn. Seiner ist kurz, zu kurz, denn er geht ihn gern. Das Gymnasium liegt in einem Rückgebäude an der Taborstraße, direkt bei der Karmeliterkirche. Ein paar karge Zimmer mit nackten Wänden und harten Bänken im zweiten und dritten Stock. Aber hier sieht Sigmund Schlomo Freud mit zehn Jahren gleißen, was seine Mutter ihm verheißt: eine glänzende Zukunft. Und mit jedem Tag kommt er ihr näher, mit jeder guten Note, mit jeder Belobigung und Bestätigung.

Es könnte großartig für ihn sein, das Leben in der Leopoldstadt, obwohl die meisten Straßen hier schmutzig sind, die meisten Wohnungen dunkel, eng und muffig und die meisten Familien arm. Auch die Eltern von Sigmund Freud haben nicht viel Geld. Verglichen mit den Verhältnissen in Freiberg allerdings, wo er seine allerersten Jahre verbracht hat, ist die jetzige Behausung der Freuds, bereits die vierte in Wien, beinahe komfortabel; dort in Mähren dröhnte aus der Schlosserwerkstatt des Hausbesitzers im Erdgeschoss den ganzen Tag der Lärm in den ersten Stock, wo die Freuds alle zusammen einen einzigen Raum bewohnt hatten, in dem die Mutter drei Kinder gebar und eines sterben sah. Es gab keinen Winkel, um sich zu verbergen oder auch nur zurückzu-

Kreuz und Davidsstern: Kaiser Ferdinand II. hatte den Karmelitern einen Platz am Unteren Werd überlassen, wo sie 1639 Kloster und Kirche Sankt Josef errichteten. Während der Türkenbelagerung, der Napoleonischen Kriege und durch Donauüberflutungen wurde das Anwesen schwer beschädigt. Doch eben jener Kaiser Ferdinand II. hatte am oft überschwemmten, sumpfigen Unteren Werd auch den Juden einen ummauerten Bereich zugewiesen, in dem sie Häuser besitzen, als Fleischhauer und Gelehrte, Schuster, Schneider, Bäcker oder Ärzte arbeiten konnten. Nicht etwa aus Güte, vielmehr weil er, finanziell ausgeblutet vom Dreißigjährigen Krieg, die Steuereinnahmen und Kriegskontributionen der vermögenden jüdischen Geschäftsleute und Bankiers brauchte. Das Karmeliterkloster markierte die Grenze zu diesem Ghetto zwischen Krummbaumgasse, Karmelitergasse, Taborstraße, Kleiner Pfarrgasse und Großer Schiffsgasse. Dass der Karmeliterorden sich der Marienverehrung widmete und von Kreuzrittern gegründet worden war, die im 12. Jahrhundert den Berg Karmel im gelobten Land der Juden erobert hatten, gehört zu den Zynismen der Geschichte.

ziehen. Die Mehrzahl der Haushalte in der Leopoldstadt ist noch schlechter dran, auch wenn an den wenigen Prachtstraßen Richtung Prater und Augarten in den 1860er Jahren Neubauten hochgezogen worden sind, in denen großbürgerliche Wohnungen, Geschäfte in Marmor und Kaffeehäuser im Kronleuchterglanz den Eindruck erwecken, es gehe aufwärts mit diesem Bezirk, Mazzesinsel genannt, weil dort weit über dreißig Prozent der Anwohner Juden sind, der Großteil orthodox gläubig. Das Übliche aber sind in der Leopoldstadt Unterkünfte, in denen sich Großfamilien ein Zimmer, manchmal nur eine Kammer teilen, wo nur ein Kreidestrich den Teil abgrenzt, der dem Zimmerherrn zusteht; er ist oft der einzige, der über ein richtiges Bett verfügt.

Trotz der Not ringsum, trotz der grassierenden Tuberkulose, trotz der Abgrenzung, die man seine Familie wie fast alle jüdischen hier in Wien spüren lässt, könnte das Leben großartig sein für Sigmund Freud, denn er wird getragen vom Zutrauen, aus ihm werde einmal etwas Besonderes.

Dass seine Mutter davon überzeugt ist, weiß er; obwohl sie Witz und einen nüchternen Verstand besitzt, nimmt sie bereitwillig jede Prophezeiung als Zukunftsdiagnose an, wenn sie nur ihrem Goldsohn eine bedeutende Karriere vorhersagt. Amalia Freud will, dass er auch selbst daran glaubt, und erzählt ihm wieder und wieder wie eine Beschwörungsformel, eine alte Bäuerin habe ihr im Wochenbett versichert, sie habe der Welt einen großen Mann geschenkt. Auch der dichtende Schnorrer, der in einem Praterwirtshaus von Tisch zu Tisch geht, Verse zu vorgegebenen Themen improvisiert und spontan ihrem Ältesten verkündet, er werde einmal Minister oder etwas ähnlich Wichtiges, offenbart sich dadurch für Amalia Freud als ein verkannter Weiser. Im Gymnasium an der Taborstraße bestärken ihren Sohn auch täglich seine Lehrer, er habe das Zeug, aus den beengten Verhältnissen auszubrechen.

Sigmund geht gerne jeden Morgen hinüber in diese Straße, in der wie in der Praterstraße diejenigen wohnen, die es geschafft haben, er geht gerne durch das hohe Tor in der Nummer 24 über den Hof zum Rückgebäude, wo erst seit zwei Jahren, seit 1864, im zweiten und dritten Stock des Braun-Radislowitzschen Stiftungshauses das Leopoldstädter Communal- und Real-Gymnasium untergebracht ist. Seit er im letzten Herbst mit neuneinhalb Jahren zum ersten Mal diese Schule betreten hat, weiß Sigmund, was ihm bis dahin gefehlt hat: Vorbilder. Männer, denen er nacheifern will. Sein Vater hat zwar Humor, solide Bibelkenntnisse, auch eine selbsterworbene Allgemeinbildung, die ausgereicht hat, Sigmund in einem Alter zu unterrichten, in dem seine jüngeren Geschwister in öffentliche Schulen, die meisten in die Volksschule der Karmeliter ein paar Häuser weiter geschickt werden. Dass die Anstalt katholisch ist, stört bei den Freuds niemanden; Jacob Freud hat zwar Hebräisch gelernt, seinen Kindern bringt er es aber nicht bei, auch dem Goldsohn nicht. Lange genug war er der Starke, Mächtige, Wichtige und Weise in den Augen Sigmunds. Nun jedoch ist er entthront worden, und sein Sohn betrachtet ihn kritisch: Ein Mann von über fünfzig ohne Position, ohne einen Beruf, den er benennen könnte, ohne eine Ausbildung, von der sich etwas erzählen ließe. Wollhändler war Jacob Freud in Freiberg gewesen, mehr ist nicht zu sagen, was seine Qualifikation angeht.

Nun muss es Sigmund wie Schwäche vorkommen, dass der Vater keinen Widerspruch duldete. Es war nicht nur ironisch gewesen, dass er zu einem Bekannten, der mit seinem eigenen Vater eine Auseinandersetzung hatte, sagte: «Was, du widersprichst deinem Vater? Mein Sigmund ist in der kleinen Zehe gescheiter, als ich in meinem Kopf, aber es würde ihm nie einfallen, mir zu widersprechen.»

Sigmund genießt das Gefühl von Freiheit und Stärke, wenn er den Lehrern etwas entgegensetzt, wenn er sich freimütig bekennt zu extremen Haltungen, obwohl er weiß, dass er dafür wahrscheinlich büßen muss. In der Spalte «sittliches Betragen» steht in seinem Zeugnis dennoch «musterhaft».

Das Gymnasium in der Taborstraße ist für Sigmund eine Welt der Verlässlichkeit. Leistung zählt hier, nicht Herkunft. Wer wie er schnell begreift, begierig aufnimmt, freudig lernt, genießt Freiheiten, weil er anerkannt wird. In den meisten Fächern wird Sigmund mit «vorzüglich» bewertet, nur in Freihandzeichnen muss er sich mit einem genügend und in Schönschrift mit einem befriedigend abfinden. Er ist der Klassenbeste.

Eines jedoch beeinträchtigt das Glück von Sigmund, den der Vater weiterhin Schlomo nennt: der Zehnjährige trägt mit sich ein Geheimnis herum, das jeden Erwachsenen niederdrücken müsste. Schon bevor er ins Leopoldstädter Gymnasium eingetreten ist, wusste es in der Familie jeder, dass ein Skandal das Ansehen der Freuds in Wien erschüttert hatte, soweit dieses Ansehen irgendwen interessierte. Doch die Öffentlichkeit hatte es noch nicht mitbekommen. In der Schule zumindest hatte wohl kaum einer etwas davon gehört, dass die Wohnung von Sigmunds Onkel Joseph im letzten Mai polizeilich durchsucht, dass Joseph Freud inhaftiert worden war und sogar gemunkelt wurde, bei Sigmunds Eltern habe ebenfalls eine Durchsuchung stattgefunden. Jetzt aber ist die Schande öffentlich, denn das Ganze wird vor Gericht aufgerollt. Alle großen Zeitungen berichten darüber. Und besonders ausführlich die Neue Freie Presse, eine Zeitung, die auch von Sigmunds Lehrern gelesen wird. «Aus dem Gerichtssaale» steht über dem Beitrag, der am 22. Februar 1866 von einem Prozess gegen zwei Männer berichtet, die in ein Geschäft mit gefälschten Banknoten verwickelt sind: Osiach Weich und Joseph Freud, beide Kaufleute, beide vierzig Jahre alt. Bei Freud, der in eine Falle gegangen war, seien hundert gefälschte Rubelnoten gefunden worden, in seiner Wohnung noch einmal 250. Es wird kein Hehl daraus gemacht, dass Weich und Freud übereinander herfallen, weil jeder seine Haut retten will. «Die Art und Weise», heißt es, «in welcher sich beide Angeklagte gegen diese Anklage vertheidigen, war mitunter eine sehr drastische. Freud war, wie in der Voruntersuchung, auch in der Schlussverhandlung geständig, und beschuldigte den Weich als denjenigen, der ihm, dem Freud, die Falsificate an Deckung übergeben hatte. Weich bezeichnete mit seltener Gereiztheit diese Angaben als lügenhaft, will nie im Besitze solcher Falsificate gewesen sein und sagt, Freud, dessen Familie in London lebt, benütze ihn, um dem Gericht überhaupt Jemanden namhaft zu machen, von dem die Falsificate herrühren.» Das Urteil sei am späten Nachmittag verkündet worden, steht in der Zeitung: zehn Jahre schwerer Kerker für beide Angeklagten.

Dass sein Vater behauptet, der Onkel sei nicht schlecht, nur dumm, kann Sigmund nicht trösten. Und es muss ihn umtreiben, dass er sehr wohl weiß, wer mit der Londoner Familie gemeint ist, von der in der Neuen Presse die Rede ist. An die beiden Halbbrüder Emanuel und Philipp aus einer früheren Ehe seines Vaters kann sich Sigmund nur zu genau erinnern, sie haben in Freiberg in nächster Nähe gewohnt und waren wie zwei zusätzliche Väter für ihn gewesen, die altersmäßig besser zu seiner Mutter gepasst hätten als Jacob: Amalia ist Jahrgang 1835, Emanuel zwei Jahre, Philipp ein Jahr, der leibliche Vater aber zwanzig Jahre älter. Regelmäßig gehen seit der Emigration der beiden Briefe zwischen den Freuds in Wien und den Freuds in London hin und her. Für Sigmund sind die Halbbrüder aufbruchsbereit, unternehmend und erfolgreich, bewundernswert, erst recht im Vergleich zu seinem passiven Vater. Und jetzt wird denen mehr oder weniger offen angelastet, in diesen Kriminalfall verwickelt zu sein, wie jeder in der Zeitung nachlesen kann.

Sehen ihn die Klassenkameraden scheel an? Benehmen sich die Lehrer ihm gegenüber anders? Ist sein Religionslehrer Samuel Hammerschlag, der ihn wie sein Kind umhegt, weniger herzlich als zuvor?

Sigmund Freud wird gezwungen, nachzudenken über einige Tatsachen, die er bis dahin als selbstverständlich hingenommen hatte. Warum geht sein Vater keiner geregelten Tätigkeit nach? Woher kommt das Geld, von dem die ganze

Familie mit mittlerweile sechs Kindern lebt? Womit kann Jacob Freud das Schulgeld für Sigmund zahlen? Warum braucht sein Sohn sich nicht wie andere Mitschüler aus kleinen Verhältnissen um ein Stipendium zu bemühen? Was war der wirkliche Grund für seinen Vater gewesen, Freiberg zu verlassen? Wird sein Vater, der weise, gütige, rechtschaffene, womöglich aus der Falschgeldpresse in England finanziert, ist er Mitwisser und damit Mitschuldiger, was die Machenschaften des Onkels angeht?

Ob Sigmund nun bereits darüber zu spekulieren beginnt, der abrupte Aufbruch aus Freiberg habe damit zu tun gehabt, dass seine junge und zweifelsohne schöne Mutter mit dem Stiefsohn Philipp etwas angefangen habe, wissen wir nicht. Erst sehr viel später wird er sich darüber auslassen. Und ob der frühreife Sigmund jetzt schon darüber brütet, was denn diese junge und zweifelsohne schöne Amalia aus der angesehnen Familie Nathanson dazu gebracht habe, von Wien nach Freiberg zu einem bedeutungslosen Textilhändler zu ziehen, zwanzig Jahre älter als sie, muss ebenso Mutmaßung bleiben. Mag sein, dass ihm der Verdacht kommt, Amalias verlorene Jungfräulichkeit habe die sonst doch begehrenswerte Partie schwer vermittelbar gemacht. Jedenfalls muss sein Vertrauen in die bescheidene, aber vermeintlich stabile Welt des Elternhauses erschüttert sein bis in die Grundmauern.

Sigmund tritt die Flucht nach vorne an, in noch mehr Leistung, zu noch größeren Helden. Zwei Monate nach der Verurteilung des Onkels kommt sein jüngerer Bruder auf die Welt. Sigmund schlägt vor, er solle Alexander heißen, nach Alexander dem Großen, und unterstützt das mit einem kurzen Vortrag über den Mazedonier, den Sieger, der kühner, risikofreudiger war als die anderen. Dass Alexander der Große oft erwogen haben soll, seinen Vater zu ermorden, weiß Sigmund wahrscheinlich auch, sagt es aber kaum bei diesem Anlass.

Trotzdem, seine Lust am Widerstand wächst, seit er genötigt worden ist, das wahrzunehmen und anzuschauen, was er später «Leichen im Keller» nennen wird. Und sein zwei Jahre älterer Schulfreund Heinrich Braun, den er mit einem stillen Löwen vergleicht, ermuntert ihn darin, als guter Schüler gegen die Schule, als Liebling der Lehrer gegen die Lehrer misstrauisch zu sein. Braun, der später mit Liebknecht «Die neue Zeit», das Zentralorgan der Sozialdemokratischen Partei gründen wird, weckt in Sigmund revolutionäre Neigungen. Leicht hätte aus dem von seiner Mutter mit Ehrgeiz infizierten Sigmund ein Streber, ein Anpasser werden können, den Blick starr auf sein Erfolgsziel gerichtet. Doch mit neun, zehn Jahren wird er schonungslos und in kurzen Abständen Wahrheiten ausgesetzt, die ihn abbringen vom Glauben an das Lineare. Seitenwege, Abwege, Irrwege tun sich vor ihm auf.

Ein Hausmeistersohn macht ihm klar, wie der Geschlechtsverkehr funktioniert, wie das Kind in den Bauch der Mutter geraten ist. Weil der Junge aus einfachen Verhältnissen stammt, ist seine Sprache deutlich. Es wirft Sigmund deshalb nicht um, als er drei Jahre später mitbekommt, was zwei seiner Klassenkameraden, Richard Olt und Otto Dobril, in ihrer Freizeit treiben, dass sie in einschlägigen Lokalen in der Leopoldstadt und auf der Wieden verkehren, wo die ältesten Bordelle der Stadt stehen, Umgang mit Prostituierten pflegen, dass Dobril ein sexuelles Verhältnis mit der Tochter des Fleischers Wisgrill unterhält und anscheinend auch mit einer Frau, die in einer Seitengasse vom Graben wohnt, dem Arbeitsrevier der Grabennymphen.

Er wird in diesem Skandal als Mitwisser vom Schulgericht für mitschuldig erklärt. Die Sünder werden der Schule verwiesen, Freud wird zwei Noten schlechter beurteilt in dem, was sich sittliches Benehmen nennt. Von außen betrachtet werfen ihn diese Erlebnisse zurück auf dem gradlinigen Weg nach oben. Und doch bescheren sie ihm den großen inneren Fortschritt: er schaut nicht mehr weg. Er schaut auch genau hin, wenn das, was er dabei erkennen muss, schmerzlich ist oder beschämend.

Nichts ist, wie es zu sein scheint. Vertrauenswürdige Menschen können Kriminelle sein. Der Gesetzesbruch ist oft näherliegend als die Gesetzestreue. Der Trieb kann stärker sein als jede Vernunft und sexuelle Befriedigung wichtiger werden als der Gedanke an die Zukunft. Sigmund Freud beginnt sich zu dem zu entwickeln, der später seine Studenten und Schüler drängen soll, sich niemals über dunkle Stellen hinweg zu betrügen, der seinen jungen Hörern 1910 in einer Diskussion erklären wird, wenn die Moral es verbiete, junge Mädchen zu verführen, und die Angst vor der Ansteckungsgefahr es verbiete, mit Prostituierten zu verkehren, gebe es nur eine Notlösung: «Leben Sie enthaltsam, aber unter Protest.»

Der Spaziergang rund um die Karmeliterkirche:

Karmeliterplatz mit Karmeliterkirche St. Josef und Karmelitermarkt

Weitere Adressen:

Wohnungen der Familie Freud während Sigmunds Gymnasialzeit: Pfeffergasse 1 und 5 (Neubauten), Glockengasse 30
Ehemaliges Leopoldstädter Kommunal- und Realgymnasium, Taborstraße 24, Rückgebäude (nicht zu besichtigen); heutiges Sigmund Freud-Gymnasium in der Wolmutstraße 3 (Neubau), ebenfalls 2. Bezirk
Bezirksmuseum Leopoldstadt, Karmelitergasse 9, Fon 211 06 02 127. Öffnungszeiten: Sonntag von 10 bis 12 Uhr, Mittwoch von 16 bis 18 Uhr 30: Führungen auch außerhalb der Öffnungszeiten nach telefonischer Anmeldung unter 21 603 61. Juli und August Sommerpause

Zuhause in zwei Welten
~
Anna Freud bei den Ursulinen und in der Leopoldstadt

Die Frau, die seit drei Jahren in der Rembrandtgasse 3 wohnt, schaut trotzig. Dabei sieht das Leben, das sie in dieser Wohnung führt, nicht aus, als wäre Widerstand nötig. Als sie mit fünfundzwanzig eingezogen ist, war bereits bis ins Detail alles eingerichtet, vom Staubtuch bis zum Champagnerglas, vom milchigen bis zum fleischigen Messer. Und jetzt lebt Anna Bernays hier mit Mann und Tochter sorglos. Doch auf allen Fotografien, auf Kinderfotos, auf Familienfotos, die sie als Halbwüchsige zeigen oder auf Portraits als junge Ehefrau hat sie denselben Gesichtsausdruck, entschieden und streitbar. Die Lippen geschlossen, den Blick herausfordernd frontal auf das Gegenüber gerichtet, verweigert sie jede Andeutung eines Lächelns.

Wem sagt sie den Kampf an?

Wer weiß, was sie hinter sich hat, versteht, dass sie so schaut. Anna selbst behauptet zwar, selten sei die Geburt eines Mädchens mehr begrüßt worden als die ihre, weil sie für den Vater nach vier Söhnen die erste Tochter war, aber in Wirklichkeit hatte sie bald einsehen müssen, dass ihre Mutter, auch wenn sie sich um alle mit nimmermüder Energie kümmerte, nur einem ihrer Kinder alles zu schenken bereit war und ist: Sigmund, dem Ältesten. Dass er bevorzugt wurde, schien von Anfang an selbstverständlich, die übrigen Geschwister verfielen gar nicht auf den Gedanken, dagegen aufzubegehren. Anna aber spürte das deutlicher; schließlich war sie, nachdem Julius mit sechs Monaten gestorben war,

Familientradition: Anna Freud, nächste und fernste Schwester Sigmunds, versuchte ein Leben lang, den Kontakt zu ihrer Familie zu pflegen und beschädigte Beziehungen zu reparieren. Was den berühmten Bruder anging, mit wenig Erfolg.

Sigmunds direkte Rivalin. Nur zwei Jahre jünger, musste sie sich Tag für Tag mit dem großen Bruder vergleichen. Und auch den Umgang der Eltern mit ihm und mit ihr.

Sigmund wurde die ersten Jahre zu Hause von Mutter und Vater unterrichtet, dann auf einer Privatschule. Anna, die Nächstgeborene, war mit fünf Jahren, noch bevor sie an Sylvester ihren sechsten Geburtstag feiern konnte, in die Volksschule am Karmeliterplatz gesteckt worden, eine Anstalt mit großen Klassen, wo Mädchen und Jungen, Einfältige und Gewitzte, Neugierige und Lernunwillige, jahrelang nebeneinander saßen. Keine Gelegenheit für die Lehrer, Talent zu entdecken und zu fördern. Die Prügelstrafe war an der Tagesordnung. Samstags wurde unterrichtet, ohne Rücksicht darauf, dass viele der Kinder aus jüdischen Familien kamen und zu Hause der Schabbes zelebriert werden sollte. Anna hörte sich im katholischen Religionsunterricht an, welcher Wundertaten man Jesus Christus rühmte, während ihr Bruder Schlomo von Dr. Samuel Hammerschlag in die Weisheit des Talmud und die Mysterien der Kabbala eingeführt wurde. Anna lernte und schlief in einem Zimmer mit Rosa und Mitzi, während Sigmund in seinem eigenen Kabinett las, beim Licht einer Petroleumlampe; alle anderen hatten nur Kerzen zur Verfügung. Er ging lernend, laut rezitierend auf und ab in seinem Zimmer und schlug bei der Kehrtwendung jedes Mal mit beiden Händen flach auf die Wand, die Schwestern hatten leise zu sein, um ihn nicht zu stören. «Als Liebling der Mutter», wird ihr Bruder später bekennen, «behält man jenes Eroberungsgefühl fürs Leben.» Das Kapital der bedingungslosen Mutterliebe, mit dem Sigmund ausgestattet ist, wurde Anna nicht zuteil. Doch Eroberungsgefühle kennt sie genauso gut wie er.

Anna hatte es nicht entmutigt, dass er der Prinz war, neben dem für Prinzessinnen kein Platz war, im Gegenteil. Es hatte sie von Kindheit an herausgefordert. Dass ein Klavier, das die musikalische Mutter angeschafft hatte, wieder abtransportiert wurde, nachdem Sigmund auszuziehen drohte, weil er Annas Fingerübungen nicht ertrug, hatte sie hingenommen. Verziehen oder gar vergessen hat sie es ein Leben lang nicht. Jener Trotz war Ausdruck ihres Widerstandes und blieb es. Ohne darüber zu reden, holte sie sich, was sie wollte.

Für den Bruder, der sich entzog, gab es Ersatzbrüder; mit den Jungen, nicht mit den Mädchen tat sie sich in der Volksschule zusammen. In der Bürgerschule für Mädchen beschloss sie dann, sich nicht mit einem Dasein als Ehefrau und Mutter zufrieden zu geben, sondern Lehrerin zu werden, eigenes Geld zu verdienen, zu führen und Vorbild zu werden, wie ihr Bruder das auch vorhatte. Während er sich seinen geistigen Interessen widmete, musste sie, weil die tuberkulosekranke Mutter auf Kur war, die Oberaufsicht über die kleineren Geschwister übernehmen und genoss deren Folgsamkeit. Während er mit dem Vater den 1870er Krieg

diskutierte, entschied sie sich, Pazifistin zu werden und nie einen Sohn zu gebären, der in Österreich als Soldat eingezogen werden könnte.

Es musste ihr ein Machtgefühl verleihen, dass der neunundfünfzigjährige Onkel Hermann, Mutters Bruder aus

Katholische Tradition: Eleonora von Gonzaga, die Witwe von Kaiser Ferdinand III. hatte die Schulschwestern des Ursulinenordens – eigentlich ein italienische Gründung – aus Lüttich nach Wien geholt. Die Kirchenfassade zur Johannesgasse hinaus fällt auf durch ihre großen Fenster. Dass Eleonora eine stramme Antisemitin gewesen war, wusste Anna Freud wohl kaum. Seit Kirche und Kloster der Ursulinen 1960 an den Staat verkauft wurden und die Ursulinen nach Mauer umsiedelten, finden in der Kirche öffentliche Konzerte mit geistlicher Musik statt; der Grundstock der Ausstattung ist erhalten. Einen Trakt des Klosters hat die Hochschule für Musik und darstellende Kunst belegt, im westlichen Teil befindet sich diese sehenswerte barocke Klosterapotheke mit Apothekergefäßen aus Holz, Glas, Zinn und Majolika und anderen Exponaten barocker Volksfrömmigkeit, von Heiligenstatuen über Hinterglasbilder bis hin zu barocken Devotionalien.

Odessa, ein verwitweter Vater verheirateter Kinder, ihr, der Sechzehnjährigen, bei seinem Wienbesuch einen Heiratsantrag machte und ein luxuriöses Leben versprach. Was in ihr vorging, als Sigmund, den die Mutter, als wäre er erziehungsberechtigt, um Rat fragte, ihr Ohrfeigen zur Antwort gab, so als habe sie den Onkel verführt? Mag sein, dass sie seine Reaktion als Beweis der Zuneigung deutete, mag sein, dass sie froh war, der prekären Lage zu entkommen, der sie ihre Freiheit hätte opfern müssen.

1874, während Sigmund Langers Vorlesungen über die Anatomie der Sinnesorgane, des Nerven- und Gefäßsystems hörte, sich mit Darwinismus befasste, sezierte, Chemie paukte und experimentierte, drückte sie durch, die Aufnahmeprüfung aufs Lehrerinnenseminar der Ursulinen in der Johannesgasse machen zu dürfen; die Eltern hielten das für unnötig. Sigmund versank in der Nikomachischen Ethik des Aristoteles, Anna plante mit einer katholischen Freundin, als Missionarin nach Afrika zu emigrieren. Als er mit einem Stipendium nach Triest reiste, verliebte sie sich in einen seiner Freunde, der sie in Stenographie unterrichtete. Obwohl daraus nichts wurde, vermeldete sie dem heimlich geführten, im Strohsack versteckten Tagebuch triumphierend: «Ich weiß nicht, was die Männer von mir haben wollen, aber sie lieben mich alle.»

Und wie stand es mit Sigmunds Liebe zu ihr?

Früh hatte er Rosa zur Lieblingsschwester erhoben, weil sie die Schönste war, später sollte er Dolfi küren, die Aufopfernde. Anna konnte das nicht daran hindern, sich dem Bruder am nächsten zu fühlen und auf ihre Art in Konkurrenz zu treten. Ihre Eifersucht setzte sie um in Energie.

Rosa, Dolfi, Mitzi und Pauli verhielten sich still und friedlich, lernten Kunststickerei oder Buchhaltung, Anna jedoch setzte dem Bruder etwas entgegen. Nur sie und ihr großer Bruder hatten Latein gelernt.

Er wurde am Physiologischen Institut von Ernst Brücke zu dessen bevorzugtem Schüler, als sie 1878 ihr Lehrerinnenexamen mit besten Noten ablegte. Sie war selbständig. Das konnte keiner übersehen, auch ihr Bruder nicht. Ob er ihr jemals etwas erzählt hat von seiner Phantasie, Anna sei gar nicht seine richtige Schwester, sondern das Ergebnis eines Skandals – die Tochter von Amalia und ihrem Stiefsohn Philipp? Wohl kaum.

Nun, seit 1883, lebt Anna hier in der Rembrandtgasse. Und diese Wohnung ist mehr als ein Wohnsitz, sie ist ein Ort des Triumphes für Anna. Dort führt Anna Bernays vor, dass sie bereits erreicht hat, wonach ihr Bruder sich noch immer verzehrt: einen eigenen, finanziell abgesicherten Hausstand, einen Ehepartner, ein Kind und gesellschaftliche Anerkennung. In dieser Wohnung verkehren Gäste, die dem Bruder deutlich machen, dass Anna sich nicht abgefunden hat mit dem Platz in seinem Schatten. Hier glänzt sie jeden Samstagabend bei Herings- und Hühnersalat, Vanillekipferl und Vanillestangerl inmitten von Literaten, die in Wien derzeit umschwärmt sind, von ambitionierten Intellektuellen, erfolgreichen Rechtsanwälten, eloquenten Gelehrten. Sigmund wäre unter ihnen nicht mehr als ein mittlerweile promovierter Arzt mit magerem Gehalt.

Jüdische Tradition: Trotz der wiederholten Vertreibungen und Verfolgungen ist das Herz jüdischen Lebens in Wien auch heute noch die Leopoldstadt. Wer wie Anna Freund in ihrer jungen Ehe koscher kochen lernen will, findet in den koscheren Lebensmittelläden, Bäckereien und Fleischhauereien sämtliche Zutaten und in den koscheren Restaurants der Gegend ausreichend Anregungen. Literatur zur Kashrut, der jüdischen Ernährungslehre, und aktuelle Kochbücher finden sich in den Buchhandlungen von Ernst Stern, Praterstraße 40, oder in dem neuen Judaica-Zentrum der Chabas namens HAMIFGASCH in der Hollandstraße 10

Auch Annas Ehemann, Eli Bernays, ist ein Beweis dafür, dass Anna den Bruder überholt hat. Sicher kein Zufall, dass es sich wieder um einen seiner Freunde handelt, in den sie sich verliebt hat. Durch Sigmund war sie mit ihm bekannt geworden. Und der kann nicht umhin, den Schwager zu bewundern.

Mit nicht einmal dreiundzwanzig, als Anna ihn kennenlernte, hatte er bereits Familienoberhaupt gespielt und für die beiden Schwestern Martha und Minna die Verantwortung übernommen, weil den Vater auf offener Straße ein Herzschlag getroffen hatte; Eli ist Sekretär des Lorenz von Stein, Begründer der modernen Finanzwissenschaft, im Handelsministerium geworden, gibt mittlerweile eine Zeitschrift für Volkswirtschaft heraus, gilt als geschickter Geschäftsmann, besitzt Stil, Charme und mehr Sicherheit im Auftritt als der vier Jahre ältere Schwager. Er hat Wiens erstes Reisebüro eröffnet, und Alexander, der Jüngste aus dem Hause Freud, geht bei ihm in die Lehre. Was ist dagegen ein Jungmediziner, dem wohlwollende Lehrer erklärt haben, eine wissenschaftliche Karriere sei für ihn als Juden kaum möglich?

Doch es gibt noch tieferliegende Gründe, weshalb die Wohnung in der Rembrandtgasse, nahe am Augarten gelegen, für Anna ein Ort des Triumphes ist. Hier hat jene Frau gewohnt, bekannt als stolz und stur, die vor Anna in die Knie gehen musste: Emmeline Bernays. Bis es dazu kam, hatte Anna Schlimmes durchstehen müssen.

Dabei hatte es verheißungsvoll begonnen; an Sylvester 1882, zugleich Annas Geburtstag, hatte sich Eli mit ihr verlobt und Sigmund mit dessen jüngster Schwester Martha, heimlich und gemeinsam. Sie hatten eine Doppelhochzeit geplant und sich durch die gegenseitige Mitwisserschaft zusammengeschweißt gefühlt. Dann aber, mitten in den Hochzeitsvorbereitungen, hatte Eli ihr im Februar 1883 eröffnet, er müsse die Verlobung lösen. Dass das nicht sein Wunsch, sondern der seiner Mutter Emmeline war, durchschaute die sitzengelassene Braut, doch die Demütigung wurde dadurch nicht gemildert. Und das Mitleid der eigenen Sippe, die Schmähungen des Wortbrüchigen, konnten Anna nicht trösten, im Gegenteil: wie rasch sie die Meinung wechselten über den Mann, den sie nach wie vor liebte, hatte sie nicht ertragen und war ausgezogen. Schließlich blieb Eli durch die geplante Ehe seiner Schwester mit Annas Bruder Sigmund ein angehender Verwandter.

Als ihr kein halbes Jahr nach der geplatzten Verlobung Eli einen Heiratsantrag machte, stellte Anna eine Forderung: seine Mutter, Emmeline Bernays, müsse zu ihr kommen, sich entschuldigen und sie anflehen, ihren Sohn doch zu nehmen. Emmeline kam, entschuldigte sich, flehte.

Bei der Hochzeit am 14. Oktober 1883 fehlte Sigmund, obwohl er noch bei der Verlobung erklärt hatte, es sei ehrenwert, dass der umschwärmte Eli sich für eine mittellose Frau aus bedeutungsloser Familie entschieden habe, doch nach der Hochzeit gastierte er nur sehr selten in der Rembrandtgasse, wo sein erklärter Rivale Eli residierte. Vielleicht auch, weil er die Wohnung anders als Anna mit dem Gedanken an eine Niederlage verbinden musste: hier hatte bis 1883 noch seine Verlobte Martha mit Mutter Emmeline und Schwester Minna gewohnt, nur einen Fußweg entfernt von den Instituten und Freuds Zimmer im Krankenhaus. Gegen Freuds Willen, gegen seinen ausdrücklichen Protest war Emmeline Bernays mit den Töchtern zurückgezogen in ihre Heimat, nach Wandsbek bei Hamburg, und der Bräutigam war sicher, sie habe das nur getan, um ihn von seiner Braut zu trennen. Er hatte ihr vorgeworfen, sie sei starrsinnig und rücksichtslos wie ein alter Mann, anbetungssüchtig und herablassend, und hatte den Umzug als tyrannische Laune Emmelines lächerlich gemacht. Vergebens. Anna hatte gewonnen gegen Emmeline, Sigmund verloren. Und er verlor noch immer, täglich. Für einen, der wie er gewohnt war, zu siegen, ist der Kampf gegen die künftige Schwiegermutter erniedrigend.

Nun, knapp drei Jahre nach der Hochzeit von Anna und Eli, scheint es, als werde Sigmund nie mehr das Haus der beiden betreten. Animositäten glimmen schon lange, denn Martha weigert sich, mit ihrer Familie, mit Mutter und Bruder, zu brechen, wie Freud es fordert, der sie bevormundet glaubt und für sich alleine will. Jetzt aber lodern Hassgefühle auf. Der Grund wie so oft bei Familienstreitigkeiten: Geld.

Seit Sigmund, zurück aus Paris und Berlin, beschlossen hat, noch in diesem September 1886 Martha zu heiraten, denkt er nur noch ans Finanzielle. Was es braucht, um eine Wohnung einzurichten, besitzt er nicht. Die Versuche, es sich zu leihen, sind gescheitert. Die Idee, sich als Kellner etwas dazuzuverdienen, hat er verworfen. Und die Praxis, die er im April in der Rathausgasse eröffnet hat, brachte nichts, weil er gleich danach zu einer Wehrübung eingezogen worden war. Bleibt nur Marthas Mitgift, Geschenk einer Tante aus Brünn und Erbe ihres Londoner Onkels. Den Großteil davon hat sie ihrem Bruder anvertraut, und der hat es als Geschäftsmann gewinnbringend für sie angelegt.

Anna weiß, dass Sigmund ihrem Mann aus dem Weg geht; um ihr zum ersten Kind zu gratulieren, hatte Sigmund Elis Abwesenheit abgepasst, dann erst war er in der Rembrandtgasse aufgekreuzt. Nun ist Anna wieder schwanger, hochschwanger bereits, sehnt sich nach Frieden und muss miterleben, wie ihr Bruder die Fassung verliert.

Die Briefe, die er in die Rembrandtgasse schickt, werden zunehmend aggressiver. Weil er meint, das Geld seiner Braut liege in einem Tresor bereit, sei also sofort verfügbar, wittert er hinter Elis Bitte um Geduld betrügerische Absichten. Was es bedeutet, dass Geld gebunden ist, weiß der Mediziner nicht. Dass Eli, der das Geld so rasch nicht flüssig machen kann, ausweichend antwortet, erhärtet Sigmunds Verdacht. Und dass Martha nicht, wie er es verlangt, daraufhin mit dem Bruder bricht, bringt ihn in Rage. Noch schlimmer wird die Situation durch Elis Angebot, der Schwester und dem Schwager die Wohnungseinrichtung vorzufinanzieren; die Großzügigkeit muss Sigmund als Demütigung empfinden, denn er leidet darunter, seiner angehenden Frau nichts bieten, nicht einmal ernstzunehmende

Geschenke machen zu können. Seine Armut lässt ihn befürchten, gering geachtet, vielleicht sogar verlassen zu werden. Dass Martha sich ihm widersetzt und nicht daran denkt, die Ehrlichkeit ihres Bruders zu bezweifeln, verstärkt diese Befürchtung. «Aus meiner Jugend weiß ich», wird er später Wilhelm Fließ gestehen, «dass die wilden Pferde in den Pampas, die einmal mit dem Lasso gefangen worden sind, ihr Leben über etwas Ängstliches behalten. So habe ich die hilflose Armut kennengelernt und fürchte mich beständig vor ihr.» Er wird zum Angstbeißer. Sie müsse auf ihn verzichten, setzt er Martha unter Druck, wenn sie dem Bruder nicht schriftlich erkläre, er sei ein Schurke. Sigmund unterstellt ihm, er habe Marthas Geld für seine Zwecke verwendet und wolle sie nun darum prellen. Martha ist eine sanfte Frau, aber keine erpressbare. Sigmund verzichtet zwar darauf, die in seinen Augen unredlichen Machenschaften des Schwagers, wie er es eigentlich vorhatte, im Handelsministerium zu verbreiten, aber er schreibt, ohne Martha etwas davon zu verraten, einen Brief an Eli. Der zahlt umgehend, wird Martha allerdings über das, wie er sagt, «brutale Vorgehen» ihres angehenden Ehemanns aufklären. Jahrelang macht Freud einen Bogen um das Haus in der Rembrandtgasse. Erst als es der Schwester Anna schlecht geht, als sie zuerst sterbenskrank wird, dann in einer Nacht- und Nebelaktion von ihrem finanziell gescheiterten Mann verlassen wird, der in den USA eine neue Existenz aufbauen will, ist der große Bruder für sie da. Und als Anna dann 1893 mit dem zurückgekehrten Eli endgültig auswandert, leiht Sigmund den beiden Startkapital und nimmt eine von Annas Töchtern vorübergehend zu sich. Dass er nun der Stärkere ist, der helfen kann, stimmt ihn versöhnlich. Die Zeit der Verwundbarkeit ist vorbei. Sigmund Freud hat, was Anna vor ihm hatte: eine Familie, Ansehen, genügend Geld und einen Freundeskreis, so beeindruckend wie jener damals in der Rembrandtstraße. Verdrängen wird er nicht, wie sehr er gelitten hat in jenen Jahren: «Niemals», soll er 1929 in

«Das Unbehagen in der Kultur» schreiben, «sind wir ungeschützter gegen das Leiden, als wenn wir lieben».

Der Spaziergang rund ums Ursulinenkloster:

Ursulinenkirche und -kloster in der Johannesgasse 8, Ecke Seilerstätte, mit der Sammlung Religiöse Volkskunst in der alten Klosterapotheke. Öffnungszeiten: Mittwoch von 10 bis 17 Uhr, für Gruppenführungen nach Anmeldung auch an anderen Tagen; Fon 0043/1/406 89 05

Weitere Adressen (Die jüdische Leopoldstadt):

Rembrandtgasse 3, Wohnung von Anna Freud-Bernays (Neubau), nicht weit vom Augarten, der einen Rundgang lohnt

Koschere Restaurants in der Leopoldstadt:

Bahur Tov, Taborstraße 19, mobil 0699 19 57 71 29, Sonntag bis Donnerstag von 11 bis 24 Uhr, Freitag von 10 bis 16 Uhr, restaurant@bahurtov.com

Pizzeria Milk & Honey, Kleine Sperlgasse 7, mobil 0699 12 70 43 83, Montag bis Donnerstag von 11 bis 15 Uhr und von 18 bis 22 Uhr, office@kosherland.at

Restaurant Simchas, Taborstraße 47, Fon 0043/1/2188 28 33, mobil 0676 848 85 22 01, www.s-catering.de

Ort der Hoffnungen und ihrer Enttäuschung
~
*Eine Exkursion rund um die Alte Universität
und das Alte Allgemeine Krankenhaus*

Was der junge Arzt da tut, verstünde keiner. Seine Verlobte in Wandsbek nicht, seine Mutter und sein Vater schon gar nicht, die Freunde ebenso wenig. Deshalb macht er es heimlich, auch wenn er es hinterdrein zugibt. Und er wird es nicht das letzte Mal tun. Er macht Feuer für eine Zerstörung, die er selber befreiend findet. Jeder andere fände sie bedenklich: Sigmund Freud verbrennt Ende September 1883 seine sämtlichen Briefe und privaten Aufzeichnungen.

Und er hat Grund, das zu tun, denn er bricht mit seiner Vergangenheit, mit seinen ursprünglichen Zielen, auch mit einem Teil seiner Identität: er zieht aus der elterlichen Wohnung in der Leopoldstadt weg ins Allgemeine Krankenhaus. Dort bekommt er eine kostenlose Unterkunft, weil er für einen Hungerlohn als so genannter Aspirant beginnt. Das heißt: Dr. med. Sigmund Freud wird als Arzt auf unterschiedlichen Stationen dieses josephinischen Großklinikums arbeiten. Den Traum von einer wissenschaftlichen Karriere an der Universität ist zu Asche zerfallen wie seine Briefe.

Es hätte ihm, vor allem aber seinen Eltern Genugtuung verschafft, wenn er in denselben Räumen als Sieger aufgetreten wäre, wo er schon jung zu spüren bekommen hatte, dass er sich als «minderwertig und nicht volkszugehörig fühlen sollte», wie er es bitter formuliert. Nur, weil er Jude war. Schon zehn, elf Jahre vor jener symbolischen Briefverbrennung hatte der Studienanfänger Sigmund Freud begriffen,

Beginn der Liebe zum Barock: Die Jesuitenkirche, ehemals Universitätskirche, 1623 bis 1631 errichtet, wurde von dem italienischen Architekten Andrea Pozzo Anfang des 18. Jahrhunderts neu gestaltet und so zu einem hochbarocken Meisterwerk. Dass Freud, der «gottlose Mediziner», das Gotteshaus betreten hat, ist wahrscheinlich. In Rom hat er die barocken Kirchen der Stadt mit Leidenschaft studiert.

dass Leistung ihn nicht vor Diskriminierung schützen konnte. Antisemitische Flugblätter waren damals schon freizügig verteilt worden. Ungehindert hatten deutschnationale Studentenverbindungen damit begonnen, Juden aus ihren Kreisen zu entfernen. Zogen die Studenten am Samstagvormittag gruppenweise durch die Straßen oder trafen sich abends in Kneipen rund um die Universität, war es oft zu Handgreiflichkeiten gekommen zwischen den Burschenschaften, bei denen der Judenhass zum Programm gehörte, und den freigeistigen Landsmannschaften und Corps, von denen einige zum Teil, oft zum Großteil aus Juden bestanden. Einzelne Studenten waren schon zu Freuds Studienzeit in Hörsälen, Laboratorien und auf den Fluren provoziert worden. Angerempelt, angepöbelt, beleidigt. Freud hatte all das erhobenen Hauptes durchstanden, sich verteidigt, wo es nötig war und zurückgezogen, wo es möglich war. «Ich habe nie begriffen», erklärte er, «warum ich mich meiner Abkunft, oder, wie man zu sagen begann: Rasse schämen sollte. Auf die mir verweigerte Volksgemeinschaft verzichtete ich ohne viel Bedauern.»

Lange hatte er sich in der Illusion gewiegt, als Forscher bald zu Anerkennung und zu einer Professur zu kommen, sich selber, vor allem aber den Eltern zuliebe. Das war es nämlich, wovon gerade arme jüdische Familien träumten, die oft unter Entbehrungen ihren Kindern ein Studium ermöglichten, weil deren Erfolg, deren Titel ihnen die verweigerte Achtung einbrachte. Und es hatte anfangs gut ausgesehen. Freud hatte gefunden, was er suchte, einen Mann, der ihn erkannte, erzog und förderte: Ernst Wilhelm von Brücke, Direktor des Physiologischen Instituts der Universität, Mitglied des Professoren-Kollegiums der Medizinischen Fakultät. Ein gnomenhafter Asket mit bizarrem Backenbart, ein preußischer Protestant, ein Genauigkeitsfanatiker, ein soldatisches Genie, verschlossen, schmallippig, kontaktscheu, aber herzenswarm. Mit zwanzig hatte Freud begonnen, bei Brücke zu arbeiten. Die äußeren Bedingungen in den Laboratorien waren erbärmlich, fensterlose Kammern, kein elektrisches Licht, kein fließendes Wasser. Aber Freud hatte Hoffnungen und Vorbilder; das war neben Brücke selbst vor allem sein Assistent Sigmund Ernst von Fleischl-Marxow, ein schöner charismatischer Mann, als Salonlöwe wie als Intellektueller funkelnd vor Witz. Ein Ausnahmemensch, der bereit war, diesen namenlosen Sigmund Freud nah an sich heranzulassen, als seinesgleichen zu behandeln.

Als habe er die freie Wahl, benachrichtigte Freud damals seinen Jugendfreund Wilhelm Knoepfmacher, er bereite sich nun auf seinen eigentlichen Beruf vor. «Tiere schinden oder Menschen quälen, und ich entscheide mich immer mehr für das erste Glied der Alternative.» Noch im ersten Jahr nach der Promotion war er optimistisch gewesen, in einer Aufbruchsstimmung, die keine Hindernisse sah, keine sehen wollte. Brücke förderte seine Karriere. Und ein Mann aus

Beginn einer Karriere: Im Chemischen Institut der Universität hoffte Freud noch auf eine Laufbahn als Wissenschaftler. Das Gebäude wurde nach Plänen des Erfolgsarchitekten Heinrich von Ferstel errichtet, der auch das Hauptgebäude der Universität in Wien am Dr. Karl-Lueger-Ring entworfen hatte und die Votivkirche am heutigen Sigmund Freud-Platz, einer Grünfläche, auf der Hunde ihre Notdurft verrichten können.

dessen Freundeskreis unterstützte ihn menschlich, moralisch und finanziell: Josef Breuer, Arzt und Physiologe. Der vierzehn Jahre ältere Kollege, der mit zweiundzwanzig bereits seine Doktorprüfung abgelegt hatte, verfügt über alles, was Freud anstrebt: Ansehen, Geld, Bildung, Großzügigkeit, Erfolg und eine Ehefrau, die ebenso viel Wärme ausstrahlt wie er. Bei ihnen in der Bäckerstraße fühlt sich Freud zu Hause, verstanden und geliebt. Vor allem aber ermutigt. Warum also hätte er daran zweifeln sollen, seinen Weg gradlinig verfolgen zu können?

Nun jedoch, zweieinhalb Jahre, nachdem er am 31. März 1881 zum Doktor der gesamten Heilkunde promoviert worden ist, ändert er seine Pläne. Zwei Männer, Brücke und Breuer, und zwei Einsichten haben ihn dazu gebracht, umzudenken. Und zu werden, was er niemals werden wollte: Arzt.

Seit Sommer 1882 ist Freud verlobt, will möglichst

schnell heiraten und die widerspenstige Schwiegermutter von seiner Verlässlichkeit überzeugen. Er muss Sicherheiten bieten, eine feste Stellung, ein festes Einkommen. Doch Brücke nötigt ihn, der Wahrheit ins Auge zu sehen, in beide Augen. Brücke, der bisher einzige protestantische Direktor an der Wiener Universität, begreift sich wie Freud zwar als Darwinist und Atheist – er sei «ein gottloser Mediziner», sagt Freud über sich –, doch er macht seinem Zögling klar, dass es zwei Gründe gibt, sich von den akademischen Karriereplänen zu verabschieden. Der erste: Freuds jüdische Herkunft. Brücke kennt den Wissenschaftsbetrieb gut genug, um zu wissen, dass einer, der beschnitten ist, auch wenn er niemals eine Synagoge betritt, nie koscher isst, keine jüdischen Riten pflegt und keine jüdischen Feste feiert, schlechte Aussichten hat. Die Vorurteile sind auch im Professorenkollegium größer als die Bereitschaft, Begabungen zu fördern, ungeachtet ihres Woher. Der zweite: Freuds finanzielle Lage. Das Geld, das er für eine Familiengründung braucht, macht Brücke ihm klar, könne er nur mit einer eigenen Praxis verdienen. Vielleicht ergebe sich ja die Gelegenheit, Privatdozent zu werden, das treibe dann wenigstens die Honorare etwas nach oben. Freud hört auf Brücke, den Lehrer, hört auf Breuer, den väterlichen Freund, der als Jude aus eigener Erfahrung dasselbe rät. Er bewirbt sich im Alten Allgemeinen Krankenhaus (AKH) und zieht dort ein.

Guter Laune ist er nicht, obwohl das Klinikgelände nahezu idyllisch ist; ein Gebäudekomplex, landschlossartig in einzelne Flügel gegliedert, mit hohen Sprossenfenstern und stuckierten Portalen, weiten, begrünten Innenhöfen, in denen man Kollegen trifft und sich auf ein Bier verabredet oder noch zusammen eine Zigarre rauchen geht auf der Bude. Sein Zimmer ist so eng, dass Freud die Tischschublade nicht öffnen kann, ohne den ganzen Tisch durch die Gegend zu zerren; er nimmt es mit Humor. Seiner Martha schickt er eine Skizze der Möblierung. Was der sexuell nach ihr ausgehungerte Liebhaber meint, wenn er neben die Wand, an der

45

Schreibtisch und Bücherschrank stehen, «animalische Seite» schreibt und neben die, an der das Bett steht und darüber im Regal die Unabhängigkeitserklärung der Vereinigten Staaten, «vegetative Seite», muss er der Braut erklären; sie hätte sich das wohl genau umgekehrt gedacht. Die Lustigkeit seiner Briefe hört sich jedoch angestrengt an. Freud gibt zu, dass er sich täglich mit einer Überdosis Arbeit narkotisiert. Zu viele Sorgen kreisen in seinem Kopf. Er hat Schulden bei Breuer, die sich 1884 bereits auf 1500 Gulden belaufen, Schulden bei anderen Freunden, vom Vater nichts mehr zu erwarten. Doch so, wie viele vernünftige Menschen Lotto spielen, hofft auch er darauf, dass ein Glückstreffer seiner Laufbahn von heute auf morgen eine ungewohnte Wendung geben könnte. Eine Entdeckung zu machen, die sich in Geld umsetzen lässt – das wäre die Lösung für alle Probleme. Er könnte Martha sofort heiraten und sich ohne Rücksicht auf finanziell schlechte Aussichten dem Forscherdasein widmen. Freud ist überwach und neugierig, jederzeit bereit, Witterung aufzunehmen, eine Fährte zu verfolgen, die etwas verheißt. Und da stößt er auf eine, die ihm heiß zu sein scheint. In der Deutschen Medizinischen Wochenzeitschrift vom Dezember 1883 liest er den Erfahrungsbericht eines deutschen Militärarztes, der seinen Soldaten während des Herbstmanövers ein alkaloidhaltiges Pulver verabreicht hatte. Und begeistert war, wie viel aktiver und aggressiver die Männer dadurch wurden. Ihre Erschöpfung sei verschwunden, und die Laune habe sich nach Einnahme einer kleinen Dosis sensationell verbessert. Dieser Effekt interessiert Freud nicht nur beruflich, sondern auch privat. Häufig hat er mit depressiven Anwandlungen zu kämpfen und weiß nicht, wie er sie loswerden soll; Alkohol als Aufhellungsmittel lehnt er ab. Jetzt, im langen Winter, bedrücken ihn die Verhältnisse im Krankenhaus noch mehr als in der warmen Jahreszeit. Weil es in den Krankenzimmern kein Gas gibt, liegen die Patienten im Finstern. Er muss wie alle Kollegen mit einer Kerze in der Hand seine Visite absolvieren, sogar Operatio-

Beginn einer Ehe: «Ich habe lange und lange an Dir gedeutet und Dich getadelt, und das Ende ist, dass ich nichts anderes wünsche, als Dich zu haben, und so zu haben, wie Du bist», schrieb Freud an Martha Bernays, mit der er hier fürs Verlobungsfoto posiert, am 2. Februar 1886. Sieben Monate später heiratete er sie.

nen bei Kerzenlicht ausführen. Seine Stimmung ist ähnlich düster. Dieses Wundermittel muss her.

Per Post bestellt er beim Arzneimittelhersteller Merck in Darmstadt das Pulver. Der Preis der kleinen Packung schockiert ihn: 3 Gulden und 33 Kreuzer kostet das Gramm Kokain. Mit 33 Kreuzern hatte er gerechnet. Seinem Optimismus tut das keinen Abbruch. «Mehr als einen solchen glücklichen Wurf brauchen wir nicht, um unsere Hauseinrichtung denken zu können», schreibt er im April 1884 seiner Verlobten nach Wandsbek und nimmt einen weiteren Kredit auf.

Er hat daneben jedoch noch einen anderen Beweggrund, die Anwendungsmöglichkeiten des Kokains ausprobieren zu wollen, nicht allein merkantile und selbsttherapeutische. Dieser Grund heißt Fleischl-Marxow. Längst weiß Freud, dass der Physiologe aus Brückes Stall zwar beneidenswert wirkt, doch bemitleidenswert ist: mittlerweile siebenunddreißigjährig, kämpft er nun schon über ein Jahrzehnt gegen Schmerzen, die durch kein noch so starkes Medikament betäubt werden können. Damals hatte er sich beim Sezieren eine Blutvergiftung zugezogen, sein Daumen wurde amputiert, aber es bildeten sich neue Geschwulste. Eine Operation nach der anderen hatte er seither hinter sich gebracht, versuchte sich nachts abzulenken, indem er mathematische und physikalische Studien trieb oder Sanskrit lernte. Keine Materie war vertrackt genug, ihn die Folterqualen vergessen zu machen. Schließlich hatte er zu Morphium gegriffen und war abhängig geworden. Ihn will Freud retten. Heroisch macht er sich vorher zum Versuchskaninchen, schnupft ein zwanzigstel Gramm und nennt danach seinen teuren Einkauf «ein Zaubermittel», denn seine Depressionen haben sich in Nichts aufgelöst. Überzeugt davon, dass man auf Kokain nicht süchtig werden könne, weil sich bei ihm selbst keinerlei Abhängigkeit zeigt, überredet er den Freund, seine gefährliche, zersetzende Droge durch die andere, vermeintlich harmlose zu ersetzen. Freud sieht ständig neue Möglichkeiten für das weiße Pulver. Als er es einem Patienten gibt, der unter heftigen gastrointestinalen Schmerzen leidet, hilft es. Freud blüht auf. Er, der bisher mit seiner Rolle als Arzt, als Menschenschinder, wie er es nannte, gehadert hat, fühlt sich zum ersten Mal als Helfer, als Beglücker, als Retter der Menschheit. Freizügig verteilt er die Droge im Freundes-

und Bekanntenkreis, sogar seiner Braut schickt er etwas; die meint zwar, sie brauche eigentlich nichts, werde es aber vorschriftsmäßig einnehmen. Freud ist, wie sein Mitarbeiter und erster Biograph Ernest Jones schreiben wird, «auf dem besten Weg, gemeingefährlich zu werden», kommt sich selbst nur stark vor, potent in jeder Hinsicht. «Ich küsse Dich ganz rot u. füttere Dich ganz dick, u. wenn Du unartig bist, wirst Du sehen, wer stärker ist, ein kleines sanftes Mädchen, das nicht isst, oder ein großer wilder Mann, der Cocain im Leib hat», droht er seiner Verlobten. Ist es das Kokain, das ihn seine Zurückhaltung und Vorsicht vergessen lässt?

Der Frühsommer 1884 ist schön, sogar im Krankenhaus ist die Stimmung gelöst. Nach Dienstschluss stehen die jungen Ärzte in den Innenhöfen herum. Ein Assistent kommt vorbei, jammert über Zahnschmerzen, Freud bietet an, ihm etwas zu geben, selbst schon ausprobiert, das Zunge, Gaumen und Mundschleimhäute taub werden lasse. Die Kollegen sind neugierig. Alle zusammen gehen sie in ein Behandlungszimmer hinauf, Freud verabreicht dem Assistenten eine winzige Menge Kokain, der Schmerz ist schnell verschwunden. Unter den Kollegen, die Zeuge der Vorführung werden, befinden sich zwei Augenärzte, Leopold Königstein, ein Freund, mit dem Freud Tarock spielt, und Carl Koller. Sie beobachten das Ganze besonders aufmerksam, denn rasche, nebenwirkungsfreie Lokalanästhesie ist ein ungelöstes Problem, mit dem sie täglich aufs Grässlichste konfrontiert werden. Koller und Königstein, Juden wie Freud, haben sich schon früher als er von der Vision einer akademischen Karriere verabschiedet und kennen aus dem Operationssaal die Leiden der Patienten, die oft ganz ohne Betäubung operiert werden müssen; beide ertragen es kaum noch, haben nachts die Schreie im Ohr, suchen nach einer Lösung.

Während Freud zügig seinen Aufsatz über die segensreichen Wirkungen des Kokains niederschreibt, der weniger wissenschaftlich als euphorisch gerät, von Mythen und Legenden berichtet und betont, jeder fühle sich durch dieses Mittel «lebenskräftiger und arbeitsfähiger», stehen Königstein und Koller in ihren Laboren und experimentieren. Als im Juli 1884 Freuds Schrift «Über Coca» erscheint, haben beide schon verblüffende Erfolge vorzuweisen. Und als der wilde Mann mit dem Kokain im Leib im September von der lang ersehnten Reise zu seinem rot geküssten Mädchen in Wandsbek heimkehrt, ist es geschehen: Koller hat das Rennen gemacht. Am 15. September ist ihm die erste Staroperation gelungen, bei der sein Patient nahezu schmerzfrei war – durch Kokain. Am 17. Oktober hält er vor der Gesellschaft der Ärzte in Wien einen Vortrag darüber; er verschweigt nicht, Freud den Hinweis zu verdanken. Doch es ist eindeutig: das Verdienst, Kokain gezielt zur Lokalanästhesie eingesetzt und diese damit erfunden zu haben, gebührt ihm, Koller. Die Presse verbreitet seinen Ruhm. Dass auch noch Leopold Königstein Anspruch auf die Entdeckung erhebt, sein Vertrauter, muss Freud ärgern. Zusammen mit dem Psychiater-Kollegen Julius Wagner-Jauregg interveniert er, Königstein erkennt das Vorrecht Kollers an. Doch was bringt es diesem außer dem Ruhm? Seine bescheidene Hoffnung, eine Assistentenstelle an der Augenklinik des AKH zu bekommen, wird enttäuscht, keiner weiß, welche Intrigen da gesponnen worden sind. Ein antisemitischer Kollege greift ihn an, die beiden, routinierte Fechter, duellieren sich. Freud gratuliert Koller zum Sieg. Doch ein jüdischer Sieger ist ein Verlierer; bereits ein Jahr nach seinem Triumph muss Koller die Klinik, die Stadt, das Land verlassen und emigriert zuerst nach Holland, dann von dort aus in die USA. In Freuds Leben aber bleibt er bis zum Schluss gegenwärtig. «Coca-Koller» nennt er den Mann, der ihm die Krone raubte; die Schuld daran, dass Koller dazu Gelegenheit erhielt, gibt Freud seiner Braut; ihretwegen habe er sich nicht Zeit gelassen, mehr aus seiner Entdeckung zu machen. Bis an sein Ende wird er den Gedanken nicht los, diese große Chance, an Geld zu kommen, verspielt zu haben; zugleich ist Freud ehrlich genug einzusehen, dass der Praktiker Koller durch seine Mitleidensfähigkeit die größere Motivation besaß, dort nach einer Anwendung zu suchen, wo das Kokain wirklich half.

Wieder und wieder wird er an die Kokainepisode und an Koller erinnert. Besonders schmerzlich im Jahr 1893. Da verendet Ernst von Fleischl-Marxow elendig. Das Kokain hatte ihn keineswegs von der Morphiumabhängigkeit befreit, sondern eine neue Sucht zur alten hinzugefügt.

1893 muss Freud auch an den Duellanten Koller denken, der alles verlor, weil er gewonnen hatte. Dass viele jüdische Studenten aus Notwehr zu ausgezeichneten Fechtern geworden waren, hat die Situation zunehmend verschärft. Die Nationalen schlagen am 11. März 1893 zurück, nicht mit Degen oder Florett, sondern mit einem offiziellen Erlass. Waidhofener Beschluss nennt er sich. Damit erklären deutsch-österreichische Studentenschaften die Juden ein für allemal satisfaktionsunfähig. Der Wortlaut des Dekrets: «Jeder Sohn einer jüdischen Mutter, jeder Mensch, in dessen Adern jüdisches Blut rollt, ist von Geburt aus ehrlos, jeder feineren Regung bar. Er kann nicht unterscheiden zwischen Schmutzigem und Reinem. Er ist ein ethisch tiefstehendes Subjekt. Der Verkehr mit einem Juden ist daher entehrend; man muss daher jede Gemeinschaft mit Juden vermeiden. Einen Juden kann man nicht beleidigen, ein Jude kann daher keine Genugtuung für erlittene Beleidigungen verlangen.»

Was die akademischen Ehren angeht, äußert sich der Antisemitismus nicht derart dreist, doch auch da wird deutlich, dass ein Jude, ungeachtet seiner Leistungen, sich hinten anstellen muss, weil er in gewisser Hinsicht ebenfalls für nicht satisfaktionsfähig erklärt wird. Freud ist zwar seit 1885 Privatdozent, einen Hörsaal in der Universität oder einen Professorentitel will man ihm nicht geben. Er liest im Psychologischen Club, im Verein für Psychiatrie, in der Klinik. In diesem Jahr 1893 hat er schon fünf Kinder, er braucht den Titel aus finanziellen Gründen. «Eine Beförderung zum Professor erhebt den Arzt in unserer Gesellschaft zum Halbgott.» Der Titel beschert, das ist bekannt, mehr Patienten und mehr Geld.

Die Schrift «Über den psychischen Mechanismus hysterischer Phänomene», die er ebenfalls 1893 zusammen mit Breuer veröffentlicht, bringt ihn dem Titel mit Sicherheit nicht näher, Hysterie ist kein ehrenwertes Thema. Der fast gleichaltrige Psychiater-Kollege Julius Wagner-Jauregg wird 1893 zum außerordentlichen Professor ernannt, Freud muss warten.

Jedes Jahr wird er erneut zugunsten jüngerer, oft weniger renommierter Kollegen übergangen. 1900 schafft es sein Freund Königstein, obwohl auch er Jude ist, doch der beschäftigt sich mit weniger despektierlichen Gegenständen als Freud; ein Traumdeuter, Seelenzerleger und Sexualwissenschaftler erscheint Minister Wilhelm von Härtel, der die Ernennungen ratifizieren muss, wohl nicht geeignet. Mit vierundvierzig wird Freud noch immer Privatdozent sein und bringt das zurecht in Verbindung mit seinem Judentum «Ja, ich bin wirklich schon 44 Jahre alt», schreibt er Fließ, «ein alter, etwas schäbiger Israelit».

Eine Patientin, die Baronin Marie von Ferstel, erreicht seine Ernennung durch elegante Bestechung, nachdem sie den Minister persönlich kennengelernt und erfahren hat, dass er für die Staatliche Moderne Galerie ein Gemälde Böcklins erwerben wolle, das ihrer Tante gehört. An den Böcklin kommt sie zwar nicht heran, doch immerhin schenkt sie stattdessen einen Emil Orlik unter der Bedingung, dass Freud Ordinarius werde. Am 22. Februar 1902 unterzeichnet der Kaiser die von Minister Härtel vorgelegte Urkunde. Freud wird jedoch nur Extra-Ordinarius. Es war ja ein Orlik, kein Böcklin. Und Freud wartet weiter.

Am 6. Juli 1919 legt Wagner-Jauregg dem Unterrichtsministerium ein Gutachten vor, das Freuds Ernennung zum ordentlichen Professor erreichen soll. Wie sehr sich der offizielle Befürworter Wagner-Jauregg innerlich jedoch dagegen sträubt, ist unschwer zu erkennen, denn er liefert ein Lehrbuchbeispiel für Freudsche Fehlleistung: «Freud hat», schreibt Gutachter Wagner-Jauregg, «bereits ein Alter von 63 Jahren erreicht. Es kann daher gewiss nicht als voreilig bezeichnet werden, wenn beantragt wird, das verdienstvolle Wirken Freuds durch den Antrag, ihn mit dem Titel eines Extra-Ordinarius auszuzeichnen, die Anerkennung der Fakultät auszusprechen.»

Die Silbe «Ex» wird energisch durchgestrichen, sichtbar bleibt sie und damit das Problem von Wagner-Jauregg. Extra-Ordinarius ist Freud schon seit siebzehn Jahren.

Am 7. Januar 1920 wird Freud mit großer Mehrheit zum ordentlichen Professor ernannt, doch die Begründung hätte ihn kaum erfreut: die Psychoanalyse wird darin mit keinem einzigen Wort erwähnt, dafür werden aber die schon verstaubten Verdienste Freuds um die Erforschung der Hysterie hervorgehoben, die er sich in Gemeinschaft mit Breuer erworben hat. An der Universität, die Freud 1873 mit so großer Hoffnung betreten hatte, hängt eine Hakenkreuzfahne, als er das Land verlässt.

Doch auch für Wagner-Jauregg soll das Judentum noch in gewisser Weise zum Karrierehindernis werden. Als er sich am 21. April 1940 um Aufnahme in die NSDAP bewirbt, wird er, seit 1927 Nobelpreisträger und damit Stolz der Universität, abgewiesen. Die Begründung: Seine erste Frau war Jüdin gewesen.

Der Spaziergang um die Alte Universität:

Alte Universität, heute Akademie der Wissenschaften, Dr. Ignaz-Seipel-Platz 2, I. Bezirk
Universitätskirche bei der Alten Universität

Weitere Adressen:

Chemisches Institut, Währingerstraße 10, IX. Bezirk
Bäckerstraße 7, I. Bezirk, Wohnhaus Breuer bis 1982
Das Alte Allgemeine Krankenhaus, genannt AKH, Eingang Alserstraße 4

Wo das Problem begraben liegt
~
*Ein Spaziergang auf dem Zentralfriedhof
in Freuds Vergangenheit*

Es ist Juli, und die Wiener feiern sich selber. Die Schanigärten sind voll, die Ausflugslokale überlaufen, die Lebenslust schäumt. Doch Martha Freud muss zusehen, wie ihr Mann jeden Tag schweigsamer wird, dass sich sein Blick mehr und mehr verschattet, dass er sich mit Zweifeln quält und darüber klagt, er könne nicht mehr denken. Er ist einundvierzig, mit allem unzufrieden, sagt, es gäre in ihm. Und schließlich diagnostiziert er bei sich eine psychomotorische Schreiblähmung. Dabei läuft die Praxis gut, finanzielle Sorgen bedrängen ihn endlich nicht mehr. Und was über die tägliche Arbeit hinaus zu erledigen ist, kann ihn doch nicht derartig belasten: er soll einen Grabstein besorgen für seinen Vater, der schon vor fast einem Jahr, im Herbst 1896, gestorben und draußen auf dem Zentralfriedhof in der israelitischen Abteilung beerdigt worden ist. Es ist nur recht und billig, dass die Geschwister ihm diese Aufgabe übertragen haben, nicht nur, weil er der Älteste ist, sondern auch weil er bisher in Zusammenhang mit Jacob Freuds Ende wenig beigetragen hat, die Sorgen zu erleichtern. Sigmund hat sie enttäuscht. Vor allem mit einem Auftritt letztes Jahr, am 26. Oktober.

Sie rechneten fest damit, dass er sie wenigstens an diesem Tag nicht im Stich ließ. Klaglos hatten sie es hingenommen, dass der große Bruder sich um die Pflege des sterbenden Vaters drückte. Schon Mitte Juni erfuhr er, der Vater sei ernsthaft erkrankt, und rasch erkannte er, dass Jacob Freud

Einblick in die Zerrissenheit: Schonungslos wie fast immer gab Freud zu, wie sehr er seinen Vater verachtete und zugleich bewunderte, dass er ihn überholt, nie aber überwunden hatte. Dass Freud sich von Jugend an unter seinen Lehrern und später Professoren Ersatzväter suchte, spricht für sich.

nicht mehr lange zu leben hatte. Darmkrebs mit schlimmen Symptomen: Blasen- und Mastdarmlähmung. Schmerzhafte Verstopfungen und explosionsartiger Stuhlgang wechselten sich ab, ein Martyrium für jeden, der einen solchen Patienten umsorgt. Freud hatte seinem Berliner Freund Wilhelm Fließ unumwunden erklärt, es gehe mit dem Vater zu Ende, trotzdem war er zum Urlaub mit Frau und Kindern nach Aussee gereist, 250 Kilometer von Wien entfernt, und war danach mit seinem Bruder Alexander, einem wandelnden Fahrplan und Baedeker, zu einer ausgedehnten Italienreise aufgebrochen. Offenbar ohne Gewissensbisse. Kurz vor der Abfahrt noch hatte er vermeldet, der Zustand seines Vaters deprimiere ihn nicht, denn er gönne ihm die wohlverdiente Ruhe. Der Alte habe wenig Schmerzen und lösche «mit Anstand und Würde» aus. Für Anstand und Würde hatte wie immer Dolfi zu sorgen, die sich Tag und Nacht um den Vater kümmerte. «Ein langes Krankenlager wünsche ich ihm nicht», hatte Sigmund seinem Berliner Freund Wilhelm Fließ Mitte Juli mitgeteilt, «auch meiner ledigen Schwester nicht, die ihn pflegt und dabei leidet.»

Für Dolfi aber war es lang geworden: erst mehr als drei Monate später, am 23. Oktober, durfte Jacob Freud mit einundachtzig Jahren sterben. Am 26. hatten die Geschwister und die Mutter ihn begraben. Dass Sigmund auf dem Friedhof nicht erscheinen würde, war zu erwarten gewesen. Zeremonien mag er nicht und jede Art religiösen Brauchtums schon gar nicht. Das aufwendige jüdische Hochzeitsfest von Anna, die wie er religiös freigeistig erzogen worden war und außer dem Sederabend und Purim keine jüdischen Feste, durchaus aber Weihnachten gefeiert hatte, fand er «einfach abscheulich». Dass sie in den ersten Jahren der Ehe bei sich zu Hause streng koscher kochte und bei dem wöchentlichen Besuch im Elternhaus keinen Bissen anrührte, fand er lächerlich. Und als er selbst in Wandsbek seine Martha nach jüdischem Ritus heiraten musste, in den er durch deren Onkel Elias in einem Crashkurs eingeweiht worden war, hatte er nur mitgemacht, weil die standesamtliche Trauung allein in Österreich nicht anerkannt worden wäre. Dass er Jude ist, nimmt er ernst, bekommt er es, was seine beruflichen Pläne angeht, doch ständig zu spüren; von seinem Atheismus kann ihn aber nichts abbringen. Außerdem kann er Begräbnisse nicht leiden.

Die Schwestern und die Mutter waren jedoch davon ausgegangen, den Bruder wenigstens zur Trauerfeier in der elterlichen Wohnung in der Grünen Thorgasse 14 pünktlich erwarten zu können. Er aber kam zu spät. Und seine Entschuldigung war peinlich: Er habe, erklärt Sigmund, beim Friseur zu lange warten müssen. Alle wussten, dass er Stammkunde ist bei diesem Friseur und dass der informiert war, was nach dem Haarschnitt anstand. Sie wussten also auch, dass etwas anderes Sigmund davon abhielt, rechtzeitig zu erscheinen: das, was er selbst das Unbewusste nannte.

In der Nacht darauf holte ihn diese groteske Situation im Schlaf ein; er träumte von einem Friseursalon, seinem Friseursalon, in dem ein Schild mit der Aufschrift hing: «Es wird gebeten, die Augen zuzudrücken.» Dem Vertrauten Wilhelm Fließ berichtete er, seine Familie sei mit ihm unzufrieden gewesen, weil er ein sehr einfaches und stilles Leichenbegängnis bestellt hatte und dann auch noch zu spät zur privaten Feier gekommen war, schilderte den Traum und deutete ihn. «Der Satz auf der Tafel ist doppelsinnig und heißt nach beiden Richtungen: Man soll seine Pflicht gegen den Toten erfüllen. (Entschuldigung, als ob ich's nicht getan hätte und Nachsicht bräuchte – die Pflicht wörtlich genommen.) Der Traum ist also ein Ausfluß jener Neigung zum Selbstvorwurf, die sich regelmäßig bei den Überlebenden einstellt.»

Verräterisch, dass Freud in seiner «Traumdeutung» zwei Jahre später behaupten wird, er habe genau das schon eine Nacht früher geträumt, womit es nicht mehr mit seinem Zuspätkommen und dem damit verbunden schlechten Gewissen zusammenhängen kann. «In der Nacht vor dem Begräbnis meines Vaters», steht dort zu lesen, «träumte ich von einer bedruckten Tafel, einem Plakat oder Anschlagszettel – etwa wie die das Rauchverbot verkündenden Zettel

Spaziergang in die Vergangenheit: Nicht auf einem der ausschließlich jüdischen Friedhöfe Wiens, sondern auf dem alten israelitischen Friedhof des Zentralfriedhofs liegen Freuds Eltern Jacob und Amalia Freud begraben – Gruppe 50(R4/53). Hier wären wohl auch er selbst und seine Schwestern bestattet worden.
Nicht weit vom Grab der Freud-Eltern findet sich das von Arthur Schnitzler, den Freud wegen der instinktsicheren Psychologie seiner Erzählungen bewunderte (Gruppe 6, Ro/4), und von Josef Popper, dem Philosophen und Ingenieur, der lange vor Max Planck Überlegungen zur Quan-

in den Wartesälen der Eisenbahnen –, auf dem zu lesen ist, entweder

>Man bittet, die Augen zuzudrücken,
>oder Man bittet, ein Auge zuzudrücken.»

Der Traum wird in der Veröffentlichung auch anders interpretiert. «Jede der beiden Fassungen», erklärt Freud im Buch, «hat ihren besonderen Sinn und führt in der Traumdeutung auf besondere Wege. Ich hatte das Zeremoniell möglichst einfach gewählt, weil ich wusste, wie der Verstorbene über solche Veranstaltungen gedacht hatte. Andere Familienmitglieder waren aber mit solch puritanischer Einfachheit nicht einverstanden; sie meinten, man werde sich

tentheorie anstellte und für Freuds «Traumdeutung» eine wesentliche Rolle spielte (Gruppe 52, R1/20).
Die Mausoleen, Grüfte und Gräber der Berühmtheiten befinden sich an der fast einen Kilometer langen Zeremonienallee, die vom Tor 1 ausgeht. Der Mittelteil dieser schönen Gräberstraße wurde im Zweiten Weltkrieg von Bomben beschädigt. «Ich kann garnicht sagen, welch einen wunderbaren Eindruck so ein weiter Friedhof macht», schwärmte Freuds Tochter Mathilde nach ihrem ersten Besuch dort.

vor den Trauergästen schämen müssen. Daher bittet der Wortlaut des einen Traumes, ‹ein Auge zuzudrücken›, das heißt Nachsicht zu üben.»

Beide Augen zuzudrücken meint aber nicht nur, jene des Toten zu schließen, sondern auch wegzusehen, die Wahrheit nicht erkennen zu wollen. Und dass er, was den Vater betraf, genau dies tat, war Sigmund Freud klar.

«Körperlich und auch geistig», hatte er früher behauptet, sei er «sein Duplikat». Immer wieder hatte er Außenstehenden gegenüber die Abgeklärtheit des Vaters betont, seinen Optimismus gepriesen und ihn als einen Mann gefeiert, der ständig in Erwartung eines Glücksfalls lebte. Noch im

Juni, als Jacob Freud bereits todkrank war, erklärte er Fließ, sein Vater befinde sich zwar «in einem höchst wackeligen Zustand», sei aber «freilich ein Riesenkerl». Äußerlich war Jacob Freud zumindest in jüngeren Jahren auch eindrucksvoll; relativ groß, größer als Sigmund, und breitschultrig, ein offenes, starkes Gesicht mit klugen Augen. Trotzdem konnte Sigmund diesen Mann nicht bewundern, der in Wien niemals Steuern zahlte, keine solide Ausbildung, keinerlei Ehrgeiz hatte, der zu den Mahlzeiten da war, sich sonst aber entzog. Mit seinem Sohn ein Streitgespräch zu führen, vermied er konsequent, weil er sich dem nicht gewachsen fühlte. Ihm war wohl bewusst, dass er schon früh Sigmunds Respekt verloren hatte, als er sich ihm, da war sein Sohn vielleicht elf, auf einem Spaziergang an der Ringstraße als Mensch ohne Zivilcourage zu erkennen gab. Damals hatte er ihm davon erzählt, wie er als junger Mann in Freiberg mit einer neuen Pelzmütze auf dem Kopf unterwegs war, als ein Christ ihm die Mütze vom Kopf schlug und rief: «Jud, herunter vom Trottoir».

«Was hast du getan?» wollte sein Sohn wissen.

«Ich bin», gestand Jacob, «auf den Fahrweg gegangen und habe die Mütze aufgehoben.»

Offen hatte Sigmund es damals und auch später nie zugegeben, dass er den Vater verachtete, sogar hasste für diese Feigheit, doch er durchschaute bald, dass er diese Empfindungen in seinen Macht- und Rachephantasien auslebte. Er verstand genau, weshalb er sich bereits als Schüler mit Hannibal identifizieren wollte, der vor seinem Vater vor dem Hausaltar schwören musste, an den Römern Rache zu nehmen. Und dass es letztlich sein eigener Text war, den er als Brutus in Shakespeares «Julius Cäsar» aufzusagen hatte, als er im Juli 1871 auf der Schulfeier zum Schuljahresschluss mit einem Kameraden die dritte Szene aus dem vierten Akt vortrug: «Weil Caesar mich liebte, wein' ich um ihn; weil er glücklich war, freue ich mich; weil er tapfer war, ehr' ich ihn, aber weil er herrschsüchtig war, erschlug ich ihn.»

Er machte sich durchaus bewusst, wie sehr er mit dem Vater rang, dass er einerseits unbedingt erfolgreicher werden wollte, andererseits Angst vor dem Wunsch hatte, den Vater zu übertreffen, weil das zu sehr an das mythologische Modell des Vatermords erinnerte.

Die Geringschätzung des Vaters hatte sich, als Jacob starb, längst mehr als deutlich Ausdruck verschafft: Freud persönlich wählte die Namen seiner Kinder aus; nicht einen seiner drei Söhne nannte er nach dessen Großvater – der jüdische Brauch, keine Namen lebender Verwandter zu verwenden, hätte ihn nicht daran gehindert –, aber zwei nach den Ersatzvätern: Ernst nach seinem akademischen Lehrer in Wien, dem Physiologen Ernst Brücke, und Jean-Martin nach dem Idol seiner Pariser Zeit, dem Psychiater Jean-Martin Charcot. Dem dritten gab er den Vornamen seines historischen Übervaters Oliver Cromwell.

Eigentlich müsste er also nach dem Tod des Vaters erleichtert gewesen sein. Doch er war täglich schwieriger geworden. Martha Freud konnte sich die Veränderung ihres Mannes kaum erklären, da sie sich mit seiner Arbeit, seinen Theorien, seiner Denkweise nie befassen wollte. Vielleicht aber verstand Marthas Schwester Minna, die sich mit Freuds Lehren intensiv auseinandersetzte, was mit dem Schwager nach dem Tod Jacob Freuds geschah, warum er in eine Krise abstürzte, die ihn lähmte, kannte sie doch aus ihrer Familie die jüdische Tradition, den Vater zu ehren. Das vierte Gebot besaß einen hohen Stellenwert. Und Minna wusste aus Erfahrung, wie dramatisch es für die Kinder wird, wenn der Vater nicht verehrungswürdig oder sogar verachtenswert ist. Ihr eigener Vater, der Kaufmann Berman Bernays, Sohn eines Rabbiners, dessen Bild in Hamburgs jüdischen Haushalten hing wie das des Papstes in den katholischen Häusern Wiens, hatte den Namen seiner Sippe beschmutzt: Mit zweiundvierzig war er wegen betrügerischen Bankrotts zu einer Gefängnisstrafe verurteilt worden. Sein früher Tod konnte die Schande nicht tilgen. Martha hatte den Vater zum Tabu erklärt und sprach nie über ihn. Minna dürfte in den langen Unterhaltungen mit ihrem Schwager, ob zuhause oder auf Bergtouren, diese Last nicht verheimlicht haben und ahnte wohl, welcher Zwiespalt ihm nun zu schaffen machte.

Nach außen hin hatte Freud anfangs den Vater auch noch postum verteidigt. «Auf irgendeinem dunkeln Wege hinter dem offiziellen Bewusstsein hat mich der Tod des Alten sehr ergriffen», schrieb er keine Woche danach an Wilhelm Fließ. «Ich hatte ihn sehr geschätzt, sehr genau verstanden, und er hat viel in meinem Leben gemacht, mit der ihm eigenen Mischung von tiefer Weisheit und phantastisch leichtem Sinn.» Und er gibt zu, er «habe nun ein recht entwurzeltes Gefühl». Wer sich entwurzelt fühlt, muss in die Tiefe gehen, um sich neu zu verbinden mit dem Dasein. Freud machte sich an die Archäologie seiner eigenen Vergangenheit, seiner intimen Familiengeschichte. Die Ausgrabungen wurden zunehmend erschreckend. Dennoch zeigte er sich am Jahresende Fließ gegenüber zuversichtlich. «Wenn ich gerade keine Angst habe, nehme ich es mit allen Teufeln auf.» Und was da vor ihm auftauchte, war teuflisch, die Funde waren grässlich. Er war auf Erinnerungen an sexuelle Übergriffe des Vaters gestoßen. Im Februar nach dem Tod des Vaters erwähnte Freud Fließ gegenüber bereits den Verdacht, der Vater habe seine Kinder verführt, als sie klein waren. «Leider ist mein eigener Vater einer von den Perversen gewesen und hat die Hysterie meines Bruders ... und einiger jüngerer Schwestern verschuldet.» Was er mit pervers meint, verrät er nicht.

Nachdem er bei mehreren seiner Patienten Bestätigungen dafür gefunden zu haben meinte, dass deren Neurosen und Hysterien tatsächlich auf sexuellen Übergriffen von Verwandten in der Kindheit gründeten, bestärkte ihn das in seiner Verführungstheorie, doch sich selber bezog Freud in all diese Erkundungen noch nicht ein.

Jetzt, im Juli 1897, wo er den Auftrag hat, einen Grabstein zu bestellen für den Vater, wird er jedoch radikal. Er wagt es, ein einzigartiges Experiment zu beginnen, das in seiner Schonungslosigkeit erschreckend und bewundernswert ist: er entschließt sich zur Selbstanalyse. Freud macht sich selbst zum Versuchsobjekt, das er ohne Mitleid entblößt und seziert. Dabei entdeckt er all die tief verschütteten Feindseligkeiten gegenüber dem eigenen Vater, wird sich klar über seine Eifersucht, was die Mutter betrifft. Nicht von den Neurosen der Geschwister, von seinen eigenen redet er nun. Nicht deren Hysterie versucht er aufzuklären, sondern seine eigene. Stimmt seine Theorie, muss auch er Opfer der Perversion seines Vaters geworden sein. Darf er das denken, als ein jüdischer Sohn, der den Vater zu ehren hat? Und was soll der Vater ihm angetan haben?

Der teure Grabstein ruht auf dem Sarg des Vaters. Doch Jacob Freud ist lebendiger denn je. Er lässt den Sohn nicht zur Ruhe kommen. Einen Tag, nachdem er von einer weiteren Italienreise zurückgekehrt ist, gesteht Sigmund Freud in einem langen Brief dem Intimus Fließ, er habe seine Verführungstheorie zu widerrufen, denn er sei zu einer neuen Erkenntnis gelangt: Die Ursache der Hysterie seien nicht reale Verführungen, sondern die kindlichen Verführungsphantasien. Fallstudien hätten das belegt. Außerdem gesteht er, es sei absurd, hinter jeder Hysterie einen perversen Vater zu suchen, so viele perverse Väter könne es nicht geben. Doch es gibt Indizien, die darauf verweisen, dass auch Jacob Freud bei dem Widerruf eine Rolle spielt. Kurz darauf tritt Sigmund in die jüdische Loge B'nai B'rith ein, «Söhne des Bundes» bedeutet der Name des Freidenkervereins. Neben humanitären Anliegen hat sich B'nai B'rith zum Ziel gesetzt, Toleranz zu lehren, vor allem aber über das Judentum und die jüdische Erziehung aufzuklären. Jacob hatte den Talmud auf Hebräisch gelesen, Jacob hatte seinen Sohn schon mit fünf, sechs Jahren ins Alte Testament eingeführt, Jacob hatte seinem Sohn eine Israelitische Bibel geschenkt, in die er vorn auf Hebräisch schrieb, dass sein Sohn am 13. Mai 1856 in den jüdischen Bund eingetreten, also beschnitten worden war. Sigmund wird eines der aktivsten Mitglieder der Loge sein: seine Vorträge gehören zu den Höhepunkten. Doch bleibt er bei seinem Bekenntnis, dass er «der jüdischen Religion so ferne stehe wie allen anderen Religionen».

Heißt seine Entscheidung: Judentum ja, Gott nein? Und hat sie mit seinem Vater zu tun?

Im selben Jahr noch, Anfang Oktober 1897, also ein Jahr nach Jacob Freuds Tod, revidiert Freud seine Vermutung, was den Vater angeht. «Ich kann nur andeuten, dass bei mir der Alte keine aktive Rolle spielt, ich aber wohl einen Analogieschluss von mir auf ihn gerichtet habe.» Er stößt bei den Ausgrabungen auf eine Kinderfrau, die seine Lehrerin in sexuellen Dingen gewesen sei. Obwohl seine alte Mutter deren Existenz bestätigt und auch deren ominösen Ruf, wandelt der Sohn seine Verführungstheorie um in die Ödipustheorie, die ihn berühmt machen wird. Durch sie werden die Rollen neu verteilt. Hat Freud zuvor behauptet, die Eltern seien die aktiven Verführer, sind sie nun passiv. Zum Täter wird das Kind mit seinen Wünschen. Und zwar jedes Kind. «Ich habe», erklärt er Fließ, «die Verliebtheit in die Mutter und die Eifersucht gegen den Vater auch bei mir gefunden und halte sie jetzt für ein allgemeines Ereignis früher Kindheit, wenn auch nicht immer so früh wie bei den hysterisch gemachten Kindern.»

Hat Freud den geträumten Befehl, die Augen zuzudrücken, als Auftrag seines Vaters angenommen?

Den Wunsch, einen großen, bedeutenden, mächtigen Vater zu haben, wird er dennoch nicht los. In seinem «Mann Moses» wird er die These vertreten, Moses sei kein Jude gewesen, sondern der Sohn eines ägyptischen Edelmannes. Und der Analytiker Erich Fromm fragt sich zurecht, ob Freud damit sagen wolle: Auch ich bin nicht der Sohn von Eltern niedrigen sozialen Ranges, sondern ein Mann königlicher Abkunft.

Dass seine Weigerung, an einen Gott zu glauben, mit

der Rolle des Vaters zusammenhängt, ist keine Einsicht späterer Interpreten. «Die Psychoanalyse hat uns den intimen Zusammenhang zwischen dem Vaterkomplex und der Gottesgläubigkeit gelehrt», formuliert Freud selbst unmissverstehbar, «hat uns gezeigt, dass der persönliche Gott nichts anderes ist als ein erhöhter Vater, und führt uns täglich vor Augen, wie jugendliche Personen den religiösen Glauben verlieren, sobald die Autorität des Vaters bei ihnen zusammenbricht.»

Bei ihm geschah das mit vielleicht elf Jahren. Der Vater war als Abgott längst gestorben, als man ihn zu Grabe trug.

So intensiv sich Freud in seinen Schriften mit dem Tod befasst, so energisch versucht er die persönliche Begegnung mit dem Tod zu vermeiden. Auch als die Mutter an der Seite des Vaters bestattet wird, fehlt er unter den Geschwistern. Und seinen Kindern versucht er auszureden, dass sie das Grab der Großeltern besuchen. «Bisher hat Papa immer gesagt, er wolle nicht, dass ich die Gräber besuche, solange ich, dem Himmel sei Dank, dazu keine Ursache habe», gesteht seine älteste Tochter Mathilde einem Freund, als sie bereits sechzehn ist. «Heute aber war ich doch mit Verwandten bei Großpapas Grab, während gleichzeitig nicht weit von uns eine Beerdigung eines alten Freundes von Papa war.» Auch dabei fehlte Freud. Und doch beherzigt er für sich selber seinen Satz: «Wenn du das Leben aushalten willst, richte dich auf den Tod ein.»

Der Besuch von Beerdigungen gehörte für ihn nicht zum Trainingsprogramm.

Sein Argument: religiöse Rituale lehne er ab.

Einmal besucht er mit seiner Mutter und seinen Schwestern doch das Grab des Vaters: als der Grabstein endlich liegt. Er lässt sich dabei fotografieren. Und seine Nichte Lilly ist später überzeugt, das Foto sei bei Großvaters Beerdigung entstanden. Dass ihr Onkel Sigi Schwierigkeiten hatte mit ihm, kann sie nicht wissen, auch nicht verstehen. Sie hat ihn vergöttert, den alten Mann mit dem langen weißen Haar, dem dichten weißen Bart, der nach dem Essen, wenn er im Schaukelstuhl saß, seinen Meerrettich trank und zum Pils eine Zigarre rauchte, Witze und Anekdoten erzählte. Freud aber wird nie damit fertig, dass er den Vater überholt hat. «Eine Erinnerungsstörung auf der Akropolis» überschreibt er den Essay, in dem er das Jahre später eingesteht: «Es muss so sein, dass sich an die Befriedigung, es so weit gebracht zu haben, ein Schuldgefühl knüpft; es ist etwas dabei, was unrecht, was von alters verboten ist. Das hat mit der kindlichen Kritik am Vater zu tun, mit der Geringschätzung, welche die frühkindliche Überschätzung seiner Person ausgelöst hatte. Es sieht so aus, als wäre es das Wesentliche am Erfolg, es weiter zu bringen als der Vater, und als wäre es noch immer unerlaubt, den Vater übertreffen zu wollen.»

Der Spaziergang:

Alter Israelitischer Friedhof, Zentralfriedhof 1, Simmeringer Hauptstraße, XI. Bezirk

Beschwörungszauber in der Praxis des Doktor Freud
~
Die Orte des Aberglaubens, des Glaubens und der der Magie

Dass er zu so etwas imstande ist, hätte keiner in der Familie gedacht, schon gar nicht das Hausmädchen. Bis dahin war keiner Zeuge davon geworden, dass Sigmund Freud die Fassung verloren hätte. Und jeder weiß, wie sehr ihm gerade diese Dinge aus Ton, Alabaster, Keramik oder Stein am Herzen liegen.

Bei den Freuds gibt es für ein Hausmädchen sehr viel Arbeit, vor allem Abstauben, Kohleschleppen und Teppichklopfen. Damastbespannte Wände, Kachelöfen, die Möbel dunkel, die Sessel plüschig, die Deckchen gehäkelt, die Teppiche orientalisch, Gläser und Schalen aus Kristall. Und ein einziger Blick in die Praxis des Herrn Doktor Freud macht jedem klar, dass hier beim Reinemachen äußerste Vorsicht angesagt ist. Freud sammelt. Er sammelt fanatisch. Nur seine Nikotinsucht sei noch stärker als seine Sucht nach neuen Objekten, gesteht er. Vieles wird er später in Vitrinen verstauen. Vasen, Schalen, Statuetten aus pompejanischen und etruskischen Gräbern, Satyrn, Göttinnen, irisierende Gläser, Öllampen aus Ton, asiatische und römische Köpfe. Aber noch baut er die Sammlung erst auf, und es stehen die meisten Objekte herum, auf dem Boden neben der geöffneten Flügeltür zum Arbeitszimmer, auf dem Schreibtisch, auf den Bücherregalen, Beistelltischen, Simsen und auf Konsolen an der Wand, Reliefs, Fragmente, Vasen, Figuren unterschiedlichen Formats und Amphoren. Sogar die Aschenbecher, meistens randvoll, sind Sammelstücke aus geschnittenem

Stein, Porphyr oder Nephrit, und müssen ständig geleert werden, weil Freud Kette raucht. Für Ungeübte ist es ein Balanceakt, sich zwischen den Kostbarkeiten zu bewegen, ohne anzustoßen oder etwas herunterzufegen. Dem Sessel gegenüber, in dem Freud während der Analysen sitzt, steht ein Buddha-Kopf aus Bronze, über der Couch hängt eine Radierung des Großen Tempels in Karnak; später wird es hier noch voller werden, wird sich daneben eine Gipskopie des marmornen Grabreliefs der Gradiva befinden, davor ein Büschel getrockneter Papyrusblätter. Das Hausmädchen hat dann jeden von Freuds Patienten anzuweisen, es keinesfalls zu berühren, weil es sonst zu Staub zerfalle. Doch bereits in den Anfängen ist Freuds Sammelsucht, die er oft in der Mittagspause bei Wiener Kunsthändlern befriedigt, raumfüllend. Beruhigend nur, dass er sich bei sonntäglichen Besuchen in der Antikensammlung und der Sammlung für Ägyptisch-Orientalisches im Kunsthistorischen Museum mit Wissensgrundlagen versorgt, denn der Markt wird mit Fälschungen überschwemmt. Hier, im Behandlungszimmer mit der Couch und in der Bibliothek nebenan, ist jeder im Haushalt besonders achtsam, schon weil sie alle wissen, wie stolz Freud darauf ist, dass ihm noch nie irgendetwas durch Ungeschicklichkeit zu Bruch gegangen ist.

Die hilfreichen Geister kostet die Sammlung Zeit, Freud mehr Geld, als er es sich leisten kann, aber es tröstet ihn und regt ihn an, als Archäologe der Seele auf Dinge zu blicken, die von einem verschütteten, mühsam ans Tageslicht beförderten Leben erzählen. Außerdem bringen ihm diese Objekte das Licht des Südens in die düsteren Räumlichkeiten, in die er mit Martha und drei Kindern im Spätsommer 1891 eingezogen war. Martha war die Treppe zu steil, die Straße in diesem Teil zu unelegant, die Nachbarschaft zu kleinbürgerlich, die Gegend zu grau, zu steinern. Aber ihre Einwände kamen zu spät, Freud hatte den Vertrag bereits unterzeichnet. Damals hatte Martha kaum geahnt, dass sie siebenundvierzig Jahre hier zubringen würde, in der Berggasse 19. Im

Eine der berühmtesten Adressen der Welt: die Berggasse 19. Erbaut worden war das fünfgeschossige Gebäude 1889 anstelle eines älteren, nur einstockigen, nach Plänen des Architekten Hermann Stierlin. In den 1920er Jahren waren hier nicht nur die Praxen von Freud und Anna untergebracht, sondern auch Praxis und Wohnung von Dorothy Burlingham, die zwei im zweiten Stockwerk gelegene Wohnungen 1926 bezogen hatte und ihren amerikanischen Bedürfnissen anpassen ließ. Knapp die Hälfte der Mieter im Hause waren Juden.

Erdgeschoss des Hauses, in dem hinten hinaus die Hausangestellten wohnen, befindet sich auf der Gassenseite die koschere Fleischhauerei von Siegmund und Helene Kornmehl, außerdem ein bürgerlicher Konsumverein. In direkter Nachbarschaft gibt es Schuster, Kohlehändler, Greissler, fein jedoch ist die Wohngegend nicht. Nur im oberen Teil der Berggasse, in der Nähe des Universitätsviertels, stehen ein paar repräsentative Häuser, unten aber endet die Straße im Tandelmarkt, auf dem die Leute sich mit Trödel und Gebrauchtwaren eindecken. Weit und breit kein Garten, keine Grünanlage. Freuds Behandlungszimmer geht auf einen Hinterhof, in dem eine große Kastanie wächst, die ein paar wenige Wochen, um Freuds Geburtstag herum, mit ihren Blüten erfreut, dann aber noch mehr Schatten beschert.

Ein bedeutender Aufstieg: die Treppe zu Freuds Praxisräumen gingen viele Prominente hinauf. Sie wähnten ihre Anonymität gewahrt, auch durch Freuds Verschlüsselungssystem der Namen, obwohl Frau Martha oft aus dem Fenster beobachtete, wer womit vorfuhr.

Verständlich, dass Martha Freud hier nicht einziehen wollte, zumal die Wohnung zu eng ist für die mittlerweile sechs Kinder und Marthas unverheiratete Schwester Minna, die nach ihrer geplatzten Verlobung hier ebenfalls eingezogen ist; neben einem Schlafzimmer, gefangen hinter dem des Ehepaars Freud, verfügt Minna auch noch über einen eigenen Salon. Frau Freud versucht, durch ihr Regiment einigermaßen System in das Familiendasein zu bringen. Schon wenige Monate nach der Hochzeit hatte sie ihrem Mann klargemacht, er bringe mit seiner Schlamperei ihre Ordnung durcheinander. Dann müsse er sich jetzt wohl als Pantoffelheld fühlen, erklärte er, halb ironisch, halb ernst. Sie weiß, er ist ihr dankbar, dass sie ihm den Rücken freihält. Sie und Minna teilen sich die Aufgaben und delegieren an das Hausmädchen, das Kindermädchen, die Köchin und die Gouvernante. Freud ist, was die alltäglichen Belange angeht, umsorgt, vom frühen Morgen an. Martha lässt seine Garderobe

Eine bedeutende Tür nach innen: Der Eingang in Freuds Ordination war für viele seiner Patienten zugleich der Eintritt in eine andere Lebensphase. Die Fotografien des Hauses, der Wohnung und der Praxisräume Freuds im Originalzustand sind einem damals jungen Fotografen namens Edmund Engelmann zu verdanken, der alles in letzter Minute, im Mai 1938, dokumentierte.

täglich ausbürsten und zurechtlegen, das Hausmädchen lässt das Badewasser einlaufen, öffnet dem Friseur, der zum Bartschneiden und Kämmen kommt, und danach alle fünfzig Minuten einem Patienten.

Wenn fünf vor eins der letzte Vormittagsbesucher das Haus verlassen hat, sitzt um den Tisch bereits die komplette Familie und wartet auf Freud. Er kommt pünktlich. Wie eines der Uhrenmännchen, findet Anna, die sie aus Prag kennt, wo die Apostel an der Rathausuhr beim Glockenschlag auftreten. Immer trägt er eines seiner neu erworbenen Sammelstücke in der Hand und platziert es vor seinem Teller. Mit dem unterhält er sich oft intensiver als mit dem Rest der Familie. Will allerdings eines der Kinder etwas von ihm, ist er ganz da. Der Ton, in dem er sie «sein Gesindel» nennt, gefällt den Gästen. Und vor allem gefällt jedem eben diese Gelassenheit von Martha Freud und ihrem Mann. Die Ehe der Freuds ist friedlich. Streit gibt es nie zwischen ihnen, nur einmal haben sie sich nicht einigen können: da ging es darum, ob man Herrenpilze mit oder ohne Stiele schmort.

Martha Freud regiert, das ist unübersehbar, er aber hat die Gesetze vorgegeben. Weil Geräusche ihn behelligen, findet Musik im Hause nicht statt. Das Reisegrammophon von Minna Bernays, ihre Sammlung von Schellackplatten und ihr Radio wurden in den hintersten Winkel der Wohnung verbannt. Caruso lenkt Freud ebenso von der Arbeit ab wie irgendwelche Operettenschlager oder die neuesten Wiener Lieder. Es ist auch sein Wunsch, dass der Haushalt nicht jüdisch orthodox geführt wird; koscher wie in Marthas Elternhaus wird hier nie gekocht, Sabbatkerzen werden ebenfalls nie angezündet, Pessach wird nicht gefeiert, aber Ostereier werden bemalt, es gibt keinen Chanukka-Leuchter, wohl aber einen Christbaum und zu Weihnachten Gans, kandierte Früchte, Kuchen und Punsch. Getauft wurde allerdings keines der Kinder. Von Religion hält Freud wenig und von den Gläubigen auch. «Wenn der Gläubige sich endlich genötigt fühlt, von ‹Gottes unerforschlichem Ratschluss› zu reden», erklärt Sigmund Freud, «so gesteht er damit ein, dass ihm als letzte Trostmöglichkeit und Lustquelle im Leiden nur die bedingungslose Unterwerfung geblieben ist. Und wenn er zu dieser bereit ist, hätte er sich den Umweg wahrscheinlich sparen können.»

Trotz dieser Nüchternheit ist er einer Variante des Glaubens verfallen, der eigentlich seinem naturwissenschaftlichen Geist widerstreben müsste: dem Aberglauben. Allerdings nicht fanatisch, wie die letzte Wohnung der Freuds bewies. Was andere Wiener abgehalten hatte, das im neogotischen Stil neu erbaute Mietshaus an der Maria Theresienstraße zu beziehen, hatte Freud nicht beeindruckt: das sogenannte Sühnhaus war im Auftrag und aus Mitteln des Kaisers errichtet worden an der Stelle eines alten Ringtheaters, das 1881 durch einen verheerenden Brand zerstört worden war; fast vierhundert Todesopfer hatte er gefordert. Es war mühsam gewesen, Mieter zu finden für das Gebäude, trotz guter Lage und lichter Räume. Freud führte dort sogar seine Praxis. Es hatte ihn auch nicht abergläubisch werden lassen, dass Pauline Silberstein, die junge Ehefrau seines Jugendfreunds Eduard Silberstein, die ihn dort im Mai 1891 wegen seelischer Nöte aufsuchen wollte, statt zu den Freuds ins Mezzanin in den dritten Stock gegangen war und sich aus dem Fenster gestürzt hatte. Und dass sein erstes Kind Mathilde, das dort geboren wurde, ständig krank war, gedachte Freud ebenso wenig dem Odium des Hauses anzulasten.

Sein Aberglauben ist nicht gewöhnlich, er erinnert in vielem an die jüdische Mystik. Freud ist zwar nicht bereit, den Montag generell als einen schlechten Tag zu betrachten, an dem man keine Reise antreten und wesentliche Entscheidungen umgehen sollte, weil Gott nach der Schilderung des zweiten Schöpfungstages der Bibel zufolge nicht sagt, er sei gut gewesen. Oder den Freitag für wichtige Unternehmungen zu bevorzugen, weil Gott nach der Erschaffung des Menschen am sechsten Tag äußerte, der Tag sei sehr gut gewesen. Übernommen hatte er jedoch aus dem Denken der

Chassidim die Neigung zur Zahlenmystik, die darauf aufbaut, dass das hebräische Alphabet zugleich ein numerisches System ist, das den Buchstaben Ziffern zuordnet. Daher können auch bestimmte Wörter mit Zahlen verbunden werden. Weil die Zahl 18 als chaim, hebräisch Leben, verstanden werden kann, ist sie eine gute Zahl. Freud heiratete an einem 17., wohl weil die 17 für die Vokabel gut steht. Die Neigung zur Zahlenmystik hat Freud vermutlich von seinem Vater übernommen, dessen Familie aus Tysmenica stammte, Heimat bedeutender chassidischer Rabbis, die diese Geheimlehren kultivierten. Freud beschäftigte sich jedoch weniger mit den positiven als den bedrohlichen Prophezeiungen der Zahlen, besonders intensiv mit dem Datum seines Todes. Erscheinungstermine von Büchern, Hausnummern, Telefonnummern, Hotelzimmernummern konnten daher für ihn zu Menetekeln werden. Und kaum überlebt er einen der vermuteten Tage seines Endes, errechnet er einen neuen.

Dass sich dahinter Zwanghaftigkeit verbirgt, gibt Freud ebenso unumwunden zu wie die zwanghaften Züge seiner Sammelsucht. Ungeniert bekennt er sich auch zu seinen abergläubischen Marotten; «nur in unserer modernen, naturwissenschaftlichen, aber noch keineswegs abgerundeten Weltanschauung» erscheine der Aberglauben deplaziert, erklärt er, «in der Weltanschauung vorwissenschaftlicher Zeiten und Völker war er berechtigt und konsequent.» Und in seiner Sammlung befindet sich Freud ja inmitten dieser vorwissenschaftlichen Aura. In ihr und an ihr lebt er seinen Aberglauben aus. Wie Talismane, die des Abwehrzaubers mächtig sind, führt er auf Reisen einige weniger wertvolle Stücke mit sich, obwohl unkundige Zimmermädchen ein Risiko bedeuten und er sich manchmal nicht anders zu helfen weiß, als Warnschilder mit Reißzwecken über dem Schreibtisch zu befestigen, die das Berühren bei Strafe verbieten. Es scheint also völlig unverständlich, was an diesem Märztag mit ihm durchgeht.

Zugegeben, seine Nerven sind angegriffen, denn seine

älteste Tochter Mathilde liegt bereits zum zweiten Mal mit schwerer Diphterie im Bett, eine der am meisten gefürchteten Kinderkrankheiten. Oscar Rie, ein Kinderarzt, zu dem Mathilde Onkel sagt, hat zwar sein Vertrauen, trotzdem lässt Freud noch einen Arztkollegen von der Universität vorbeischauen. Als er dann freilich vom Hausmeister erfährt, dieser habe beim nächsten Besuch gefragt, ob die Kleine schon tot sei, trifft das ins Schwarze seiner Ängste. Bei der letzten Diphterieerkrankung hatte Mathilde sich Erdbeeren gewünscht; obwohl es ans Unmögliche grenzte, sie zu dieser Jahreszeit zu beschaffen, war es Freud gelungen, welche aufzutreiben. Die erste Beere hatte einen Hustenanfall ausgelöst, der das Diphteriehäutchen, die Pseudomembran, entfernte, und damit rapide die Gesundung eingeleitet. Diesmal aber können selbst Erdbeeren nichts mehr helfen. Freud ist dafür, ein noch nicht allzu gut erforschtes Serum zu impfen, aber Oscar Rie ist dagegen. Wird Mathilde es noch einmal schaffen? Freud hängt sehr an seiner Ältesten, war stolz, als sich der hässliche Säugling schnell erfreulich entwickelte und, wie der Vater zufrieden vermeldete, täglich ihm ähnlicher, also schöner wurde. Von Anfang an war er um sie besorgt, auch weil sie in einer finanziell beängstigenden Zeit zur Welt kam, als er seine goldene Uhr versetzen musste, um über die Runden zu kommen; obwohl er Lärm in den eigenen vier Wänden nicht ausstehen kann, hat er vorletztes Jahr zu Mathildes achtem Geburtstag eine Party für zwanzig Kinder veranstaltet. Und zu Beginn seiner Selbstanalyse träumt er, wie er Fließ gestehen wird, von «überzärtlichen Gefühlen» für seine Älteste. Mathilde, deutlich weniger hübsch als die übrigen Geschwister, steht ihm besonders nah. Trotzdem gibt es keine Anzeichen, dass ihn die Sorge um die Tochter aus der Ruhe gebracht hätte. Wie jeden Tag geht er an diesem Morgen im Bademantel, die Füße in Strohpantoffeln, durchs Zimmer, zieht einen Pantoffel aus und wirft ihn gezielt Richtung Wand. Eine kleine antike Venusstatuette aus Marmor wird von ihrer Konsole heruntergefegt und zerbirst auf dem Parkett. Kein Zweifel, er hat es absichtlich getan, aber offenbar ohne wütend zu sein. Denn über den Scherben schimpft oder klagt er nicht. Gelassen zitiert er Wilhelm Busch: «Ach! Die Venus ist perdü – Klickeradoms! – von Medici.» Das Dienstmädchen, das die Reste zusammenkehrt, muss den Kopf geschüttelt haben über den Herrn Doktor. Auch Martha Freud hatte Schwierigkeiten nachzuvollziehen, was in ihrem Mann vorgegangen ist, als er eines seiner geliebten Objekte zerstört hat. Sie hätte es wenig später nachlesen können, doch Martha interessiert sich nicht für seine Theorien. Freuds Anhänger jedoch erfahren in der «Psychopathologie des Alltagslebens» die Auflösung des Rätsels.

«Wir hatten eine Schwerkranke in der Familie», schreibt er dort, «an deren Genesung im stillen [sic] bereits verzweifelt hatte. An jenem Morgen hatte ich von einer großen Besserung erfahren; ich weiß, dass ich mir gesagt hatte: also bleibt sie doch am Leben. Dann diente mein Anfall von Zerstörungswut zum Ausdruck einer dankbaren Stimmung gegen das Schicksal und gestattete mir eine ‹Opferhandlung› zu vollziehen. Gleichsam als hätte ich gelobt, wenn sie gesund wird, bringe ich dies oder jenes zum Opfer! Dass ich für dieses Opfer die Venus von Medici ausgesucht, sollte gewiss nichts anderes als eine galante Huldigung für die Genesende sein.» Er findet sein Verhalten völlig normal, nur eines bleibe ihm unbegreiflich, gesteht er: «dass ich so rasch entschlossen, so geschickt gezielt und kein anderes der in so großer Nähe befindlichen Objekte getroffen habe».

Es muss Freud in seinem Aberglauben bestärken, dass Mathilde bald darauf genesen ist. Sie wird zwar anfällig bleiben, 1906 beinahe an einer verkorksten Blinddarmentzündung sterben und 1908 mit gefährlich hohem Fieber kämpfen, vermutlich von einer Peritonitis ausgelöst, zwei Jahre später eine neuerliche heikle Operation hinter sich bringen, doch Freud wird die Opferung der Schönheitsgöttin wahrscheinlich als gute Investition betrachten. Mathilde hadert zwar, als sie einundzwanzig ist, mit ihrem unattraktiven Äußeren und muss vom Vater getröstet werden. «Ich ahnte längst», schreibt er ihr am 26. März 1908 in die Kur, «dass Du bei all Deiner sonstigen Vernünftigkeit Dich kränkst, nicht schön genug zu sein und keinem Mann zu gefallen. Aber ich habe lächelnd zugeschaut, weil Du mir erstens schön genug schienst, und weil ich zweitens weiß, dass in Wirklichkeit längst nicht mehr die Formenschönheit über das Schicksal eines Mädchens entscheidet, sondern der Eindruck ihrer Persönlichkeit. Dein Spiegel wird dich beruhigen, dass nichts Gemeines oder Abschreckendes in Deinen Zügen liegt, und Deine Erinnerung wird dir bestätigen, dass Du Dir noch in jedem Kreis von Menschen Respekt und Einfluss erobert hast. Die Verständigen unter den jungen Männern wissen doch, was sie bei einer Frau zu suchen haben, die Sanftmut, die Heiterkeit und die Fähigkeit, ihnen das Leben schöner und leichter zu machen.» Altmodische Worte aus dem Mund eines so progressiven Denkers, aber offenbar ermutigende. Denn bereits im Februar 1909 heiratet Mathilde den zwölf Jahre älteren Geschäftsmann Robert Hollitscher. Er ist, wie alle Schwiegerkinder Freuds, jüdisch; was Freud dazu sagt, dass sich Mathilde aus freien Stücken am selben Tag wie ihr Onkel, Sigmunds jüngerer Bruder Alexander, in der Synagoge rituell trauen lässt? Er hat dem Aberglauben ein Opfer gebracht, bringt sie nun in seinen Augen dem Glauben eines?

Venus jedenfalls wirkt; Mathilde hält zwar engen Kontakt zum Vater, wohnt in nächster Nähe, in der parallel zur Berggasse verlaufenden Türkenstraße, redigiert Manuskripte und übersetzt für ihn, wird sich aber mit wachsendem Erfolg der weiblichen Schönheit widmen. Als der Seidenhandel ihres Mannes mit dem Ersten Weltkrieg zum Verlustgeschäft wird und Robert sich in den Zwanziger Jahren mit diffusen Geschäften in Wachs, Honig und verwandten Produkten zu retten versucht, macht sie aus der Heimarbeit einer höheren Tochter einen Beruf und fängt an, Modellkleider zu entwerfen; ein makabrer Triumph, dass auf dem letzten Opernball vor dem Anschluss, bei dem Schuschnigg mittanzt, viele der Damen Roben von Mathilde getragen haben sollen. Und nachdem sie im Jahr darauf, am 24. Mai 1938, mit Robert nach London emigriert ist, wird aus dem Nebenberuf ein Haupterwerb: zwei ausgewanderte Innsbrucker Modeleute, Anna und Ernst Stiassny, haben eine kleine Designfirma gegründet. Sie stellt nach Mathildes Entwürfen Hochzeits- und Abendkleider, Nachmittagskleider, Sportkleidung und elegante Mäntel her. Als sein letztes Lebensjahr angebrochen ist, kann Freud es am 6. Januar 1939 im Jewish Chronicle lesen, dass seine Älteste eine Boutique namens Robell in der Baker Street eröffnet hat, innenarchitektonisch von ihrem Bruder Dr. Ernst Freud gestaltet, und dass sie spezialisiert sei auf maßgefertigte Brautkleider. Venus lässt grüßen. Der Verfasser des Beitrags meint, es sei angemessen, wenn das junge Paar Freud nicht nur am Leib, sondern auch im Kopf trage und mit etwas Psychologie die Räder der Partnerschaft schmiere.

Ob Freud noch an die geopferte Venus aus der Berggasse denkt?

Sein Aberglaube wäre aufgeblüht, hätte Freud erfahren, dass Mathilde, die der Vater zehn Jahre vor seinem Tod noch «eine chronische Invalide» genannt hatte, «die sich wunderbar normal verhält», länger leben sollte als alle ihre Geschwister. Vielleicht hat er sich jenem Prediger verwandt gefühlt, den er selbst in seiner Abhandlung über den Witz zitiert. Zu Preußens König Friedrich II. gerufen, fragt dieser ihn, ob er Geister beschwören könne. «Zu Befehl, Majestät», sagt der Mann, «aber sie kommen nicht.»

Der Spaziergang, ein Museumsbesuch:

Sigmund Freud-Museum, Berggasse 19, IX. Bezirk

Weitere Adressen:

Ehemaliges Sühnhaus (Neubau), Maria-Theresienstraße 8, IX. Bezirk

Kunsthistorisches Museum, Maria-Theresien-Platz, I. Bezirk, Ägyptisch-Orientalische Sammlung und Antiken-Sammlung, I. Bezirk. Öffnungszeiten: Dienstag bis Sonntag von 10 bis 18 Uhr, Donnerstag bis 21 Uhr; www.khm.at

Türkenstraße 29, 3. Stock, Wohnung von Mathilde und Robert Hollitscher; in diesem Haus war auch die Textilhandelsagentur der Hollitschers angemeldet und wurde bis zum Juli 1928 dort geführt.

Ein genialer Selbstmörder neben Freud in den Schlagzeilen

~

Auf den Spuren des Otto Weininger auf dem Matzleinsdorfer Friedhof

Als am Morgen des 4. Oktober 1903 Sanitäter vom Freiwilligen Rettungscorps eine Bahre aus dem Schwarzspanierhaus hinaustragen, auf der ein blutüberströmter junger Mann liegt, redet noch keiner von Sigmund Freud. Klar ist zu diesem Zeitpunkt nur: den Wunsch des Schwerverletzten, im selben Haus zu enden wie Beethoven, in einem Abrisshaus, das nur noch wenige Tage oder Wochen stehen wird, haben hilfreiche Geister vereitelt. Als der Zweiundzwanzigjährige, der sich eine Kugel ins Herz geschossen hat, um halb elf Uhr im Allgemeinen Krankenhaus in der Alserstraße seinen Verletzungen erliegt, ahnt noch immer niemand, dass der Analytiker in der Berggasse durch diesen Todesfall in einen Skandal verwickelt werden wird. Erschrocken sehen die Augenzeugen nur, dass im Gesicht des Toten das Entsetzen steht, das Entsetzen vor der eigenen Tat. Da ist nichts Erlöstes, obwohl er sterben wollte. «Der anständige Mensch geht selbst in den Tod, wenn er fühlt, dass er endgültig böse wird», hatte er kurz zuvor noch notiert.

Es ist ziemlich genau ein Jahr her, dass er bei Freud gewesen war, den dieser Besuch nicht überrascht hatte. Dass junge Leute ihn um Beistand in ihrer Karriere angehen, ist er gewohnt. Seit die «Traumdeutung» erschienen ist, hat er auch in den Kreisen der Literaten und Philosophen den Ruf, ein Grenzgänger zu sein. Einer, der bereit ist, unbekanntes

Scheinfrieden: Die Idylle des Matzleinsdorfer Friedhofs trügt über das friedlose und rastlose Leben Otto Weiningers hinweg. Dass hier auch heitere Geister ruhen, von dem Operettenkomponisten Charles (Karl) Weinberger, dessen Uraufführungen Weininger erlebt haben könnte, bis zu Moritz Saphir (1795–1858), der eigentlich Moses hieß und wie Weininger vom jüdischen zum protestantischen Glauben konvertiert war. Dass dieser Friedhof 1857 von einem der erfolgreichsten Architekten Wiens, dem Dänen Theophil Hansen, Erbauer des Parlamentsgebäudes, angelegt worden ist, scheint so vergessen wie das Grab des Otto Weininger. Blumenspenden finden sich dort fast nie.

Terrain zu betreten, ein Mann, der sich über Konventionen hinwegsetzt. Freud gilt als hilfsbereit und weiß, wenn es darum geht, aufdringliche Bittsteller los zu werden, genügt sein Blick, dieser Blitze schleudernde Jupiterblick, der das eigene Dienstmädchen erschreckt.

Dass der Mann, der sich im Herbst 1902 in der Berggasse 19 angemeldet hatte, als eine intellektuelle Supernova galt, hätte von seinem Erscheinungsbild her keiner vermutet. Er bewegte sich gehemmt, unbeholfen, steif. In der Wiener Intellektuellenszene war er bereits ein Begriff, und viele mokierten sich über sein Auftreten. Stefan Zweig behauptete, er sehe immer aus wie nach einer dreißigstündigen Eisenbahnfahrt, schmutzig, ermüdet, zerknittert, und wirke so, als drücke er sich andauernd an eine unsichtbare Wand. Weininger redete zwar mehr als selbstsicher von seinen Visionen, sein Wesen aber gab er nicht zu erkennen. Mit einem Schnurrbart versuchte er den Ausdruck seiner Oberlippe zu verbergen, und über seine Augen ließ sich wenig sagen, weil er immer an seinem Gegenüber vorbeischaute. Trotzdem machte er auf Freud einen guten Eindruck. Der fand das Gesicht des Besuchers ernsthaft, sogar schön, und im Nachhinein erklärte er, er habe darin einen Hauch von Genialität entdeckt.

Es dürfte mehr als ein Hauch gewesen sein: ohne Genie ist es schwer, nach Studien in Physik, Mathematik, Biologie und Physiologie mit zweiundzwanzig Jahren zum Doktor der Philosophie promoviert zu werden, sechs Sprachen fließend zu sprechen und zwei weitere lesen zu können.

Unbekannt war dieser Otto Weininger, seit Juli Dr. Otto Weininger, in jenem Herbst 1902 Freud ohnehin nicht mehr. Auch in seinen Kreisen war um den hageren Kerl schon seit einiger Zeit nicht mehr herumzukommen. Im Jahr zuvor hatte Weininger in den Sommermonaten eine Abhandlung mit dem Titel «Eros und Psyche» hingeschrieben, den zentralen Teil der späteren Dissertation. Seit er zwanzig war, kannte man ihn bereits in der internationalen Psychologenszene, wusste, dass er schwierig war, nicht gerade bescheiden, überragend intelligent und monströs belesen.

Wer den linkischen Besucher beobachtete, hätte meinen können, er suche bei Freud therapeutische Hilfe. Aber der junge Mann wollte nur professionellen Rat unter Kollegen: Sein Doktorvater, Friedrich Jodl, hatte sich geweigert, Weiningers Doktorarbeit an einen Verlag zu empfehlen. Zu wenig waren die Spitzen abgeschliffen, zu vieles war derartig provokant, dass Jodl es mit seiner wissenschaftlichen Reputation nicht vereinbaren konnte, sich offiziell hinter dieses Machwerk zu stellen. Offenbar hatte Weininger das Gefühl, bei Freud mehr Verständnis zu finden. Schließlich war die «Traumdeutung» ein kompromissloses Buch. Und wenn Franz Deuticke den Mut besessen hatte, dieses Werk zu verlegen, konnte er doch auch vor Weiningers Abhandlung nicht zurückschrecken. Vielleicht würde er spüren, wovon der Verfasser überzeugt war: dass dieses Opus das Zeug zu einem Kultbuch besaß, Bibel für die einen, widerwärtiges Pamphlet für die anderen. Die öffentliche Erregung sollte es nach oben spülen. Weininger lechzte nach einem Eklat, von dem er sich eine reinigende Wirkung auf die von kultivierter Selbstzufriedenheit verklebte Wiener Gesellschaft erhoffte. Und Ruhm für sich selbst.

Ob Weininger bei seinem Gastspiel in der Berggasse Freud offenbarte, dass er am Tag seiner Promotion vom jüdischen zum protestantischen Glauben übergetreten war? Ob Weiniger Freud darauf vorbereitete, was ihn in diesem Manuskript, das er während der letzten Monate auf sechshundert Seiten erweitert und mit dem Titel «Geschlecht und Charakter» versehen hatte, erwartete? Er verriet ihm wohl kaum, dass darin Sätze standen wie der: «Männer, die kuppeln, haben immer Judentum in sich: und damit ist der Punkt der stärksten Übereinstimmung zwischen Weiblichkeit und Judentum erreicht. Der Jude ist stets lüsterner, geiler, wenn auch merkwürdigerweise, vielleicht im Zusammenhang mit seiner nicht eigentlich antimoralischen Natur, sexuell weniger potent und sicherlich aller großen Lust weniger fähig als der arische Mann. Kuppelei ist schließlich Grenzverwischung: und der Jude ist der Grenzverwischer katexochen. Er ist der Gegenpol des Aristokraten. Der Jude ist der geborene Kommunist.»

Auf die Idee, ausgerechnet Freud aufzusuchen und zu bitten, sich für die Drucklegung des Werks bei Deuticke zu verwenden, hatte Weininger sein engster Freund Hermann Swoboda gebracht. Swoboda war Patient von Freud und verdankte diesem nicht nur Einsichten in die eigene Seele, sondern auch Anregungen, die er bereitwillig weitergab. Die Idee zum Beispiel, dass alle Menschen bisexuell veranlagt seien, dass jeder in sich von Geburt an männliche wie weibliche Anlagen trage, was sich in den Schwierigkeiten zeige, das eigene Geschlecht zu akzeptieren. Bereitwillig hatte Weininger die Idee aufgegriffen und zum Prinzip ausgebaut, dass jedes Ding zugleich sein Gegenteil in sich berge und, wie er es überspitzt formuliert, «Bewusstsein nur durch den Gegensatz möglich» sei.

Sicher ist, dass Freud das Manuskript noch im letzten Herbst zurück zum Autor geschickt hatte, mit einem gepfefferten Kommentar versehen und selbstverständlich ohne Empfehlung an Deuticke. Im Mai 1903 war Weiningers Verteidigungsschrift der eigenen Obsessionen dennoch in Buchform erschienen, nicht bei Deuticke, aber bei Braumüller, einem traditionsreichen Verlag im 9. Bezirk, in der Servitengasse 5, der bald zu einem der angesehenen wissenschaftlichen Häuser Wiens zählen wird.

Und was war dann passiert?

Aus Sicht des Verfassers das Schlimmste: es passierte nichts.

Da war Weininger abgestürzt. Ein Revoluzzer, der überhört wird, ein Nestbeschmutzer, der ignoriert wird, ein jüdischer Antisemit, über den sich die Juden nicht entrüsten, ein Frauenbeleidiger, über den die Emanzen nicht herfallen. Weininger war ausgebrannt.

Die letzten Kräfte hat er nun darauf verwandt, seinen Selbstmord detailgenau zu inszenieren; ein verkanntes, wütendes Genie stirbt am selben Ort wie Beethoven. Doch sein besorgter Bruder hat das Szenario zerstört.

Das «Illustrirte Wiener Extrablatt» vermeldet am 5. Oktober unter der Überschrift «Selbstmord eines Schriftstellers», ein junger Gelehrter namens Dr. Otto Wanninger [sic] sei das Opfer seiner geistigen Überanstrengung geworden. Auch die anderen Blätter werfen sich dankbar auf die blutrünstige Geschichte. Ob es Freud aus dieser oder einer anderen Zeitung erfährt, ist unwichtig. Was zählt ist, dass der Selbstmord Weininger zu dem macht, was er sein wollte: zum Skandalautor. Umgehend druckt Braumüller die zweite, mit Korrekturen des Autors versehene Auflage von «Geschlecht und Charakter». Dass die Rezensenten das Buch als wissenschaftlich und frivol, hyperlogisch und geifernd zugleich besprechen, kitzelt weltweites Interesse wach. Braumüller beliefert alle deutschsprachigen Länder, das Buch wird zum Bestseller, schon im Januar 1904 erscheint die dritte Auflage, eine vierte im September desselben Jahres, die fünfte im Oktober, die sechste im Dezember. Im Mai 1920, sieben Jahre nach Weiningers Selbstmord, kann Braumüller die zwanzigste Auflage ankündigen. Freuds «Traumdeutung» ist erst neun Jahre nach Erscheinen ein zweites Mal aufgelegt worden.

Die Folgen von Otto Weiningers Selbstmord sind unaufhaltsam. In einer Welt, die im Zungenkuss mit der Ästhetik erstarrt ist, bedeutet sein Werk und seine Selbstvernichtung für manche einen Befreiungsschlag. Da zertrümmerte einer alles, was als gesittet, anständig, angemessen galt. Kein Wunder, dass die großen Provokateure in Wien, ob sie Arnold Schönberg heißen oder Karl Kraus, in Weininger einen der ihren erkennen. Und dass ein geistig frühreifer Vierzehnjähriger aus reichem Hause, der die eigene Verwöhntheit als Zwangsjacke empfindet, hinter Weiningers Sarg hergeht bis hinaus zum alten evangelischen Friedhof in der Triester Straße 1; Ludwig Wittgenstein heißt er.

Weiningers Tod gibt den Blick frei in einen abgrundtiefen Graben, der sich mitten durch das geistige Wien zieht, einen Graben, der längst bestanden hatte, bisher aber zugedeckt worden war mit dem Scheinfrieden der Konvention. Dass Freud abgelehnt habe, etwas für den jungen Mann zu tun, spricht sich herum. Und der Vorwurf, er trage Mitschuld am Tod des Genies, verbreitet sich in Wien mit der Geschwindigkeit aller Gerüchte. Zum Drama verschärft sich der Fall Weininger für Sigmund Freud aber aus anderen Gründen. Dessen Theorie von der unbedingten Bisexualität aller Lebewesen kommt einem Leser vertraut vor: Freuds altem Weggefährten Wilhelm Fließ. Der wittert sofort, durch welche Kanäle diese Information an den philosophischen Tabuverletzer gelangt sein muss. Nach zwei Jahren des Schweigens meldet er sich bei Freud.

Dass die enge Beziehung zu dem Berliner Arztkollegen Fließ nach zwölf Jahren gescheitert war, hatte Freud geschmerzt, sogar verwundet, denn er hatte anfangs verkündet, dass er diesen Freund «für immer festhalten werde». Zum Bruch war es gekommen, als die beiden sich im Sommer 1900 ein letztes Mal am Achensee getroffen hatten, als Fließ den Wert von Freuds psychoanalytischen Forschungen rundweg in Frage gestellt und sich über ihn als einen Gedankenleser lustig gemacht hatte, der den Patienten seine Ideen suggeriere, und Freud seinerseits über die Periodengesetze von Fließ kritische Bemerkungen gemacht hatte. Doch zum Zankapfel wurden nicht die Meinungsverschiedenheiten, sondern das, was Fließ nun als Gedankendiebstahl anprangert. Als Freud dort am Achensee seinem Freund aus Berlin eine neue Theorie als die eigene vorstellte, eben jene über die bisexuelle Veranlagung jedes Menschen, war Fließ fassungslos. «Aber das hab' ich dir doch auf unserem Abendspaziergang in Breslau gesagt, und da hast du die Idee nicht angenommen», wunderte er sich. Das war keine Einbildung, sondern beweisbar, hatte Freud ihm doch schon am 4. Januar 1898 geschrieben, für wie bedeutsam er den Einfall von Fließ zur Bisexualität halte, und im August 1899 nochmals unumwunden erklärt: «Nun die Bisexualität! Mit der hast Du sicher Recht. Ich gewöhne mich auch, jeden sexuellen Akt als einen Vorgang zwischen vier Personen aufzufassen.»

Was nun dem Suizid Weiningers folgt, nennen die einen beim Namen; sie sprechen von einer Plagiatsaffäre. Andere, darunter Freud selbst, versuchen das Ganze zu verharmlosen. Doch die Eskalation ist nicht mehr aufzuhalten. Im Frühsommer 1904 öffnet Freud einen Brief von Fließ aus Berlin, das erste Lebenszeichen seit langem; auf Freuds letzte Postkarte vor zwei Jahren hatte Fließ gar nicht reagiert. Es ist ein erbitterter Brief, und der Vorwurf, vertrauliche Informationen an den intimen Freund Swoboda verraten zu haben, ist unmissverständlich formuliert. Dass Freud versucht, Swobodas Bedeutung für ihn selbst herabzuwürdigen, dass er behauptet, der junge Psychologe sei kein Schüler, schon gar kein Intimus, nicht mehr als ein Patient, den er im Laufe der Analyse auf den Gedanken der universalen Bisexualität gebracht habe, ist ebenso vergebens wie seine Beschwichtigungsversuche. «Ich glaube indes nicht», müht er sich, Fließ zu beruhigen, «dass ich damals hätte schreien sollen: Haltet den Dieb. Vor allem hätte es nichts genützt, denn der Dieb kann ebenso wohl behaupten, es sei sein eigener Einfall; auch lassen sich Ideen nicht patentieren.» Fließ bleibt auf Konfrontationskurs. Er veröffentlicht eine Broschüre, «Wilhelm Fließ und seine Nachentdecker», in der er den Plagiatsvorwurf gegen Weininger und Swoboda in aller juristischen Schärfe formuliert und auch den Verdacht ausspricht, Freud habe die Rolle des Kolporteurs übernommen. Es kommt zum Prozess, Fließ gewinnt, Swoboda verliert, Karl Kraus macht sich zum Kriegsberichterstatter. Und Freud bleibt nur ein Rückzugsgefecht, bei dem er sich zumindest in Kollegenkreisen rechtfertigt und das Gesicht zu wahren versucht. Er ist wie immer zu aufrichtig, um seine Beschämung über das, was geschehen ist, zu unterdrücken.

Los wird er das Problem so wenig wie die Erinnerung an

Fließ. Doch Freud wäre nicht Freud, fände er nicht zurück zu einer souveränen Position. In seinen «Drei Abhandlungen zur Sexualtheorie» nennt er zwar neben Fließ sieben weitere Autoren, die von universeller Bisexualität reden, betont aber, welches geringe Recht Weininger gehabt habe, die Urheberschaft für sich zu reklamieren. Doch in Wien bleibt der Bodensatz haften: Irgendwie hat der Doktor Freud zu tun gehabt mit dem blutigen Ende des extremen Philosophen. Und irgendwie verbindet sich mit seinem Namen nun der Verdacht der Indiskretion.

Weiningers Unruhegeist ist nach wie vor in Wien unterwegs. Und Fließ reicht dem ehemals so eng Vertrauten in Wien keine Hand zur Versöhnung. Freud ahnt wohl, dass ihn dieses Drama noch einmal einholen wird. Es soll spät und heftig geschehen.

Der Spaziergang auf den Matzleinsdorfer Friedhof:

Der Matzleinsdorfer Friedhof, der sogenannte Alte evangelische Friedhof, Triesterstraße 1, X. Bezirk, angelegt 1857 nach Plänen von Theophil Hansen. Hier liegt auch die Schauspielerin Adele Sandrock begraben, langjährige Geliebte von Arthur Schnitzler, und der Architekt Emil von Förster, Architekt jenes Ringtheaters, das 1881 abbrannte und durch das Sühnhaus ersetzt wurde, in dem die ersten drei Kinder von Martha und Sigmund Freud geboren wurden.

Weitere Adressen:

Ehemaliges Schwarzspanierhaus (Beethovenhaus), Schwarzspanierstraße 15, IX. Bezirk. Heute Neubau von 1904
Verlag Braumüller, Servitengasse 5, IX. Bezirk

Die Süchte des Seelenforschers
~
*Der Weg von der Berggasse zum Café Landtmann
und zum Café Central*

Dass es so weit kommen würde, hatte Freud nicht gedacht. Er lebt bescheiden, er braucht nicht viel. Die Wohnung ist preiswert, die Kinder sind bis auf Anna aus dem Haus, die Oper oder teure Restaurants hat er von jeher ungern besucht, seine Anzüge sind klassisch, die kann er Jahre tragen. Aber dass er mit über Fünfzig zu diesem Verzicht genötigt werden soll, war nicht zu erwarten gewesen: ein weltberühmter Mann, der sich keine Zigarren mehr leisten kann. Es hatte ja auch kaum einer damit gerechnet, dass aus dem, was nach der Ermordung des österreichischen Thronfolgers in Sarajewo im August 1914 losbrach, ein Krieg von derartigen Ausmaßen erwachsen würde.

Kurz nachdem Österreich Serbien den Krieg erklärt hatte, schrieb Freud noch seinem Freund Eitington: «... auf mehr als zwei Monate hinaus kann man nicht planen, aber vielleicht ist dann wieder das meiste in Ordnung.» Am Tag darauf machte Russland mobil. Freud war nicht allein mit seiner optimistischen Einschätzung der Lage. Als sich sein jüngster Sohn Ernst im Oktober 1914 freiwillig zur Artillerie meldete – wie sein Vater fühlte er sich zu Kriegsbeginn auf einmal stark als Österreicher –, hatte der Kompaniechef gesagt: «Jetzt kommen Sie zum Militär, jetzt, wo der Krieg fast vorbei ist.»

Es kann Freud nicht trösten, dass er seine andere Sucht, die Spielsucht, weiterhin stillen kann in den Zeiten des Krieges. Er muss zwar den Zigarrenkonsum radikal einschränken und wochenlang ganz darauf verzichten, eine Tarockpartie aber würde nichts kosten. Doch für ihn gehören diese beiden Süchte geschwisterlich zusammen: Kartenspielen und Rauchen.

Wie gut die beiden Süchte harmonieren, hat er früh entdeckt. Schon während seiner Verlobungszeit konnten ihn nur zwei Versuchungen abbringen von seinem Sparprogramm: Zigaretten beziehungsweise Zigarren und Tarock. Damals hatte er sich freiwillig verpflichtet, seiner Braut jede Woche eine Abrechnung nach Hamburg zu schicken, schon um ihr zu zeigen, wie ernst es ihm war, alles für einen gemeinsamen Hausstand zurückzulegen, vielleicht auch, um sich selbst zu disziplinieren. Doch immer wieder sündigte er. Im September 1882 vermeldete er Martha, dass er 26 Kreuzer für Zigaretten ausgegeben habe. «Nicht wahr, schändlich?» Und als er sich für 10 Kreuzer Schokolade gekauft hatte, entschuldigte er sich: «Ich war so hungrig auf der Straße, als ich zu Breuer ging.» Dass er beim Tarock 80 Kreuzer verloren hatte, gestand er ihr auch, doch es bereitete ihm offenbar keine Gewissensbisse. Spiel hatte etwas Unschuldiges, und außerdem, die Mama trieb es ja auch. Dass Tarock einen erotischen Reiz auf ihn ausübte, verriet er, als er es der sonst überall zugelassenen Marie Bonaparte abschlug, mit ihm und den anderen zu spielen. «Das», erklärte er, «ist zu intim.»

Seine Abhängigkeit von Zigaretten, später Zigarren, analysierte Freud schon in jungen Jahren nüchtern als orale Ersatzbefriedigung. Wenn er nichts zum Küssen habe, dann müsse er eben rauchen. Klarsichtig durchschaute er den Zusammenhang zwischen dem, was er Ursucht nannte, der sexuellen Selbstbefriedigung, und dem Rauchen, abhalten konnte ihn das jedoch nicht davon, die Dosis ständig zu steigern. Doch als er endlich mit seiner Martha unter einem Dach lebte, sie täglich, stündlich in nächster Nähe wusste, scheiterten seine zahlreichen Versuche, sich des Nikotins zu entwöhnen, kläglich. War der frühe Verzicht auf ein reges

Unverzichtbar: Die Zigarre war für Freud wichtiger als alle anderen Freuden. Mit der einheimischen Produktion war er allerdings nicht zufrieden. Beste österreichische Sorte nach seinem Geschmack: die Trabukos. Doch entschieden lieber waren ihm kubanische, mit denen Freunde und Verehrer ihn versorgten.

Sexualleben daran schuld, weil Freud seine Frau nicht schon wieder schwängern wollte und Verhütungsmittel ablehnte? Bald schon war er jedenfalls bei zwanzig Zigarren pro Tag gelandet. Fließ, der ihn unermüdlich zum Verzicht auf Nikotin ermahnte und Freuds Darm- und Herzbeschwerden darauf zurückführte, hatte ihn bald zu entnerven begonnen. Es war eine typisch Freudsche Fehlleistung, dass er Fließ von seiner Rauflust schrieb, als er die Rauchlust meinte – er war bereit, um deren Befriedigung zu kämpfen. Vordergründig, weil er glaubte, dadurch leistungsfähiger zu sein. «Von der ersten Cigarre an», erklärte er 1894, nach Abbruch der Enthaltsamkeit, zu der Fließ ihn wegen Herzrhythmusstörungen verdonnert hatte, «war ich arbeitsfähig und Herr meiner Stimmung, früher war die Existenz unerträglich.»

Dass die Dosis ständig gesteigert werden muss, ist Kennzeichen jeder Sucht. Das war bei Freuds Spielsucht nicht anders. Im Jahr 1900 berichtete er seinem Freund Fließ in Berlin bereits von einem wöchentlichen Tarockexzess. Dass dabei auch exzessiv geraucht wurde, verstand sich von selbst. Zwei Vorteile hatte seine Sucht auf das Tarockspiel gegenüber der Sucht auf Nikotin: sie war für sich genommen nicht gesundheitsschädlich und, wenngleich Geld gesetzt wurde, nicht allzu kostspielig. Aber sie hatte auch einen Nachteil: alleine konnte Freud ihr nicht frönen, er brauchte Verbündete. Und dazu eignete sich nicht jeder. Ein Nichtraucher am allerwenigsten, denn erst die Zigarren machten das Tarockspielen zum Erlebnis.

Der erste Kartenfreund, mit dem sich Freud zusammentat, war der Augenarzt Leopold Königstein, später kamen andere Arztkollegen hinzu: der Chirurg Dr. Julius Schnitzler, neun Jahre jünger als er, Bruder von Arthur Schnitzler und Schwager von Dr. Marcus Hajek, Chirurg und Internist am Allgemeinen Krankenhaus; oft mit von der Partie waren auch früh schon ein gewisser Dr. Arthur Schmerz, Dr. Ludwig Rosenberg, ebenfalls Mediziner, und der Freudsche Haus- und Kinderarzt Dr. Oscar Rie. Das Schachspielen, in dem er talentierter war, hatte Freud zugunsten des Tarocks ganz aufgegeben, obwohl er dessen Regeln, Tricks und Finten nicht besonders gut beherrschte; seiner Mutter jedenfalls, die in hohem Alter immer noch spielte, wäre er unterlegen gewesen. Trotzdem beglückte es ihn von Anfang an, sich beim Spielen selbst zu vergessen und auch jede Art von Bedenken. Rückhaltlos genoss Freud die Wirkung der Tarockpartien, ob sie zu zweit, zu dritt oder zu viert spielten, in der Viererversion heißt es Königsrufen: er konnte dabei völlig entspannen – wenn die Zigarrenkiste auf dem Spieltisch stand.

Tarock ohne Zigarre war nichts wert, Zigarre ohne Tarock durchaus. Freud rauchte den ganzen Tag über in der Praxis, während Patienten auf der Couch lagen, und rauchte am Feierabend weiter, vor allem beim Tarockspielen, ob es zuhause, bei Königstein, an Winterabenden im Café Central oder an Sommerabenden auf der Terrasse vor dem Café Landtmann stattfand.

Dabei wusste keiner besser als Freud selbst, was die eigentlichen Motive seiner Sucht waren. Es war nicht die Form der Zigarre, die auch bei Nicht-Freudianern einschlägige Assoziationen auslöste. Freud empfand das Saugen an dieser schwarzen Warze so wohltuend, weil es ihm ein Gefühl der Geborgenheit, der Fürsorge schenkte. Rauchen und Tarockspielen waren für ihn gleichbedeutend mit Wärme, Sicherheit, Zuflucht. Nach einer kurzen Zeit des Nikotinverzichts jammerte er, er habe nun schon seit Wochen «nichts Warmes mehr zwischen den Lippen gehabt». Rauchen und Tarockspielen ist für ihn wie die Heimkehr zur Mutter, zu etwas unendlich Vertrautem, das zu begehren jedoch verboten ist. Mit abgegriffenen, etwas schmierig gewordenen Tarockkarten zu spielen, hatte er seinem Tarockpartner Julius Schnitzler gestanden, sei ein «Behagen in der Unkultur».

Behagen war lange schon Freuds liebstes Wort für ein Wohlgefühl. Behaglich nannte er seine schönsten Urlaubstage, behaglich nannte er ein friedliches und genüssliches Abendessen in Rom oder Florenz mit Rotwein und den geliebten Artischocken. Und wer will einem Menschen, den er liebt, ein solches Behagen nicht gönnen?

Martha Freud hatte früh zu leben gelernt mit der rauchgeschwängerten Kleidung ihres Mannes, mit den vollen

Unumgänglich: Wer sich auf Freuds Spuren begibt, landet im Café Landtmann, in das Freud zum Rauchen und auch zum Spielen über jene unbebaute Fläche vor der Votivkirche ging, die heute Sigmund-Freud-Park heißt. Im Jahr des Börsenkrachs 1873 von den Architekten Ludwig Tischler und Carl Schumann erbaut, liegt es direkt neben dem Palais an der Oppolzergasse 6, in dem Anna von Lieben wohnte, die schriftstellernde Bankiersgattin, die wegen ihrer Morphiumsucht zu Freud in Behandlung ging und die er dankbar «seine Lehrmeisterin» nannte, führte sie ihn doch auf den Weg zur Analyse. Auf der anderen Seite des Rings, in der Rathausstraße 7, lag Freuds erste eigene Praxis, an der Flanke des Rathauses, in der Lichtenfelsgasse 1, die Praxis von Dr. Hans Pichler, der Freud von 1923 an wegen seines Karzinoms mehrmals jedes Jahr operieren musste.

Aschenbechern an jeder Stelle der Wohnung und der Praxis, mit schnell ergrauenden Vorhängen, mit abgebröckelter Asche auf Teppichen und Kissen, mit den Rauchschwaden um ihren Mann und mit dem Zug, der beim Durchlüften entsteht. Leichtgefallen war ihr, der disziplinierten Hanseatin und perfekten Hausfrau, das nicht. Doch hatte sie sich schweigend nicht nur damit abgefunden, sondern nahm es ebenso klaglos hin, dass ihr Mann an den Abenden nach sei-

nen langen Arbeitstagen mit ihrer Schwester Tarock spielte, während sie sich ihren kunstvollen Handarbeiten widmete. Martha selbst teilte weder die eine noch die andere Leidenschaft und war vermutlich dankbar, dass ihr Mann zwar Minna und später auch seine Tochter Anna zum Tarock verführte, aber wenigstens nicht zur Raucherei. Rauchende Frauen wären zu dieser Zeit auch in privaten Räumen ein Skandal gewesen. Martin, Freuds zweiter Sohn, stellte sich beim Tarockspiel ungeschickt an und zeigte an der Zigarre keinerlei Interesse, mehr noch, er war fassungslos, wenn er nach der üblichen Mittwochabendgesellschaft das verqualmte Wartezimmer seines Vaters betrat: «Es schien mir wie ein Wunder, dass darin Menschen stundenlang gelebt, ja gesprochen hatten, ohne zu ersticken.» Freud bestärkte das nur darin, dass Martin kein rechter Kerl sei, Martha freute es. Sie war auch dankbar, dass ihr Mann seine samstägliche Tarockpartie außer Haus, bei Leopold Königstein, zelebrierte, und ab und zu im Café Landtmann oder im Central und die Wohnung für ein paar Stunden rauchfreie Zone war.

Für Freud war es die ersehnte Erholung, sich direkt nach seiner Vorlesung am Samstagnachmittag an den Spieltisch zu setzen. Körperlich gab es zwar beim Tarock keine Entzugserscheinungen, seelisch aber durchaus. Zurück aus dem langen Sommerurlaub, brauchte er möglichst bald eine erste Tarockpartie mit Königstein. Dass dieser mit daran beteiligt war, Freuds Entdeckung des Kokains für seine Zwecke zu nutzen, war dabei kein Problem. Dass oft auch Friedrich Eckstein mitspielte, animierte Freud erst recht, beim Spielen kräftig zu rauchen. Eckstein ist der Bruder von Freuds ehemaliger Patientin Emma. Und als er mit deren Analyse befasst war, als er vor dem Durchbruch zu seiner Traumdeutung stand, hatte er nach zweiwöchiger Abstinenz wieder angefangen zu rauchen, «weil ich den psychischen Kerl gut behandeln muss, sonst arbeitet er mir nichts. Ich verlange sehr viel von ihm. Die Plage ist meist übermenschlich.» Direkt nach dem Rückfall hatte er eine ungeahnte Produktivität entfaltet. Eckstein sehen hieß an Emma denken, daran, dass ihn das Rauchen scharfsinnig gemacht hatte und das Leben ohne Zigarre nicht auszuhalten war. Weiterhin belohnte sich Freud für die Plackerei eines Zwölf- bis achtzehn-Stunden-Arbeitstages mit Rauchen und Spielen.

«Samstag abends nach elfstündiger Analysearbeit und am Ende der Woche, ohne Sonntag bin ich nicht zu gebrauchen und tue gut, Karten spielen zu gehen», hatte er im Mai

1913 an seinen Schüler Sándor Ferenczi geschrieben. Seine Patienten, zu diesem Zeitpunkt bereits großenteils verwöhnte Prominente, mussten damit leben, ständig im Tabaksqualm zu sitzen. Dass sie sich dann, freudianisch geschult, ihren Reim darauf machten, was sich hinter dieser Sucht verberge, kümmerte ihn kaum. Die Spielsucht hingegen wollte er nicht mit jedem teilen. Einer seiner Söhne meinte, Freud habe befürchtet, dabei zu viel von seinen Gefühlen preiszugeben.

Das Rauchen jedoch teilte er mit jedem, ob der es wollte oder nicht. Dass jemand eine Zigarre nicht genießen konnte, war Freud lebenslang ein Rätsel. Als er seinem Neffen Harry, dem Sohn von Bruder Alexander, eine Zigarre angeboten und der abgelehnt hatte, sah er seinen klugen Onkel den Kopf schütteln. «Mein Junge, Rauchen ist eine der größten und billigsten Vergnügungen im menschlichen Leben, und wenn du von vornherein beschließt, nicht zu rauchen, kann ich dich nur bedauern.»

Billig aber war es jedoch niemals wirklich, jenes Vergnügen, zumal Freuds Ansprüche mit zunehmendem Alter gewachsen waren. Bei seiner Tabaktraffik in der Nähe der Michaelerkirche hatte er nur das Beste eingekauft, und das war ihm nicht gut genug. Freunde und Bekannte versorgten ihn regelmäßig mit Importen, und jeder wusste, dass man ihm keine größere Freude machen konnte, als eine Ration guter Havannas vorbeizuschicken. Am Geburtstag stapelten sich die Kisten aus den besten Läden in London oder Paris.

Doch jetzt, im dritten Kriegsjahr, ist alles anders. Längst dürfen aus dem feindlichen Ausland keine Pakete mehr geschickt werden.

Treue Verehrer aus Wien kümmern sich um Erste Hilfe vor Ort, denn sobald Freud versorgt ist, hindert ihn auch das Entsetzen über den sich ausweitenden Krieg keineswegs daran, äußerst kreativ zu sein. 1915 hat er in nur drei Monaten zwölf wissenschaftliche Abhandlungen verfasst. Vernebelt der Zigarrenqualm Freuds Zimmer, ist sein Kopf klar. Schon

1915 war der Aufsatz «Zeitgemäßes über Krieg und Tod» in der von ihm herausgegebenen Zeitschrift «Imago» erschienen, in dem er den psychoanalytischen Hintergrund des Krieges erhellt, für ihn eine Rückkehr zur Mordlust der Urvölker. Der Frieden ist in unabsehbare Ferne gerückt. Der Krieg hat sich zu einem Desaster ausgeweitet. Das Essen ist knapp, Anna völlig abgemagert, aus Kartoffelschalen wird Suppe gekocht, die Zimmer in der Berggasse können kaum beheizt werden, Wien erstarrt in der Kälte der Kriegswinter. Und Freud geht der Stoff aus.

Er gäbe sich auch mit schlechter Ware zufrieden, doch sogar dafür fehlt das Geld, und er ist erlöst, wenn von irgendwoher unerwartet eine neue Drogenlieferung kommt. «Gestern hatte ich die letzte Zigarre verraucht», meldet er im November 1917 seinem Vertrauten Ferenczi, «war seither böswillig und müde, bekam Herzklopfen und eine Steigerung der seit den schmalen Tagen bemerkbar schmerzhaften Gaumenschwellung (Carcinom? etc). Da brachte mir ein Patient 50 Zigarren, ich zündete eine an, wurde heiter, und die Gaumenaffektion ging rapid zurück! Ich hätte es nicht geglaubt, wenn es nicht so auffällig wäre.»

Solche Glücksfälle werden mit jedem Kriegsjahr seltener. Tauschhandel ist die Methode der Wahl, nicht nur in Wien. Antiquitäten gegen Eier, Gemälde gegen Butter. Doch von seinen antiken Göttern will Freud sich auf keinen Fall trennen. Martha Freud beobachtet besorgt, wie sich ihr Mann verändert, wie er reizbar und depressiv wird. Da zeigt sie auf eine ungewöhnliche, wenn auch gesundheitsschädigende Weise, wie sehr sie ihren Mann liebt, wie sehr ihm seine Lebenslust und Arbeitskraft am Herzen liegt. Sie trägt alles, was sie, Minna und Anna an langen Abenden gestickt, geklöppelt, gehäkelt, gestrickt haben zur Tabaktraffik am Kohlmarkt, nahe bei der Michaelerkirche. Und kehrt zurück mit Suchtstoff für ihren Mann.

Kaum ist der Krieg vorbei, beschafft sich Freud wieder erste Qualität in ausreichender Menge.

1923 muss er sich der ersten Krebsoperation in der Mundhöhle unterziehen.

1928 wird Dr. Max Schur auf Empfehlung von Marie Bonaparte Freuds Hausarzt. Er stellt fest, dass Freud sich weniger vor dem Krebs fürchtet als davor, es könne ihm der Zigarrenvorrat ausgehen oder irgendein Arzt ihm die Raucherei völlig verbieten.

Noch immer ist ihm jeder Nichtraucher ein Rätsel. Auch Schur bietet er bei jedem Hausbesuch eine Zigarre an. Schur ist Nichtraucher, traut sich aber nicht, abzulehnen und pafft ungeschickt vor sich hin. Freud muss das auffallen. «Sagen Sie mir, Schur, sind Sie Zigarrenraucher?» fragt er.

Schur verneint verlegen.

«Und Sie», sagt Freud vorwurfsvoll, «rauchen meine kostbaren Zigarren?»

Im Jahr danach legt er ein offizielles Suchtbekenntnis ab, als ihn Victor Richard Ruben im Februar 1929 bittet, etwas über seine Raucherei zu sagen: «Ich begann mit 24 Jahren zu rauchen, zuerst Cigaretten, bald aber ausschließlich Cigarren, rauche auch heute noch (72½ J.) und schränke mich in diesem Genuss sehr ungern ein. Zwischen 30 und 40 Jahren musste ich das Rauchen durch 1½ Jahre aufgeben wegen Herzstörungen, die vielleicht Nikotinwirkung, wahrscheinlich aber Folge einer Influenza waren. Seither bin ich meiner Gewohnheit oder meinem Laster treu geblieben und meine, dass ich der Cigarre eine große Steigerung meiner Arbeitsfähigkeit und eine Erleichterung meiner Selbstbeherrschung zu verdanken habe, Vorbild war mein Vater, der ein starker Raucher war und es bis in sein 81. Lebensjahr blieb.»

Mehrere Krebsoperationen muss er jährlich hinter sich bringen. Doch was er über das Rauchen von sich gibt, hört sich nach wie vor an wie aus dem Werbeprospekt eines Zigarrenherstellers. Das sei «eine der schönsten Freuden der Welt» erklärt er und außerdem «Schutz und Waffe im Kampf gegen das Leben».

Kämpfen muss er bis in die letzten Jahre. Also raucht er auch. Nur die andere, die harmlosere Sucht nach dem Tarockexzess tritt mehr und mehr in den Hintergrund, denn die Schmerzen machen einen ungeselligen Menschen aus Freud. Im Mai 1938 wirft er seine Tarockkarten in den Papierkorb. «Kleines Gepäck» steht über den Vorbereitungen seiner letzten Reise, der Reise ins englische Exil. Spielen wird er ohnehin nicht mehr. Für das Dienstmädchen Paula Fichtl jedoch ist alles, was der Herr Professor einmal in der Hand oder gar lieb hatte, eine Reliquie. Sie fischt die Karten heraus, beschriftet das Päckchen, «Letzte Karten von Prof. Freud 1938», und steckt es ein.

Wer die Karten heute im Londoner Freud-Museum sieht, sollte sie sich in dichtem Qualm vorstellen. Denn ohne ihn hätten sie Freud nichts bedeutet.

Der Spaziergang: vom Café Landtmann zum Café Central:

Café Landtmann, Dr. Karl-Lueger-Ring 4, I. Bezirk, 0043/1/532 06 21–0, www.café@landtmann.at. Öffnungszeiten: täglich 7 bis 24 Uhr.

Café Central, Ecke Herrengasse/Strauchgasse, 1. Bezirk, Fon 0043/1/ 512 15 31–0, www.palaisevents.at. Öffnungszeiten: täglich von 7 bis 24 Uhr

Weitere Adresse:

Sigmund-Freud-Platz bei der Votivkirche

Das Glückstier und das Brudertier in Freuds Menagerie
~
Mit Lou Andreas-Salomé und Viktor Tausk
in der Urania und im Zoo

Am 25. Oktober 1912 kommt eine Frau in Wien an, über deren angebliche Liebesverhältnisse mehr geredet wird als über sie selbst. Dass sie von Nietzsche und Rilke angebetet worden ist, dass sie sich mit Nietzsche und Rée in einer erotisch zweideutigen Komposition hatte fotografieren lassen, sie selbst eine Peitsche in der Hand in einem Leiterwagen hockend, die beiden Herrn an der Deichsel, interessiert viele mehr als diese Frau selbst. Darüber, welches ihrer Verhältnisse mit großen Geistern von Hauptmann bis Reinhardt intimer Natur gewesen sei, wird in Wien diskutiert, ihre Werke kaum. Dabei ist Lou Andreas-Salomé eine der außergewöhnlichsten Erscheinungen ihrer Zeit. Schön, geistreich, belesen, kraftvoll und mit einer Ausstrahlung gesegnet, der jeder erliegt. Ihre Romane sind tief, ihre Essays brillant, ihre Studie über Ibsens Frauengestalten wird andernorts gefeiert. Auch in Wien hat sie Verehrer und Liebhaber, mit denen sie bei ihrem letzten Aufenthalt hier, vor siebzehn Jahren, viel Zeit zubrachte: Arthur Schnitzler, Felix Salten, Hugo von Hofmannsthal, Peter Altenberg, Richard Beer-Hoffmann, der Internist Friedrich «Zemek» Pineles, Gustav Klimt oder Broncia Koller, Malerin, Schwester von Pineles. Sie hatte mit ihnen Ausflüge nach Schönbrunn und in den Prater gemacht, war mit ihnen im Café Griensteidl versumpft, hatte Heurige in Grinzing und die üblichen Künstler-Beiseln be-

Bildungsmonster, unzeitgemäß: Lou Andreas-Salomé war eine der belesensten Frauen ihrer Generation. Hinter den weichen Zügen verbarg sich ein scharfer Verstand. Doch die vielseitige Frau aus deutsch-russischer Familie kannten die Zeitgenossen weniger wegen ihrer umfangreichen schriftstellerischen Produktion als wegen ihrer Verhältnisse mit Nietzsche und Rilke. Freud sagte, Lou sei «die Gewähr für den Wahrheitsgehalt der analytischen Lehren». Diese Fotografie von ihr hing vor Freuds Bücherregal zwischen den Portraits von Marie Bonaparte und Yvette Guilbert.

sucht. Überstürzt hatte sie dann Wien verlassen, auf der Flucht vor einem, mehreren, zu vielen Liebesabenteuern. Dass sie dann sieben Jahre später von Pineles schwanger geworden war, das Kind verloren, wahrscheinlich sogar abgetrieben hatte, macht Wien für sie keineswegs zu einem Ort unseligen Angedenkens. Wien ist für Lou nach wie vor eine erotische Stadt.

Diesmal aber interessieren die Männer sie nicht, denn sie hat eine neue Liebe entdeckt, die alles andere in den Hintergrund drängt. Wie so oft hat ein Liebhaber sie darauf gebracht, der skandinavische Nervenarzt und Psychotherapeut Poul Bjerre, der ihr wie so viele geniale, kluge, außergewöhnliche und meist deutlich jüngere Männer verfallen war. Bjerre hatte Lou mit den Grundlagen der Psychoanalyse vertraut gemacht. Als er auf dem 3. Psychoanalytischen Kongress in Weimar einen Vortrag hielt, begleitete sie ihn, lernte Freud kennen, entflammte für das, was die Eingeweihten nur Psa. nennen, und für Freud selbst. Im Frühling 1912 hatte sie mit Poul radikal wie üblich gebrochen, keinen einzigen seiner Briefe mehr beantwortet und beschlossen, noch im selben Jahr eine Studienreise nach Wien zu unternehmen.

Das letzte Mal war sie im Hotel Royal beim Stephansplatz abgestiegen, diesmal zieht sie ins Zitahotel ein, nahe beim Hörsaal der Psychiatrie gelegen, den Freud nutzt, nah am Beisl Alte Elster, wo sich die Freudianer nach dem Kolleg treffen, keine zehn Minuten von der Berggasse 19 entfernt.

Lou ist einundfünfzig und betört die Männer noch immer. Ihre Formen sind weiblich, ihre Stirn ist breit und glatt, ihre Augen leuchten, ihre vollen Lippen lächeln meist. Sie ist glücklich, eine Frau zu sein, hat sich als Kind schon ihre Organe als kostbare Steine im Inneren eines Berges vorgestellt, sie ist glücklich, anders zu sein, glücklich, niemals ihre Freiheit aufgegeben zu haben. Bindung bedeutet für Lou Gefängnis. Vor fünfzehn Jahren hat sie zwar den Orientalisten Friedrich Carl Andreas geheiratet, aber unter der Prämisse, dass er keinerlei sexuelle Hingabe von ihr erwarte. Kalt ist sie jedoch nicht, nur kompromisslos. Nichts und niemand kann sie daran hindern, sie selbst zu sein, zu kommen, wann sie will, zu gehen, wann sie will. Sie gesteht, brutal werden zu können, wenn sie jemanden loswerden will, der sie einengt. Das war bei Nietzsche so, bei Rilke, bei Poul Bjerre.

Freud kennt das Gedicht, das Lou in jungen Jahren verfasst hat, in dem sie das Leben beschwört wie einen Gott.

Volksbildung, barock: Kaiser Franz Stephan, der Ehemann von Maria Theresia, war die treibende Kraft, draußen in Schloss Schönbrunn einen botanischen Garten und eine Menagerie anzulegen, und finanzierte die Forschungsreisen zur Beschaffung der Tiere. Der Zutritt war ab 1799 jedem erlaubt und kostenlos. Letzteres war für den finanziell bedrängten Viktor Tausk durchaus ein Argument, wenn er hier, als wären sie eine traute Familie, mit seinen Söhnen und seiner Geliebten Lou Andreas-Salomé spazieren ging.

Und er hat wohl bereits in Weimar gespürt, mit welcher Vehemenz diese Frau sich vom Leben nimmt, was ihr gefällt, ganz ohne Schuldgefühle. «Ich bin Erinnerungen treu für immer», erklärt sie, «Menschen werde ich es niemals sein».

Als Lou Andreas-Salomé in Wien eintrifft, ist Freud alles andere als gut gestimmt. Der Bruch mit Alfred Adler im Jahr zuvor, einem seiner wichtigsten Schüler, macht ihm noch immer zu schaffen, die enge Beziehung zu Wilhelm Stekel, einem ehemaligen Patienten und Analytiker aus dem engsten Umkreis, ist in Auflösung begriffen. Vor allem aber die Auseinandersetzungen mit Carl Gustav Jung sind zunehmend verbittert, die einst so innige geistige Partnerschaft steht vor ihrem Ende. Kronprinz Jung ist abgesetzt, doch eben dadurch allgegenwärtig.

Freud reagiert mit depressiven Anwandlungen, Darmkoliken, Herzbeschwerden. Glück ist für ihn ohnehin kein Thema. «Man möchte sagen, dass der Mensch glücklich sei, ist im Plan der ‹Schöpfung› nicht enthalten.» Das Leben, glaubt Freud, sei zu schwer für die Menschen, es bringe «zuviel Schmerzen, Enttäuschungen, unlösbare Aufgaben».

Lou ist da ganz anderer Ansicht. «Es ist gleichgültig, welches Schicksal man hat, wenn man es nur wirklich lebt», sagt sie.

Wie ein Naturereignis bricht sie in die Welt Freuds, in die Dunkelheit der Berggasse und seiner Stimmungen ein, und zwar sofort: am Tag nach ihrer Ankunft beginnt Freuds Samstagskolleg, eine Vorlesungsreihe zur Einführung in die Psychoanalyse, im Hörsaal der Psychiatrischen Klinik. Lou hastet, kaum sind die Koffer im Hotel abgeladen, sofort in die Berggasse, um sich eine Einlasskarte für die erste dieser Veranstaltungen zu holen, die von 19 bis 21 Uhr dauern und nur auf private Voranmeldung hin besucht werden können.

Lou fällt auf, dass Freud «älter und geplagter» ausschaut als beim Kongress in Weimar, was sie aber nicht von ihrem Vorhaben abbringen kann, sich von diesem Mann zu holen, was nur geht. Sie hat ein kleines, rot eingebundenes Buch mitgebracht, in dem sie alles notieren will, was sie hier erfährt, hört und beobachtet. Nicht nur von und bei Freud, auch bei Alfred Adler, einem von Freud Abtrünnigen, der seine eigenen Treffen organisiert und seine eigenen Jünger hat, ist sie angemeldet.

Freud hat keine Zeit, Lou als Lehranalysandin aufzunehmen und eigentlich, so sympathisch sie ihm ist, auch keine Lust. Frauen mit einer bewegten sexuellen Vergangenheit sind nicht sein Geschmack. Aber sie fegt alle Einwände und Bedenken von der Couch. Einziger Zweck ihres Aufenthaltes, hatte sie Freud noch vor ihrer Abreise geschrieben, sei es, sich mit Psychoanalyse nach allen Seiten zu befassen.

Doch Lou wäre nicht Lou, käme es nicht anders.

Sie ist noch keine fünf Tage in Wien, da taucht sie schon bei der ersten Mittwochsgesellschaft auf; als sie abends in der Berggasse 19 in Freuds Praxis tritt, in der die Sessel, die Kaffee- und Teetassen, die Platten mit Petits Fours und vor allem die Ascher aus Jade schon bereitstehen, ist erst einer der Stammgäste da. Ein großer, gut gewachsener Mann mit kurzem blondem Haar, grünen Augen, einem dichten kleinen Schnurrbart, breiten Wangenknochen, kräftiger Kinnpartie, eindeutig jünger als sie, um die Mitte dreißig. Seine virile Ausstrahlung muss Lou sofort gefallen haben, doch sie notiert in ihr rotes Buch nur: «ein blonder Dickschädel (Dr. Tausk)». Beim zweiten Samstagskolleg fällt er ihr wieder auf; er ist im weißen Kittel direkt aus der Klinik herübergekommen und hält sich nah bei Freud auf. Das macht den blonden Dickschädel noch interessanter für Lou.

Sie wird nicht lange gebraucht haben, um herauszufinden, wer dieser Mann ist und was er treibt. Dass er seit 1908 von seiner Ehefrau, einer aktiven Sozialdemokratin, die zwanzig Jahre jünger ist als Lou, geschieden ist, dass er zwei Söhne mit ihr hat, die zwar bei ihr leben, für die er aber das Sorgerecht besitzt, wird sie weniger beschäftigen. Ehefrauen haben Lou noch nie daran gehindert, eine Affäre zu beginnen. Dass er promovierter Jurist ist, Rechtsanwalt, angehender Arzt und angehender Psychoanalytiker, außerdem Journalist und Dichter und als einer der engsten Vertrauten Freuds gilt, muss sie animieren. Umso mehr, als sich ihre Beziehung zu Freud gut, aber harmlos entwickelt. Lous unverhohlene Bewunderung tut Freud wohl, doch er reagiert darauf mit leiser Ironie. Als sie wieder einmal schwärmt, die Analyse sei ein wundervolles Geschenk, meint er: «Ich glaube, Sie betrachten die Analyse als eine Art Weihnachtsbescherung.»

Spät abends taucht sie bei ihm auf zur Analyse und verlässt ihn meist nach Mitternacht, manchmal gegen zwei. Obwohl Freuds Arbeitstag frühmorgens um sieben wieder beginnt, begleitet er sie zurück zum Hotel. Er kann dieser Frau nichts verweigern und nichts verübeln. Lou macht kein Geheimnis daraus, dass sie auch bei Alfred Adler gastieren möchte. Freud erlaubt es unter der Bedingung, dass sie über ihre Tätigkeit als Doppelagentin weder in Adlers Kreisen noch in denen Freuds redet. Sonntags darf sie zu ihm nach Hause kommen, mit ihm und seiner Familie zu Abend essen, er lässt sie näher an sich heran als all seine männlichen Schüler. Und Lou zeigt Freud, was er ihr bedeutet. Stets hinterlässt sie im Hotel eine Nachricht, wo sie hingeht, um für ihn erreichbar zu sein. Er schickt ihr hin und wieder Blumen ins Hotel, ist charmant, herzlich, zugewandt. Doch Lou sieht bald ein, dass Freud auch bei ihr keine Ausnahme machen und mit ihr kein in irgendeiner Hinsicht erotisches, geschweige denn sexuelles Verhältnis beginnen wird. An jeder der Mittwochsgesellschaften in der Berggasse nimmt sie teil, wo sie fast immer als einzige Frau zwischen fünfzehn bis zwanzig Männern sitzt. Sie hält sich dort zurück, hört nur zu, trägt selbst aber nichts bei, obwohl sie weiß, dass die anderen über ihre Bedeutung informiert sind; der Verleger Hugo Heller hat vor Lous erstem Auftritt im engen Kreis einen Vortrag über sie gehalten.

Lou war schon in jungen Jahren eine Frau mit großer Menschenkenntnis, sie spürt instinktsicher Abneigungen und Vorlieben heraus, durchschaut Charaktere und Versteckspiele. Auch Tausks Rolle und Verhalten analysiert sie bald präzise. «In der Diskussion kam er mir zu Freudisch-exakt vor», moniert sie, «jedenfalls wird man ihm das Gegenteil nie vorwerfen dürfen.» Sie erkennt, dass sich Tausk um den frei gewordenen Kronprinzenplatz bemüht, doch offenbar wird Freud dessen Nähe bereits lästig. Als Tausk am 27. November über künstlerische Hemmungen spricht, fällt Lou auf, dass zwischen den beiden etwas nicht stimmt. «Freuds Entgegnungen waren viel strenger, als er sich sonst verhält, und dabei spricht kein Zweiter ihm je seinen Vortrag mit solcher Ehrfurcht in die Augen. Mir scheint von allen Tausk wohl am unbedingtesten an Freud zu hängen, als auch am unbedingtesten sich unter den übrigen herauszuheben. Vielleicht ist dies zu einem beiderseitigen persönlichen Konflikt geeignet», schreibt sie in ihre Notizen. Lou möchte anscheinend nicht sehen, dass sie selbst eine Rolle dabei spielt, wie sich das Verhältnis zwischen Freud und Tausk zuspitzt. Unbewusst muss es ihr klar sein, gibt Freud doch zu, dass er, wenn sie einmal fehlt bei seinen Veranstaltungen, dauernd ihren leeren Stuhl fixiert. Lou kann sich ausrechnen, dass Freud dann auch Mutmaßungen darüber anstellt, ob sie vielleicht mit Tausk unterwegs ist, denn ihrem Analytiker gegenüber kann Lou nicht verleugnen, dass dieser Mann sie interessiert; wenn schon Freud nicht zu erobern ist, dann ist Tausk der beste Ersatz. Und Tausk, der über Lous Vergangenheit unterrichtet ist und weiß, dass durch Lous Begleitung große Begabungen erst zu sich selber, zu ihrer Bestimmung, zur eigentlichen Größe fanden, verspricht sich möglicherweise eine ähnliche Wirkung von einer Affäre mit ihr.

Freud genießt Lous Gegenwart, ihre Lebensfreude tut ihm gut. Lou gesteht er: «Ich kann nicht Optimist sein, unterscheide mich von den Pessimisten, glaub' ich, nur dadurch, dass mich das Böse, Dumme, Unsinnige nicht außer Fassung bringt, weil ich's von vornherein in die Zusammensetzung der Welt aufgenommen habe.» Lou wird von Freud gerühmt als «die Versteherin par excellence». Da wäre er sich einig mit Rilke, der Lou gestand: «Du allein weißt, wer ich bin.» Dass Freud keinerlei sexuelles Interesse an ihr bekundet, erstaunt sie wohl, müsste sie aber zugleich beruhigen. «Die geistige Nähe verlangt nach körperlichem Ausdruck», hat Lou schon mit einundzwanzig erklärt, «aber der körperliche Ausdruck verschlingt die geistige Nähe.»

Sie war schon fünfunddreißig, als sie zum ersten Mal ein sexuelles Verhältnis einging, mit einem sehr viel jüngeren Mann namens René Rilke, und wollte schließlich nur noch fort von ihm. Die Briefe, die sie ihm nach dem Bruch 1901 geschrieben hatte, waren die Briefe einer Therapeutin an einen Patienten. Wer sich als Liebhaber mit Lou einlässt, kann nachlesen, was sie über Treue denkt. Sie hat in ihrem Buch über «Die Erotik» vor zwei Jahren öffentlich verkündet: «Das natürliche Liebesleben in allen seinen Entwicklungen ist aufgebaut auf dem Prinzip der Untreue.»

Lou ist eine Intellektuelle, und doch ein animalisches Wesen. «Sie ist scharfsinnig wie ein Adler und mutig wie ein Löwe und zuletzt doch ein sehr mädchenhaftes Kind», hatte schon Nietzsche erkannt. «Glückstier» nennt Freud sie und erzählt ihr die Geschichte von einer Katze, die er die narzisstische Katze nennt, um ihr indirekt mitzuteilen, dass er genau das in ihr sieht. Die Katze, die Freud beschreibt, dringt in sein Zimmer ein, legt sich auf seine Couch, schmeichelt, schmust, ist unwiderstehlich, aber einfangen, domestizieren lässt sie sich nicht. Sie geht, wann sie will.

Der Narzissmus hat für Freud nichts Abschreckendes, im Gegenteil, die narzisstische Frau ist für ihn «der echte und reine Typus» einer Frau. Und Lou ist für ihn der Inbegriff des Weiblichen. Er geht mit Lou ins Café Ronacher, um weiter zu diskutieren, er geht mit ihr durch die Nacht, mehr aber nicht.

Tausk hingegen betet Lou an, hört ihr zu, schenkt ihr südslawische Balladen, die er, gebürtiger Kroate, selbst übersetzt hat. «Tausk meint», «Tausk schreibt», «Tausk sagt»: Lous Aufzeichnungen, so sehr sie sich um Sachlichkeit bemühen, verraten, wie er für sie stetig an Bedeutung gewinnt. Er ist ein sehr junger und engagierter Vater. Lou weiß, was es bedeutet, dass er ihr seine Söhne Marius und Victor Hugo, Bruzo genannt, zehn und elf Jahre alt, vorstellt, dass er mit ihnen und Lou zusammen Schwarzer Peter spielt, in die Urania geht, um die neuesten Filme im Kino dort zu sehen, oder hinausfährt nach Schönbrunn, in den Tiergarten. Als Lou mit Fieber im Hotelbett liegt, bringt Viktor seinen Marius und seinen Bruzo sogar zum Krankenbesuch mit.

Und Lou, die keine Kinder hat, genießt die Anwesenheit der beiden ebenso wie die Geste. «Ihn mit den Buben zusammen zu sehen, macht mir eine besondere Freude.»

Lou weiß längst, dass Freud Tausk am liebsten loswürde. Und sie ahnt auch, dass bei Freuds wachsender Abneigung gegen diesen gut aussehenden Frauenliebling die Eifersucht eine Rolle spielt. Freud redet mit Lou über ihren Geliebten. Freud kritisiert ihn, Lou verteidigt ihn. Freud verlangt, sie solle endlich seine Schwächen sehen, Lou verlangt von ihm Geduld für dieses geschundene Genie. Sie argumentiert, er liest ihr einen Witz vor, in dem sich ein junger Mann beim Heiratsvermittler über die Braut beklagt, mit der er verkuppelt werden soll. Sie sei hässlich, zu alt, arm und habe auch noch eine bösartige Mutter. «Nun», sagt der Heiratsvermittler, «was wollen Sie? Gar keine Fehler soll sie haben?»

Lou erkennt Tausks Fehler durchaus, aber er tut ihr gut. Lou, das Glückstier, genießt die Bewunderung des Raubtiers. Die Nähe zu ihrem neuen Intimus hält Lou nicht ab, mit ihm nüchtern darüber zu diskutieren, «wie erogene Zonen in den *Ich*dienst treten», und vor allem das Thema Untreue zu bereden. Ob sie sich getroffen fühlt, als Tausk ihr erklärt, seiner Ansicht nach seien die geistigen Fähigkeiten einer Frau, die sich mit vielen geistig vermähle, eine aufgearbeitete, sublimierte Form der Vielmännerei?

Lou ist jedenfalls bewusst, dass ihr auch dieser Mann, sechzehn Jahre jünger als sie, verfallen ist, als sie im Frühling 1913 Wien verlässt.

Vom 21. August bis zum 5. September ist sie wieder da, in der Zwischenzeit sind Briefe zwischen ihr und Tausk hin- und hergegangen. Er holt sie vom Bahnhof ab, bringt sie ins Hotel, wo sie zu ihrer Freude dasselbe Zimmer, wieder die Nummer 28, bekommt. Wer Lou nicht kennt, könnte meinen, da wachse nun eine echte, tiefe Beziehung, deretwegen sie vielleicht die Josephsehe mit Ehemann Friedrich Carl Andreas und den Wohnsitz in Göttingen aufgeben würde. Mit der ihr eigenen Intensität setzt Lou ihre Studien, ihre

Diskussionen, auch die mit Tausk, fort und beobachtet ruhig, wie sich dessen Verhältnis zu Freud dramatisch verändert.

«Mir erscheint», notiert sie, «erst jetzt Tausks Beziehung zu Freud in ihrer ganzen Tragik: ich begreife nämlich, dass er stets in dieselben Probleme und Lösungsversuche geraten wird, die Freud gerade bearbeitet – dass dies kein Zufall ist, sondern das ebenso gewaltsame ‹Sich-zum-Sohn-Machen› wie auch ‹Den-Vater-dafür-hassen›. Wie durch Gedankenübertragung wird ihn stets dasselbe beschäftigen wie Freud, er wird nie den einen Schritt zur Seite gehn, der ihm Raum schaffen würde. Das schien so sehr an den Verhältnissen zu liegen, aber es liegt zuletzt an ihm.» Sie nimmt Anteil an Tausks Sorgen, an den Konflikten, die er mit seiner geschiedenen Frau der Söhne und des Unterhalts wegen hat, an seinem Stress mit dem Rigorosum, das er neben seiner Erwerbstätigkeit ablegt, und sie ist sicher, ihn zu verstehen. «Was er will, ist dieses blinde, taube Nur-sich-selbst-zum-Ausdruck-Bringen, weil er unter der Last von sich selbst so stark leidet.» Lou analysiert ihn nüchtern, fühlt sich ihm aber dennoch verwandt. Es fasziniert sie, dass Tausk zart, innig und fürsorglich sein kann, dabei aber von einer urgesunden, fast naiven Kraft ist, sie kann nur allzu gut nachvollziehen, «was Freud an ihm das Raubtier nennt».

Unumwunden wird Lou dem Papier anvertrauen, was ihr an ihm gefällt; «... von allem Anfang an empfand ich doch an Tausk grade all diesen Kampf als das, was mich an ihm tief berührte: den Kampf der menschlichen Natur.» Und Lou, das Glückstier endet mit dem Stoßseufzer: «Brudertier, Du.»

Doch der erotisierende Bruder wird noch im selben Jahr aus ihrem Innersten entlassen, ohne dass er es selbst bemerkt. Beim IV. Psychoanalytischen Kongress in München, zu dem sie mit Tausk zusammen reist, fällt ihr auf, dass Freud zu Tausk auf Distanz geht. Der sitzt zwar nahe am Meister, aber Lou entgeht nicht, dass Freud das Raubtier sichtlich ablehnt, obwohl er zugibt, Tausk sei in der derzeitigen zerstrittenen Situation der Psychoanalytischen Vereinigung der richtige Mann; «gescheit und gefährlich, bellen und beißen kann er».

Er kann noch sehr viel mehr. Mittlerweile promovierter Arzt für Psychiatrie, ist er der erste von allen in der Psychoanalytischen Vereinigung, der Psychosen klinisch erforscht. Doch er vereinsamt zunehmend. Seine Söhne sind auf einem Internat in Böhmen, Martha, seine geschiedene Frau, ist nach Zagreb, zu Viktors Mutter gezogen, die privaten Kontakte zu den anderen aus der Freud-Gruppe sind weggebrochen.

Als der Erste Weltkrieg ausbricht, landet er als Armeearzt in Lublin und bewährt sich: er rettet Deserteuren das Leben, indem er sie mit überzeugenden Argumenten verteidigt. Der Nervenarzt Viktor Tausk wird gebraucht. Er seinerseits braucht Lou. Doch sie lässt seine Feldbriefe unbeantwortet, ganz die narzisstische Katze, die Freud in der bewunderten Frau erkannte. Tausk kehrt zurück, nicht körperlich, aber seelisch wie so viele schwer verwundet. Er bittet Freud, bei ihm eine Analyse machen zu dürfen, der aber lehnt ab und verweist ihn an Helene Deutsch, eine seiner liebsten Schülerinnen. Der gesteht Freud offen, es mache auf ihn einen «unheimlichen Eindruck, Viktor Tausk in der Psychoanalytischen Vereinigung zu wissen». Man solle ihn einsetzen wie ein Trüffelschwein, das man nach dem Delikatesten suchen lässt, dem es aber untersagt ist, das Gefundene mit der Schnauze auch nur zu berühren. Kurz: Freud befürchtet, der flinke, instinktsichere Tausk mit seiner guten Nase könne ihm die besten Dinge vor der Nase wegschnappen. Einer wie der Kokain-Koller reicht fürs Leben. «Er bringt mich um!», stöhnt Freud über Tausk. «Ich hätte ihn längst fallen lassen!» Tausk behindert ihn, weil er Freuds Ideen sofort aufgreift und schneller weiterentwickelt, als dem Meister lieb sein kann. Tausk will nach wie vor von Freud als Sohn geliebt werden. Von den Gründen der Zurückweisung weiß er nichts, will er nichts wissen, er ist verletzt, fühlt sich verstoßen, redet in den Analysestunden bei Helene Deutsch nur von Freud, betäubt sich durch exzessive Kinobesuche in der Urania, denkt an Lou, schreibt an Lou, fleht sie an, bittet um Beistand, aber alles verhallt unerhört. Ihre Seelenverwandtschaft – auch er nennt sie Brudertier – bedeutet ihr nichts mehr, denn er engt sie ein.

«Du warst das Zarteste, das mir begegnet, / das Härteste, das mit mir rang. / Du warst das Hohe, das mich gesegnet – / und wurdest der Abgrund, der mich verschlang», hatte Rilke geschrieben, nachdem sich Lou von ihm getrennt hatte.

Am 23. März 1919 schreibt Tausk wieder an sie. Es ist ein Hilfeschrei. «Seit dem Kongress 1913 habe ich kaum mehr mit einem Menschen gesprochen. Meine Einsamkeit ist jetzt eine vollkommene. Nun habe ich mein 40stes Jahr hinter mich gebracht und wünsche mir eine Gefährtin für meine Lebensabende. Kennst Du eine, die kennen zu lernen sich verlohnte?»

Die Gefährtin kommt als Patientin in seine Praxis. Hilde Loewi ist Konzertpianistin und sechzehn Jahre jünger als Tausk. Er weiß, dass eine Beziehung zu einer Patientin ein schwerer Verstoß gegen die Regeln der Psychoanalyse ist, er weiß auch, dass er aus dieser Beziehung ebenso fluchtartig Reißaus nehmen wird wie aus den vielen Affären und Verhältnissen zuvor. Im Frühjahr 1919 verlobt er sich mit Hilde, die Hochzeit wird für Juli beschlossen.

Am 2. Juli verbringt er den Nachmittag mit seinem Sohn Marius, geht mit ihm in die Urania, isst mit ihm zu Abend, besucht dann ein Konzert, in dem Hilde Loewi als Klavierbegleiterin auftritt, kehrt jedoch schließlich alleine in seine Wohnung in der Alserstraße zurück, nur fünf Gehminuten von der Berggasse entfernt.

Es ist Mittwochabend. Die anderen sitzen alle bei Freud zusammen.

In den frühen Morgenstunden des 3. Juli 1919 beginnt Tausk, während er Slibowitz trinkt und eine Zigarette an der anderen raucht, Briefe zu schreiben, einen an seine geschiedene Frau Martha, einen an seine Verlobte Hilde Loewi und einen an Freud. Der an Freud gerichtete ist voller Milde und Dankbarkeit.

Dann bindet er sich eine Vorhangschnur um den Hals, stellt sich auf einen Stuhl, setzt die Armeepistole an die rechte Schläfe und drückt ab.

Am nächsten Tag wird Freud der Brief überbracht. «Lieber Herr Professor, bitte stehen Sie meiner geliebten Braut, dem Frl. Hilde Loewi (II. Körnergasse 2), dieser teuersten Frau, die je in mein Leben getreten ist, bei. [...] Sie ist edel, rein und gütig, es lohnt die Mühe, ihr einen guten Rat zu geben.

Ich danke Ihnen für alles Gute, das Sie mir gegeben. Es war viel und hat die letzten zehn Jahre meines Lebens ausgefüllt. Ihr Werk ist echt und groß, ich gehe aus dem Leben mit der Überzeugung, dass ich einer von denen war, die den Eroberungsgang einer der größten Menschenideen miterlebt haben. Ich habe keine Melancholie, mein Selbstmord ist die gesündeste, anständigste Tat meines verfehlten Lebens. Ich klage niemand an, mein Herz ist frei von Groll, ich sterbe nur etwas früher, als ich eines natürlichen Todes gestorben wäre.»

Freud wird gebeten, einen Nachruf auf Tausk zu schreiben. Er verfasst ein ausführliches Gedenkwort, in dem er Tausks Verdienste würdigt, sein rhetorisches Talent preist und den Erfolg seiner Vorträge herausstreicht, sich selbst jedoch in keinerlei Beziehung zu dem Selbstmord setzt. Tausk sei ein nachträgliches Opfer des Krieges, zermürbt von dessen Schrecken nicht mehr imstande, sich den Herausforderungen des alltäglichen Lebens, geschweige denn einer neuen Ehe zu stellen. Er, der große Briefkünstler, lässt sich fast einen Monat Zeit, bis er endlich an Lou schreibt. Es klingt gelassen. «Der arme Tausk, den Sie ja eine Zeit lang durch Ihre Freundschaft ausgezeichnet haben, hat am 3. 7. seinem Leben auf gründliche Weise ein Ende gemacht. Er kam aufgerieben aus den

Bildungsexempel, vergessen: Viktor Tausk, hier mit seinen beiden Söhnen Marius und Victor Hugo, genannt Bruzo, war einer von Freuds unbequemsten Schülern, aber auch einer seiner vielseitigsten. Heute schriebe dennoch kaum mehr einer über ihn, wäre er nicht der Geliebte von Lou Andreas-Salomé gewesen.

Greueln des Krieges zurück, sollte unter den ungünstigsten Verhältnissen in Wien die durch die Einrückung verlorene Existenz wieder aufbauen, hatte den Versuch gemacht, eine neue Frau in sein Leben zu nehmen, sollte acht Tage später

Volksbildung, modern: 1909/10 entstand auf einem zwickelförmigen Grundstück am Donaukanal, bei der Aspernbrücke, das kühne Gebäude der Urania als Volkssternwarte und Volksbildungsinstitut nach Plänen von Max Fabiani, einem Schüler Otto Wagners. Es wurde bald zu einem Wahrzeichen Wiens. In diesem Bau befand sich auch die zentrale Uhrenanlage, bei der man telefonisch das Zeitzeichen abrufen konnte. Von 2000 bis 2003 wurde das Haus generalsaniert und birgt nun neben der Sternwarte, dem Kino, dem Urania-Puppentheater, Vortrags- und Präsentationsräumen auch ein Café-Restaurant.

heiraten, entschloss sich aber anders. Seine Abschiedsbriefe an seine Braut, seine erste Frau und an mich, sind alle gleich zärtlich, beteuern seine Klarheit, beschuldigen niemand als seine eigene Unzulänglichkeit und sein verfehltes Leben, geben also keinen Aufschluss über den letzten Akt.» Angesichts der Gewaltsamkeit von Tausks Ende hört es sich grausam nüchtern an, was Freud Lou bekennt: «Ich gestehe, dass er mir nicht eigentlich fehlt; ich hielt ihn seit langem für unbrauchbar, ja für eine Zukunftsbedrohung.»

Lou kann es nicht verbergen, dass Tausks Tod sie trifft. «Ich hatte ihn lieb», antwortet sie. «Glaubte, ihn zu kennen;

und hätte doch nie, nie an Selbstmord gedacht.» Doch auch sie analysiert diesen «Seelenberserker mit zartem Herzen» ganz professionell: er sei am «innern Riesen der Maßlosigkeit» gescheitert.

Sie wird Tausk jedoch nie vergessen. Freud hingegen will genau das. Den Abschiedsbrief, den Tausk an ihn gerichtet hat, händigt er dessen Sohn Marius aus. Dass er die Erinnerung an diesen Mann, an dieses Kapitel damit nicht loswerden kann, weiß keiner besser als er selbst.

Wenige Monate nach dem Selbstmord Tausks verfasst Freud eine Abhandlung über die Psychose einer Patientin. Die psychische Energie, sich zu töten, erklärt Freud darin, finde kein Mensch, «der nicht erstens dabei ein Objekt mittötet, mit dem er sich identifiziert hat, und der zweitens dadurch einen Todeswunsch gegen sich selbst wendet, welcher gegen eine andere Person gerichtet war.» Wer diese andere Person im Falle Tausks war, wissen alle, die das lesen.

Lou wird sich vielleicht an eine andere Theorie zum Suizid erinnern, eine, die Isidor Sadger, Stammgast der Mittwochsgesellschaften, verkündet hat: «Niemand gibt sein Leben auf, der nicht die Hoffnung auf Liebe aufgegeben hat.»

Der erste Spaziergang – Besuch der Urania:

Urania, Uraniastraße 1, I. Bezirk; www.urania-sternwarte.at, Fon 0043/1/ 7295 494–10 Fax 7295 494–77

Der zweite Spaziergang – Besuch des Tiergartens:

Schönbrunner Tiergarten, Maxingstraße 13 B, 13. Bezirk, www.zoovienna.at, Fon 0043/1/877 92 94, Fax 877 96 41; ganzjährig täglich geöffnet

Weitere Adressen:

Café Beim Ronacher, Seilerstätte 14, I. Bezirk, Fon 0043/1/51 272 79 cafe@cafe-ronacher.at, Öffnungszeiten Montag bis Freitag 7 Uhr 30 bis 24 Uhr, Samstag 9 bis 24 Uhr

Café Griensteidl, Michaelerplatz 2, I. Bezirk, Fon 0043/1/535 26 92, Fax 535 26 92 14, ghaslauer@demel.at, Öffnungszeiten: Täglich von 8 Uhr bis 23 Uhr 30

Der Vater und seine Neurosenprinzessin

Auf Spurensuche in zwei Luxushotels

Was die Dame im schwarzblauen Nerz, eine überlange Perlenkette um den Hals, jeden Tag zweimal treibt, müssen sich die Concierges und Portiers des Hotel Bristol nach ein, zwei Wochen fragen. Denn sie verlässt das Hotel täglich zu einer bestimmten Uhrzeit, wenn weder Konzerte, Theater- oder Opernaufführungen stattfinden, morgens um elf und noch einmal nachmittags, und kehrt nach eineinhalb Stunden ohne jede Einkäufe zurück. Die Museen der Stadt muss sie mittlerweile doch kennen. Der private Chauffeur der Dame im Nerz könnte ihnen verraten, womit die Frau, die sich als Prinzessin von Griechenland, geborene Bonaparte ins Gästebuch des Bristol eingetragen hat und samt Zofe Solange angereist ist, die fraglichen Stunden zubringt, denn er setzt sie immer vor der Berggasse 19 ab und wartet dort auf sie. Auch ohne das Schild neben dem Eingang zu lesen, weiß in Wien mittlerweile fast jeder, dass dort der Professor Freud seine Ordination hat. Was aber glücklicherweise keiner weiß, ist, welches Problem die Prinzessin zu Freud führt. In ihrer schönen Handschrift hat sie in das Heft, das sie in jeder Therapiestunde bei sich trägt und mit Gesprächsnotizen füllt, eingetragen, sie habe am 28. Oktober 1925 eine Psychoanalyse bei Freud begonnen, um mit seiner Hilfe «Penis und Orgasmusfähigkeit» zu erhalten.

Freud würde das nicht erstaunen. «Sie hat meiner Ansicht nach», hatte ihn der Pariser Arztkollege René Laforgue schließlich schon im Voraus unterrichtet, «einen starken Männlichkeitskomplex.»

Reich dekoriert: Im Juni 1892 wurde in einem umgebauten Wohnhaus am Kärntnerring 10 das Hotel Bristol eröffnet. Bald gilt es als eine der besten Adressen Wiens. «The fashionable residence of the elite of European und American society», preist es 1907 der Agards Guide of Austria. 1916 wird das erweiterte und modernisierte Neue Bristol eingeweiht. Das Eckhaus, bekannt als Sirk-Ecke, gilt als der prominenteste Korso Wiens. Ihm verdankt das Hotel-Restaurant Korso seinen Namen. Zu literarischer Geltung verhilft Karl Kraus diesem Korso: alle fünf Akte seines Mammutwerks «Die letzten Tage der Menschheit» beginnen am Sirk-Eck.

Im Nachhinein berührt es seltsam, wie Freuds Schicksal, das Schicksal eines verzweifelt kämpfenden, krebskranken alten Mannes mit finanziell beschränkten Mitteln, mit dem der Prinzessin, einer materiell verwöhnten, neurotischen und sexbesessenen Gesellschaftsdame, verflochten war, bevor sie einander begegnet sind.

Während Freud nach einer verpfuschten ersten Operation seines Mundhöhlenkarzinoms in der Ambulanz des All-

Schmucklos schön: In den Jahren 1907 und 1908 erbaut als Sanatorium Luithlen, dann umgewandelt in das Auersperg-Sanatorium, zählt das Gebäude in der Auerspergstraße 8 zu den frühesten ornamentlosen Architekturen in Wien. Entworfen hatte es Robert Oerley. Die Operationssäle, in denen Freud unter Pichlers Messer kam, befanden sich im obersten Stockwerk. Fast hundert Jahre nach der Erbauung, im Jahr 2006, etablierte dort das Designhotel The Levante eine Filiale, die sich «Parliament» nennt, weil sie im Rücken des Parlamentsgebäudes liegt. Dass dort im Restaurant und der Bar «nemtoi» keinerlei Zigarren angeboten werden, hätte Freud enttäuscht, Pichler beruhigt.
Im Rosenkavaliersaal des nahe gelegenen Palais Auersperg, (Auerspergstraße 1), finden täglich Konzerte statt, «Imperial Dinners» in diesem opulenten Stadtpalais locken die Touristen an.

gemeinen Krankenhauses von Hans Pichler, einem der besten Mundchirurgen Europas, im Auersperg-Sanatorium erneut operiert worden ist, hat sie am Sterbebett ihres Vaters Freuds «Vorlesungen zur Einführung in die Psychoanalyse» gelesen und das vernommen, was sie den «Ruf des Vaters» nennt. Dieser Vater, der erwählte, ist Freud. Während er sich nach einer weiteren Operation durch Pichler im Auersperg-Sanatorium erholt, hat Marie Bonaparte über René Laforgue, der über die «Traumdeutung» auf Freud gestoßen und mit einer Arbeit über «Die Affektivität der Schizophrenen aus psychoanalytischer Sicht» promoviert worden war, bereits Kontakt zu Freuds Schüler und Vertrautem Otto Rank aufgenommen. Im Februar 1925, nachdem Freud im Auersperg-Sanatorium auskuriert worden ist und im Januar, trotz großer Schmerzen, wieder mit sechs Patienten am Tag den Analysebetrieb aufgenommen hat, haben die Freud-Vertrauten Otto Rank und Hanns Sachs im Schlafzimmer von Marie Bonaparte zu Abend gegessen, denn die Prinzessin muss sich noch von einer Operation ihrer Brüste erholen, die an Sylvester verschönert und geliftet wurden. Während Freud zum Stammgast bei Pichler geworden ist, der allein in diesem Jahr 1925 in seinem Behandlungsprotokoll für Freud neunundsiebzig Eingriffe verzeichnet, hat die Prinzessin den Vermittler Laforgue davon überzeugt, dass ihr nur eine Analyse bei Freud persönlich helfen könne, von ihren Neurosen loszukommen. Während Freud, weil sein Gesundheitszustand ihm die geplante Reise nach Graubünden ins Hotel Waldhaus verbietet, auf dem Semmering in der Villa Schüler Urlaub gemacht und über «Einige Folgen des anatomischen Geschlechtsunterschiedes» schrieb, hat Marie Bonaparte einen deutschen Brief an Freud in die Maschine getippt, in dem sie ihre erotischen Probleme darlegt und ihre Motive, unbedingt bei Freud in Analyse gehen zu wollen; der hatte sie abgelehnt, nachdem ihm mitgeteilt worden war, sie wolle nicht geheilt, sondern zur Analytikerin ausgebildet werden. Schließlich willigte er doch ein.

Als sie dann Ende Oktober anreist, im Gepäck ihre sexuellen Luxusprobleme, quält sich Freud mit dem, was er als «Prothesenelend» bezeichnet, kann an vielen Tagen nur Suppen und Eis zu sich nehmen und bangt um den eng befreundeten Kollegen Karl Abraham, der an einer ominösen Lungenschwellung leidet.

Dass es nicht langweilig werden würde mit einer sprachbegabten, äußerst belesenen Urgroßnichte Napoleons, die bekennt, sie habe Mörder immer gern gehabt, weil sie ihr interessant erschienen, ist zu erwarten. Doch die Aristokratin in Pelz und Seide, für die ein Leben in Schlössern so alltäglich ist wie für Freud der Gang von der Wohnung hinüber in die Praxis, ist warmherzig und entblößt ihr Innerstes schonungslos.

Zu seiner eigenen Überraschung macht es Freud von Anfang an Vergnügen, mit der Prinzessin, vor deren hohem intellektuellen Anspruch ihn Rank im Vorfeld gewarnt hatte, vor allem über deren Frigidität zu reden. Dass ihr Ehemann, Prinz Georg von Griechenland, den sie als Dreiundzwanzigjährige geheiratet hatte, sie nicht befriedigen kann, ist unschwer zu erraten. In der Hochzeitsnacht hatte er sich Mut und Erlaubnis zuerst bei der eigentlichen Liebe seines Lebens geholt, seinem Onkel Waldemar. Dann erschien er bei seiner frisch Angetrauten, nahm sie, wie sie notierte, «brutal» und entschuldigte sich für den Übergriff: «Ich hasse das so sehr wie du. Aber es muss eben sein, wenn man Kinder haben will.» Zwei Kinder, Pierre und Eugénie, haben die beiden zustande gebracht, nachdem er sich vorher bei Waldemar und sie sich bei wechselnden Liebhabern in Stimmung gebracht hatte, um den widerwärtigen Akt zu überstehen. Doch die Liebhaber hatten Marie nicht von ihrer sexuellen Unlust zu befreien vermocht.

Tag für Tag erscheint die Prinzessin nun pünktlich in Freuds Praxis. Dass er ihr guttut, war zu hoffen, dass sie ihm guttut, überwältigt Freud. Er erlaubt ihr, während der Analysestunden Aufzeichnungen zu machen. Und erkennt ziemlich rasch, dass sie «ein ganz hervorragendes, mehr als nur zur Hälfte männliches Frauenzimmer» ist. Sie will ihm jedoch als Frau gefallen. Er meint, sie verstehe Männer im Allgemeinen, ihn aber im Besonderen, weil sie bisexuell sei.

Freud gegenüber gibt sie jedoch nur heterosexuelle Interessen zu erkennen.

Es ist wohl das erste Mal, dass sich eine Frau in seinem Behandlungszimmer die Bluse öffnet und ihm ihre schönheitschirurgisch überarbeiteten Brüste vorführt.

Doch Freud reagiert nicht auf diese Versuchung. Marie Bonaparte wird noch deutlicher. Sie sagt ihm auf den Kopf zu, er müsse sexuell überentwickelt sein. «Davon», erklärt er analytisch distanziert, «werden Sie nichts erfahren. Vielleicht nicht so sehr». Die Hausangestellte Paula Fichtl wird zwar, als sie zufällig den Professor Freud, in der Badewanne stehend, nackt sieht, erschrecken, «dass der alte Herr ein so großes Glied haben kann», weil sie noch nie ein beschnittenes gesehen hat, doch die Ausstattung alleine macht es bekanntlich nicht.

Sein Sexualleben hat Freud schon lange eingestellt; mit siebenunddreißig Jahren bereits hatte er Fließ gestanden, er schlafe zur Zeit nicht mehr mit Martha, damit sie nicht noch einmal schwanger werde; es übermannte ihn aber offenbar doch noch. Mit vierzig aber gesteht er Wilhelm Fließ unumwunden, er sei «ohne sexuelle Lust und impotent», ein Jahr später, nachdem die ungewollte Anna geboren worden war, hatte er das Thema wohl endgültig abgehakt. «Auch die sexuelle Erregung», klagte er damals, «ist für einen wie mich nicht mehr zu gebrauchen.» Sexualität war für ihn zu einem rein theoretischen Gegenstand geworden, der ihn dafür umso mehr bannte. Als er 1907, mit einundfünfzig Jahren, zum ersten Mal Carl Gustav Jung gegenüber stand, fiel diesem sofort auf, «dass die Sexualtheorie Freud in ungewöhnlichem Maß am Herzen lag. Wenn er davon sprach, wurde sein Ton dringlich, fast ängstlich, und von seiner kritischen und skeptischen Art war nichts mehr zu bemerken. Ein seltsam bewegter Ausdruck, dessen Ursache ich mir nicht erklären konnte, belebte dabei sein Gesicht. Die Sexualität bedeutete ihm ein Numinosum.» Drei Jahre später hatte Freud erklärt, wer sich einer ernsthaften Selbstprüfung unterwerfe, müsse den Sexualakt erniedrigend finden. Und eben erst hat er schriftlich den vaginalen Orgasmus für den reifen, den klitoralen für den unreifen erklärt.

Nun liegt jeden Tag zwei Stunden eine Frau auf seiner Couch, die zu der Zeit, als er im Auersperg-Sanatorium Schmerzen und Todesängste durchlitt, nichts Besseres zu tun wusste, als bei zweihundert Frauen, mit denen sie über deren Sexualleben sprach, den Abstand zwischen Vagina und Klitoris zu vermessen. Nur eine Frau mit ihrem Geld, ihrem Ansehen und ihren Beziehungen konnte sich etwas Derartiges erlauben.

Eigentlich müsste es Freud schwerfallen, sich in die Seele dieser Patientin zu vertiefen oder gar Empathie für sie zu entwickeln.

Doch es geschieht etwas Unerwartetes: in Freud wird durch Marie Bonaparte Optimismus geweckt, eine Lebensfreude, die er endgültig eingebüßt zu haben wähnte. Freud aber bleibt wachsam. Es entgeht ihm nicht, dass die Prinzessin ihn, den Todgeweihten, sechsundzwanzig Jahre Älteren, zum Mittelpunkt ihres Lebens macht. Da konfrontiert er sie mit seiner Krebserkrankung. Sie bricht in Tränen aus und gesteht ihm ihre Liebe. «Das noch mit 70 Jahren hören zu dürfen!» freut er sich. Behauptet zumindest Marie Bonaparte in ihren Aufzeichnungen.

Wie jede sehr vermögende Frau befällt sie, deren Großvater mütterlicherseits die Spielbank von Monte Carlo gegründet hat, zwischendrin zwar die Furcht, Freud interessiere sich vor allem deshalb für sie, weil sie Geld habe. Denn er hat ihr gestanden, 1918 all sein Erspartes und die Lebensversicherung seiner Frau verloren zu haben. «Würde er mich behalten, wenn ich ruiniert wäre?» fragt sich die Prinzessin.

Wüsste Marie, welche lukrativen Angebote ihr Wahl-

Dezent geschmückt: Die lange Perlenkette war Markenzeichen von Marie Bonaparte, Freuds Retterin, die über ebenso viel Engagement wie Neurosen, über ebenso viel Listigkeit wie Vermögen verfügte. 1937 filmte sie Freud in der Berggasse 19 und im Grinzinger Sommerdomizil, Strassergasse 47. Das Haus wurde abgerissen, der Film ist erhalten.

vater abgelehnt hat, wäre sie beruhigt. Freud lässt sich zwar gerne regelmäßig einen neuen Anzug schneidern, was angesichts seiner an den Knien ausgebeulten, an der Kehrseite speckig werdenen Hosen und der Zigarrenbeize in allen Anzügen keine Verschwendung ist, gibt auch Geld für seine Sammelstücke und Bücher aus, hat aber dennoch kein entwickeltes Gewinnstreben. Im letzten Sommer, als zwei blutjunge Männer aus Wiens feinster Gesellschaft vor Gericht standen, die aus reiner Langeweile an einem Freund den perfekten Mord geprobt hatten, hatte die Chicago Tribune ein Telegramm in die Berggasse geschickt. «Offerieren Freud 25 000 Dollar oder beliebige Summe, wenn er Chicago [das heißt die Mörder] analysiert.» Aber Freud hatte das genauso abgelehnt wie das Angebot von Sam Goldwyn aus Hollywood, ihm das Drehbuch zu einem erotischen Seelendrama zu verfassen, in das möglichst viele Fälle aus der Praxis eingehen sollten. Bei 100 000 Dollar war ihm die Absage schon weniger leicht gefallen.

Es sieht aus, als entwickle sich die Prinzessin zu einer Vorzeigepatientin und einer Musterschülerin, zudem einer Vertrauten, wie sie sich Freud ersehnt. «Ich kenne Sie», erklärt er ihr im November, «erst seit drei Wochen, und ich erzähle Ihnen mehr als anderen nach drei Jahren.» Sie bestätigt ihn mündlich und schriftlich. Und sie bestätigt Freuds Theorien über unbewusste Fehlleistungen. Als sie am 17. Dezember von Wien abreist, lässt sie ihren Ehering im Hotel Bristol liegen. Freud ist eben doch nicht nur der Vater.

Am 5. Januar 1926 öffnet der Portier im Bristol der Grande Dame aus Paris bereits wieder die Eingangstür. Sie braucht Freud, und Freud braucht sie: An Weihnachten ist Karl Abraham seinem Lungenkrebs erlegen. Freud fühlt sich verlassen. Marie Bonaparte versichert ihn lebenslanger Gefolgschaftstreue. Als er ihr gesteht, kein guter Menschenkenner zu sein, in Gedanken an seine gescheiterten Männnerfreundschaften mit Breuer und Fließ und der vielen designierten Kronprinzen von Jung und Rank bis zu Adler, von denen er sich verraten glaubt, ist das eine durchaus berechtigte Diagnose. Sie widerspricht. Und er zeigt ihr seine Wunden: «Ich schenke mein Vertrauen und bin dann enttäuscht. Vielleicht werden auch Sie mich enttäuschen.» Marie protestiert mit Tränen in den Augen: «... nein, ich werde Sie nicht enttäuschen.»

Sie will und wird es ihm beweisen. Und sie vibriert vor Ehrgeiz; so schnell wie möglich will sie eindringen in den innersten Kreis der Eingeweihten, will Kollegen und Schüler von Freud kennen lernen und in Frankreich selbst Analysanden annehmen. Vor allem zwei aus dem innersten Kreis kommt sie nahe, zwei Schülerinnen Freuds. Eine ist die amerikanische Ärztin Ruth Mack-Brunswick, die gerade ihre Analyse beendet hat, als Marie mit ihrer eigenen begann und die elegante Neue sofort als Bedrohung ihres Logenplatzes in Freuds Gunst empfunden hat, zumal unter den Freud-Anhängerinnen die Verweigerung femininer Eleganz zum Markenzeichen geworden ist. Die andere ist Anna Freud, ebenfalls Analysandin des Vaters, auf die nun ihrerseits Marie eifersüchtig ist. Die Lage scheint prekär, doch das Frauentrio löst die Spannungen unter sich auf. Ruth und Marie unterhalten sich stundenlang über Onanie und die besten Masturbationstechniken, worin Ruth Expertin ist, Anna und Marie reden über den interessantesten Mann der Welt, ihren gemeinsamen Vater. Und der freut sich: «Die Prinzessin wird mit Sicherheit eine eifrige Mitarbeitern», vermeldet er Laforgue. Er ist mehr als zufrieden mit dem Verlauf der Analyse, und Marie erst recht. Alles läuft nach Wunsch. Als Marie zurückreist nach Frankreich, trägt sie eine neue Ration Missionsgeist bei sich: sie gründet eine Psychoanalytische Vereinigung in Paris, wo sie als Referentin seiner Worte bald nur noch «Freud-à-dit» genannt wird.

Es sieht so aus, als habe sie mit seiner Hilfe hingefunden zum Ursprung ihrer Neurosen, als habe sie durch ihn sich selber verstehen gelernt. Und die Ausdauer, mit der sie bei Freud in die Lehre geht, beeindruckt ihn.

Das Bristol verdient gut daran, dass Marie Bonaparte die Psychoanalyse für das wichtigste Ereignis ihres Daseins hält, denn sie kommt jedes Jahr für ein paar Monate wieder und absolviert die nächste Intensivbehandlung zweimal pro Tag, fünf Tage die Woche nebst Abendessen im Hause Freud. Und manchmal schindet sie Analyse-Termine von bis zu fünf Stunden heraus.

Auch im Frühling 1927 reist sie an. Und sie verrät Freud, was sie außer den Besuchen in der Berggasse noch plant. Er rät ihr ab von diesem Vorhaben, muss ihr abraten, stellt das doch seine Arbeit radikal in Frage. Freud macht keinen Hehl daraus, wie sehr er diesen Plan ablehnt, dass er ihn dumm und riskant findet. Doch zum ersten Mal hört Marie nicht auf ihn.

Am 20. April begibt sich Freuds Prinzessin nicht auf seine Couch, sondern auf den OP-Tisch eines gewissen Dr. Josef Halban. Sie will nicht die Hintergründe ihrer Frigidität erkennen, sondern reduziert sie auf organische Ursachen. Es ist für Halban ein leichtes Spiel, sie davon zu überzeugen, ihre Frigidität habe anatomische Gründe, weil bei ihr wie bei vielen großen Frauen der Abstand zwischen Klitoris und Vagina zu groß sei; werde er verkleinert, sei das Problem behoben. Halban gilt als Experte für diese Operation.

Sie erbringt nichts. Depressiv liegt Marie in ihrer Suite im Bristol. Sie beklagt, der Misserfolg des Eingriffs treffe sie umso mehr, als sie gleichzeitig das «Ende des Honigmonds mit der Analyse» erlebe. Freud kritisiert seine Prinzessin. Aufgewühlt und ratlos kehrt sie Anfang Mai nach Paris zurück. Und Freud sieht es ihr offenbar nach, diesen Irrweg eingeschlagen zu haben. Als 1929 Paula Fichtl, ehemals Kindermädchen bei Dorothy Burlingham in der Etage drüber, bei den Freuds ihren Dienst als Hausmädchen antritt, sieht sie erstaunt, dass in seinem Behandlungszimmer zwar kein einziges Foto der Frau Professor Freud zu sehen ist, vor den Regalen aber zwei andere Frauenporträts hängen. Das eine ist signiert mit «Yvette Guilbert». Die Chansonnière kennt sogar Paula von den Plakaten in Wien. Das andere, ein Brustbild, zeigt eine Frau mit dunklem kinnlangem Haar, schmucklos, die Schultern nackt, von Kleidung keine Spur, nach unten hin verschwimmt der Körper im Nichts. Ein erotisches Photo, wie es eine Frau ihrem Geliebten schenkt. «Marie Bonaparte», steht darauf. Bald lernt Paula diese Frau kennen und verfällt ihrem natürlichen Charme wie fast jeder. Wieder und wieder öffnet sie der Prinzessin die Tür, täglich steigt Marie Bonaparte tiefer ein in die Erkenntnisse der Seelenkunde. Und in Freuds private Nöte: sie rettet 1929 seinen psychoanalytischen Verlag vor dem Bankrott. Doch noch immer siegt bei ihr die Einsicht nicht über den Machbarkeitswahn. «Die Analyse hat mir den Frieden, den Geist des Herzens gegeben und die Fähigkeit, zu arbeiten», notiert Marie Bonaparte in ihre Hefte, «aber nichts in körperlicher

Hinsicht. Ich denke an eine zweite Operation. Muss ich auf Sexualität verzichten? Nur arbeiten, schreiben, analysieren? Doch die vollkommene Keuschheit erschreckt mich.» Am 12. April 1930 lässt sich Marie Bonaparte wieder von Halban untersuchen und beschließt, mit einem neuen Eingriff den letzten verbessern zu lassen. Diesmal reist Halban zur Operation nach Paris. Am 14. Mai begibt sich Marie Bonaparte ein zweites Mal unter das Skalpell des Dr. Halban. Mit so wenig Erfolg wie beim ersten Mal. Und dennoch wird sie überzeugend den Sinn der Psychoanalyse vermitteln. Gerade, was sexuelle Probleme angeht. Ihr meistgelesenes Buch wird das über die «Sexualité de la Femme» werden, in dem sie sich auf Freuds Abhandlung «Über die weibliche Sexualität» bezieht. Und als sie 1932 Geschäftsführerin des Internationalen Psychoanalytischen Verlags wird, spricht sie über «Die erotische Funktion der Frau».

Das Buch, das ihr bei ihrem Tod 1962 aus der Hand fällt, ist eines von Denis Diderot, «Jacques, le fataliste». Die ganze Geschichte über wartet der Herr begierig darauf, von seinem Knecht, dem Fatalisten Jacques zu erfahren, wie es mit der begonnenen Liebesgeschichte weitergeht, einem erotischen Dilemma. Doch Jacques lässt sich Zeit und erklärt nur bei jeder Gelegenheit: «Alles ist da droben auf der großen Rolle niedergeschrieben.»

Der Spaziergang vom Hotel Bristol zum Hotel The Levante Parliament – zwei Restaurantbesuche:

Hotel Bristol mit Restaurant Korso, Kärntner Ring 1, I. Bezirk, Fon 0043/1/
  51516-0 Restaurant -546, www.hotelsbristol.at
Ehemaliges Auersperg-Sanatorium, heute Hotel The Levante Parliament
  und Restaurant und Bar Nemtoi, Auerspergstraße 9, VIII. Bezirk, Fon
  0043/1/228 28–0, www.thelvante.com, parliament@thelevante.com

Krankenbesuch im Villenviertel

Erkundungen zu Freud im Cottage, XVIII. und XIX. Bezirk

Davon, dass ein Krankenhaus idyllisch liegt, hat der Kranke so viel wie der Tote von der Schönheit seines Friedhofs. Es wird Sigmund Freud gleichgültig sein, dass das Cottage-Sanatorium, in das er sich am 5. März 1926 einweisen lässt, in dem mittlerweile begehrtesten WohnviertelFon der Stadt liegt und in einem der teuersten. Dabei waren die Ziele des Cottage oder der Cottage, wie es die Eingeweihten französisch aussprechen, alles andere als elitär gewesen. Der Cottage-Verein, auf Anregung des Architekten Heinrich von Ferstel 1872 gegründet, war völlig frei von Profitdenken gewesen und schon gar nicht getragen von der Absicht, hier eine Villengegend für Prominente zu schaffen. Als der Verein Grundstücke auf dem Gebiet der Schotter- und Sandgruben unterhalb der Türkenschanze erwarb, sollte dort einfach eine Wohnanlage mit Ein- und Zweifamilienhäusern entstehen, die den Vorstellungen von modernem, gesundem Wohnen entsprachen. Wie ehrenwert die Intentionen des Vereins waren, zeigte sich auch darin, dass damals der Bruder des Kaisers, Erzherzog Karl Ludwig, die Schirmherrschaft übernommen und sich wohlwollend über die gemeinnützigen Ideale des Cottage-Vereins geäußert hatte. Wie diese aussahen, war nachzulesen in der Cottage-Servitut, einer Erklärung, die jeder, der hier Grund erwarb, mit dem Kaufvertrag unterzeichnen musste und mit der er sich verpflichtete, nichts hinzuklotzen, was den Nachbarn die Aussicht, Licht, die Stille oder die frische Luft rauben würde.

Freuds Tochter im Cottage: wo Anna einst lernte, im Cottage-Lyzeum, von Alexander Neumann erbaut, ist heute das Hans Kelsen-Institut untergebracht, dienstags oder nach Voranmeldung unter der Telefonnummer 0043-1-3695534 ist es zu besichtigen.

Das Cottage-Sanatorium ist ein Anwesen mit Garten und Balkonen vor weißgelackten Fenstertüren, umgeben von teils englisch-ländlichen, teils märchenbuchhaft historisierenden, teils kompromisslos schmucklosen Häusern, Villen und Instituten, alle ins Grüne gebettet, auch die Sportclubs; durch die offenen Fenster dringt eine angenehmere Brise als durch die der Berggasse. Was ihm hier blüht, ist Freud dennoch nicht angenehm. Doch er weiß, dass es notwendig ist, überlebensnotwendig sagt der behandelnde Arzt.

Mitte Februar hatte Freud auf offener Straße mehrmals Anfälle von Angina pectoris erlitten, daraufhin den befreundeten Kardiologen Ludwig Braun aufgesucht, und der hatte seinen Kollegen Lajos Levy hinzugezogen. Beide kamen zu einem Entschluss, der Freud nicht gefallen konnte: sie verdonnerten ihn zu einer stationären Herztherapie mit absolutem Nikotinentzug.

So licht das Cottage-Sanatorium auch wirkt, müssen Freud hier doch dunkle Erinnerungen einholen. Dass seine Tochter Anna, die ihn im Sanatorium eingeliefert hat, ganz in der Nähe zur Schule gegangen ist, ins Cottage-Lyzeum in der Gymnasiumstraße, wird in ihm die Gedanken daran aufsteigen lassen, wie schwer Anna nach dem Schulabschluss erkrankte, weil sie Angst davor hatte, ihre Zukunft zu planen. Sie hatte keineswegs eine Matura mit Latinum gemacht, so wenig wie ihre Schwestern Mathilde und Sophie; die hätte sie aber gebraucht, weil sie Ärztin werden wollte wie ihr Vorbild, Vaters Schülerin Ruth Mack-Brunswick. Die Lyzeums-Direktorin Salka Goldmann hatte Anna zwar sofort einen dreijährigen Gymnasialkurs angeboten. Der Vater aber hatte ihr davon ebenso wie vom Medizinstudium, mehr noch: von jeglichen beruflichen Ambitionen abgeraten. Nicht um die Reifeprüfung solle sie sich jetzt bemühen, vielmehr um reifere Formen. Damit sie Gewicht zulege, hatte er Anna zu einer Kur nach Meran geschickt; «wenn man … zu ehrgeizig, zu empfindlich ist und einem Stück seines Lebens, seiner Natur fremd bleiben will, findet man sich auch in dem gestört, worauf man sich werfen will», hatte er ihr dorthin geschrieben und dargelegt, dass ihr Ehrgeiz vor allem mit der Eifersucht auf die schöne Schwester Sophie zu tun habe, die soeben geheiratet hatte. Es klang, als betrachte der Vater auch Annas beruflichen Ehrgeiz als vorübergehende Krankheit.

Wie unterschiedlich die Pläne Freuds hinsichtlich seiner Söhne einerseits und seiner Töchter andererseits aussahen, hatte sich bereits kurz nach deren Geburt gezeigt: die Söhne bekamen Namen seiner großen Vorbilder, die Töchter die Namen von Frauen aus dem Freundeskreis. Anna hieß nach Anna Lichtheim, der Tochter seines Religionslehrers Hammerschlag. Immerhin hat Anna sich zur Lehrerin ausbilden lassen, was aber keineswegs ein reguläres Studium meinte, hatte dann 1913, mit achtzehn, ohne den Vater zu informieren ihr so genanntes Lehrerinnenexamen abgelegt und begonnen, an ihrer eigenen Schule, dem Cottage-Lyzeum, zu unterrichten. Sie, die Tochter des Professor Freud, hat die gleiche Ausbildung wie ihre Tante Anna, seine Schwester.

1914 schrieb Freud an Jones zwar stolz, Anna sei das begabteste und gebildetste seiner Kinder, stecke «voller Interesse zu lernen» und «die Welt zu verstehen». Es hört sich mehr beruhigt als alarmiert an, wenn er erklärte, «sie verlangt nicht, als Frau behandelt zu werden, ist noch weit entfernt von sexuellem Verlangen und lehnt Männer eher ab.»

Also keine Gefahr, dass sie wie Mathilde mit einundzwanzig bereits heiratet.

Anna wuchs sich rasch aus zu seiner Vorzeigetochter, dennoch aber blieb sie ein Sorgenkind. Dass es während des Ersten Weltkriegs und in den Jahren danach wenig zu essen gegeben hat und das Wenige auch noch schlecht war, sieht man ihr an.

Jetzt ist sie einunddreißig, kommt täglich aus der Berggasse herüber, um ihn im Sanatorium zu besuchen, und Freud muss sich mit widersprechenden Empfindungen herumschlagen. Einerseits ist er dankbar, seine Jüngste dauernd in seiner Nähe zu wissen, andererseits ist ihm bewusst, dass sie wahrscheinlich für immer bei den Eltern samt obligater Minna hängen bleiben, ihre Jugend also bei drei alten Menschen zubringen wird, obwohl sie Zauber besitzt mit ihrem Mädchenkörper und den großen klugen Augen. Dass Anna drei Jahre lang eine Lehranalyse beim eigenen Vater absolviert hat, was Nachgeborenen wie Inzest mit anderen Mitteln erscheint, hat in Fachkreisen kaum jemand erstaunt, denn es ist in der Frühzeit der Analyse noch durchaus üblich, Familienangehörige auf die eigene Couch zu legen. Trotzdem hat sie das enger als die anderen Geschwister, enger auch als Schwester Mathilde, die immer etwas mit dem Papa zusammen machen wollte, an den Vater gebunden. Vor zwei Jahren hat Anna eine eigene Praxis aufgemacht, aber im selben Haus, und sie hat sich zwar als Laienanalytikerin bereits selbst einen Ruf erworben, tritt jedoch immer im Namen des Vaters und seiner Lehre auf.

Ganz in der Nähe des Sanatoriums, in einer Villa an der Gymnasiumstraße 47, wohnt, und das weiß Freud nur zu genau, ein Mann, der ihn an ein Scheitern in jungen Jahren erinnert: Hugo Thimig. Damals, als er Freud in seiner alten Praxis im Sühnhaus aufgesucht hatte, war er noch nicht Burgtheaterdirektor gewesen, aber bereits ein gefeierter Burgschauspieler. Dass Freud nicht hatte helfen können, merkte er daran, dass Thimig, ein geduldiger Mann, nicht ein einziges Mal wiederkam. Über seinen Misserfolg konnte ihn auch der freundliche Dankesbrief Thimigs nicht hinwegtrösten; wie tief Freud das Versagen getroffen hatte, merkte Thimig daran, dass der junge Familienvater Freud trotz prekärer Finanzlage das Honorar zurückerstattete.

Das Cottage, so idyllisch es sein mag, ist für Freud vermintes Gelände; überall lauern ungute Erinnerungen. Keine guten Voraussetzungen für Entspannung und Erholung.

Auch das Cottage-Sanatorium selbst muss Freud mit wenig erfreulichen Gedanken verbinden. Rudolf von Urbantschitsch, Mitbegründer und Chefarzt dieser Institution, hatte bereits jung einen blendenden Ruf und entdeckte früh Freud für sich; schon vor bald zwanzig Jahren, 1908, war er Mitglied der Mittwoch-Gesellschaft geworden, hatte sein Renommee für Freud eingesetzt und öffentlich seine Begeisterung für Freuds Methoden bekundet. Doch da hatten Gegner Freuds im Gremium des Cottage-Sanatoriums gedroht, den Betrieb des mittlerweile international bekannten Krankenhauses einzustellen, schwöre der Chef nicht dieser in ihren Augen unseriösen Lehre ab; notgedrungen war Urbantschitsch aus der Mittwoch-Gesellschaft ausgetreten. Dennoch hatte er Mitte der Zwanziger die Leitung des Sanatoriums verloren. Er wohnt aber nach wie vor im Cottage in der väterlichen Reinheimer-Villa, Gymnasiumstraße 59. Verflechtungen, die Freud eher belasten als amüsieren dürften.

Dass Arthur Schnitzler in nächster Nähe lebt – vor sechzehn Jahren schon ist er in die Sternwartestraße gezogen –,

Freuds Sterne im Cottage: Die Sternwarte, der die Straße ihren Namen verdankt, befindet sich an der Ecke zur Türkenschanze. In dem magischen Gebäude nach Plänen von Ferdinand Fellner und Hermann Helmer befindet sich nach wie vor das Institut für Astronomie der Universität Wien. Für Führungen werden Haus und Garten geöffnet. Anmeldungen unter Fon 0043/1/42 77 53 801. Informationen über www.univie.ac.at/astro

ist zwar ein anregender, mehr noch aber ein bedrängender Gedanke, denn Freuds Gefühle für Schnitzler sind zwiespältig, bewegen sich zwischen Bewunderung und Scheu, Faszination und Eifersucht, Sehnsucht nach Nähe und Angst da-

Freuds Absenz im Cottage: In der Villa, die Hermann Müller im Auftrag von Hedwig Bleibtreu, der Allmutter des Burgtheaters, erbaut und die das Ehepaar Schnitzler 1910 erworben hatte, verkehrten Heinrich Mann, Felix Salten, Musiker, Sänger, Burgtheaterleute wie die Thimigs, Freud aber nie.

vor; das hat nicht allein damit zu tun, dass dessen Bruder ein enger Vertrauter ist, dessen Schwager jedoch ein Mann, der vor Freuds Augen eine Katastrophe wieder heraufbeschwört. Julius Schnitzler, ein bekannter Chirurg, sitzt seit Jahrzehnten jeden Samstagabend als Freuds Tarockpartner am Tisch, ob der im Haus des gemeinsamen Freundes Leopold Königstein, bei Freud in der Berggasse oder im Café Landtmann steht. Marcus Hajek, verheiratet mit Gisela Schnitzler, Schwester von Arthur und Julius, ist derjenige, der vor drei Jahren im Allgemeinen Krankenhaus die Operation bei Freud so fehlerhaft durchgeführt, den Patienten so nachlässig versorgt und dann ohne Betreuung zurückgelassen hatte, dass dieser beinahe verblutet wäre. Ein zwergenhafter Mitpatient hatte Alarm geschlagen. Schon die Tatsache, dass in Schnitzlers Haus Josef Breuer, der engste Freund und Förderer des Studenten und Jungakademikers Freud, nebenbei auch seine Kreditbank, ein Stammgast Schnitzlers war, belastete jeden Gedanken an diesen Mann, denn der Bruch mit Breuer gehörte zu Freuds nie verheilten Wunden.

Ob er will oder nicht: hier, in nächster räumlicher Nähe zu Schnitzler, dessen Produktion Freud aufmerksam verfolgt, kann er den Gedanken an diesen Mann nicht aus dem Weg gehen. Der schreibende und der therapierende Seelenspezialist wissen schon lange, wie viel sie miteinander verknüpft.

Arthur Schnitzler ist wie Freud im Mai geboren, ebenfalls Sohn jüdischer Eltern, ebenfalls aufgewachsen in der Leopoldstadt, freilich unter anderen Bedingungen: Sein Vater, ein berühmter Hals-Nasen-Ohrenarzt, wohnte mit der Mutter, Tochter eines ebenfalls angesehenen Arztes, den Kindern Julius, Arthur und Gisela in einem der anspruchsvollen Häuser an der Praterstraße. Trotzdem, die Gemeinsamkeiten in ihren Lebensläufen verblüffen: beide haben sie Medizin studiert, beide bei Theodor Meynert gehört und gearbeitet, dem gefeierten Psychiater, über den sie sich beide mehr als kritisch äußerten, weil er seelisch kranken, sogar schizophrenen Patienten mit Vernunftgründen ihr Leiden auszureden versuchte, beide haben sie früh der Aussagekraft von Träumen nachzuspüren begonnen. Vor allem aber erkunden beide die Macht des Sexuellen. Während diese Erkundungen bei Freud hauptsächlich theoretischer Natur waren, schätzte Schnitzler praktische Übungen. In einem Alter, in dem Freud seine Liebe zur fernen Braut in Briefen sublimierte und sexuell enthaltsam lebte, führte Schnitzler Buch über seine sexuellen Aktivitäten mit mehr oder weniger süßen Mädeln, unglücklichen Ehefrauen, Schauspielerinnen, Stickerinnen, Diseusen; nüchtern notierte er seine Jahresbilanz: 1887 waren es 208mal, 1888 400mal, 1889 593mal, 1890 nur magere 181mal, 1891 321mal und 1892 mehr als 400mal. Mit fünfunddreißig, als Freud bereits für drei Kinder zu sorgen hatte, schrieb Schnitzler in sein Tagebuch: «Das liebste wäre mir ein Harem». Freud hatte sich die Ehe ersehnt, Schnitzler sich immer als ungeeignet für eine feste Beziehung erklärt; «der Gedanke an Ehe erfüllt mich mit Grausen». Und als er sich schließlich doch dazu entschlossen hatte, gestand er seiner Frau, der Sängerin Olga geborene Gussmann kurz nach der Hochzeit: «Ich kann an unsre Zukunft nicht glauben.»

1900 war das Erscheinungsdatum von Freuds wohl folgenreichstem Buch, der «Traumdeutung», um 1900 kam in einem Privatdruck von zweihundert Exemplaren Schnitzlers Stück «Der Reigen» heraus, sein wohl folgenreichstes, das 1921 einen Prozess auslösen wird. Freud wie Schnitzler hatten Scherereien mit Karl Kraus, wobei Schnitzler das direkte Opfer von dessen Angriffen war, während Freud persönlich davon verschont wurde.

Jahrelang hatte Freud in direkter Nachbarschaft zu dem Schriftsteller gewohnt, denn Schnitzler lebte bis 1903 in der Frankgasse, nur ein paar Minuten von der Berggasse entfernt, in der Freud ja schon seit 1891 hauste und praktizierte; dennoch hatten die beiden sich nie verabredet.

Erst drei Jahre danach, als Schnitzler weggezogen war, nach Wien-Währing, in die Spöttelgasse, hatte er von sich aus Kontakt zu Freud aufgenommen und ihm schriftlich zum 50. Geburtstag gratuliert; «ich danke Ihren Schriften», stand dort zu lesen, «so mannigfache starke und tiefe Anregungen, und Ihr fünfzigster Geburtstag darf mir wohl Gelegenheit bieten, es Ihnen zu sagen und Ihnen die Versicherung meiner aufrichtigsten wärmsten Verehrung darzubringen.» Schnitzler war zu dieser Zeit bereits einer der erfolgreichsten Schriftsteller Europas. Freud war überrascht, gerührt, sogar geschmeichelt und antwortete ihm mit ungewohnter Euphorie: «Seit vielen Jahren bin ich mir der weit reichenden Übereinstimmung bewusst, die zwischen Ihnen und meinen Auffassungen mancher psychologischer und erotischer Probleme besteht und kürzlich habe ich ja den Mut gefunden, eine ausdrücklich hervorzuheben.» Er machte aus seinem Neid auf den Künstler, der seiner Meinung nach auf sehr viel weniger anstrengendem Weg zum selben Ziel gelangte wie er, kein Hehl. «Ich habe mich oft gefragt, woher Sie diese oder jene geheime Kenntnis nehmen könnten, die ich mir durch mühselige Erforschung des Objektes erworben, und endlich kam ich dazu, den Dichter zu beneiden, den ich sonst bewunderte. Nun mögen Sie erraten, wie sehr mich diese Zeilen erfreut und erhoben, in denen Sie mir sagen, dass auch Sie aus meinen Schriften Anregung geschöpft haben. Es kränkt mich fast, dass ich fünfzig Jahre alt werden musste, um etwas so Ehrenvolles zu erfahren.»

Lobend erwähnt hatte Freud seinerseits den schreibenden Arztkollegen schon davor, in den Bruchstücken einer Hysterieanalyse, 1905 erschienen. Es hatte damals so ausgesehen, als kämen die beiden einander näher. Aber in den sechs folgenden Jahren herrschte Funkstille. Indirekt allerdings begegneten die beiden Doppelgänger einander durchaus: Freud verabredete sich im August 1910 nicht etwa in Wien, sondern diskret und anonym im holländischen Leiden mit Gustav Mahler, der fachkundige Hilfe brauchte, um aus seiner Ehekrise herauszufinden; für ein dünnhäutiges, scheues, krankes Genie ist es kaum auszuhalten, wenn die Gattin offensiv fremdgeht mit einem schon herausfordernd gesunden und gut aussehenden Architekten. Dass er Gropius heißt und sein Name viel zählt, macht den Betrug nicht erträglicher. Und Schnitzler, mit Mahlers angetrauter femme fatale Alma seit langem befreundet, war nach intimen Unterredungen mit ihr überzeugt, es sei Freud zu verdanken, dass das eine Jahr, das Mahler bis zum Tode noch blieb, ein halbwegs glückliches, wenigstens friedliches war.

Dann nahm Freud den 50. Geburtstag des sechs Jahre jüngeren Schnitzler 1912 zum Anlass, sich wieder zu melden und betonte in seinem Brief: «Es ist mehr als ein Akt der Revanche von meiner Seite.»

Ein Jahr später erschien ein dreihundert Seiten starkes Buch über Arthur Schnitzler als Psychologe, 1912 verfasst vom vierundzwanzigjährigen Theodor Reik, dem «verehrten Lehrer Professor Dr. Sigmund Freud» gewidmet. Er behandle darin, erklärte Reik im Vorwort, die Gestalten in Schnitzlers Dichtung als Objekte psychologischer Analyse, als wären sie wirklich lebende Menschen.

Schnitzlers Reaktion darauf ist freundlich, anerkennend, wehrt aber unmissverstehbar Reiks Eindringen ins Schnitzlers Seelenleben als Anmaßung ab. «Über mein Unbewusstes, mein Halb-Bewusstes wollen wir lieber sagen –, weiß ich aber noch immer mehr als Sie, und nach dem Dunkel der Seele gehen mehr Wege, ich fühle es immer stärker, als die Psychoanalytiker sich träumen (und traumdeuten) lassen.» War das der Grund für Schnitzler, persönlichen Abstand zu wahren zum großen Traumdeuter Freud?

Am 16. Mai 1922 meldete sich Freud, der Geburtstagsfeiern hasst, bei Schnitzler zu dessen 60. Geburtstag. Und schon eines einzigen Satzes wegen musste dieser Brief Schnitzlers Neugierde wecken. «Ich will Ihnen», steht da, «aber ein Geständnis ablegen, welches sie gütigst aus Rücksicht für sich behalten und mit keinem Freunde oder Fremden theilen wollen.»

Freud gesteht wie üblich mit deutlichen Worten, was ihn treibt, Schnitzler zu kontaktieren und zugleich an einer Freundschaft hindert.

«Ich habe mich mit der Frage gequält, warum ich eigentlich in all diesen Jahren nie den Versuch gemacht habe, Ihren Verkehr aufzusuchen und ein Gespräch mit Ihnen zu führen (wobei natürlich nicht in Betracht gezogen wird, ob Sie eine solche Annäherung von mir gerne gesehen hätten).

Die Antwort auf diese Frage enthält das mir zu intim erscheinende Geständnis. Ich meine, ich habe Sie gemieden aus einer Art von Doppelgängerscheu. Nicht etwa, dass ich sonst so leicht geneigt wäre, mich mit einem anderen zu identifizieren oder dass ich mich über die Differenz der Begabung hinwegsetzen wollte, die mich von Ihnen trennt, sondern ich habe immer wieder, wenn ich mich in Ihre schönen Schöpfungen vertiefe, hinter deren poetischem Schein die nämlichen Voraussetzungen und Ereignisse zu finden geglaubt, die mir als die eigenen bekannt waren. Ihr Determinismus wie Ihre Skepsis – was die Leute Pessimismus heißen –, Ihr Ergriffensein von den Wahrheiten des Unbewussten, von der Triebnatur des Menschen, Ihre Zersetzung der kulturell-konventionellen Sicherheiten, das Haften Ihrer Gedanken an der Polarität von Lieben und Sterben, all das berührte mich in einer unheimlichen Vertrautheit.» Freud ist sich nicht zu schade, erneut seinen Neid auf Schnitzler einzugestehen. «So habe ich den Eindruck gewonnen, dass Sie durch Intuition – eigentlich aber in Folge feiner Selbstwahrnehmung – alles das wissen, was ich in mühseliger Arbeit an den Menschen aufgedeckt habe.»

Danach hatten die beiden Geistesverwandten sich endlich aufgerafft: Schnitzler war von Freud am 16. Juni 1922 zu einem Abendessen in die Berggasse eingeladen worden, hatte mit Freud, Martha und Anna an einem Tisch gesessen, über gemeinsame Stationen in der Vergangenheit geredet, seine Bibliothek besichtigt und vom Hausherrn die neu erschienenen «Fünf Vorlesungen über Psychoanalyse» geschenkt bekommen. Dann hatte Freud darauf bestanden, Schnitzler heimzubegleiten, in eben jene Sternwartestraße, in der er nun genesen soll. Fast eine Stunde waren sie unterwegs, denn Schnitzler zog nicht mit bei Freuds Tempo, einem

Rennschritt, den sein Sohn mit dem der Bersagliere verglich. Und in demselben Sommer hatten die beiden Juden sich dann ausgerechnet auf dem damals noch unschuldigen Obersalzberg im Urlaub getroffen.

Die nächste Begegnung war zufällig und erschreckend gewesen. Kurz vor Weihnachten, am 19. Dezember 1923, war Schnitzler bei Einkäufen in der Stadtmitte Freud samt Frau und Tochter Anna über den Weg gelaufen. Freud hatte kaum sprechen können, denn bei der letzten Operation im Auersperg-Sanatorium hatte ihm Pichler den gesamten Oberkiefer entfernen müssen, Nasenhöhle und Mundhöhle gingen ineinander über, eine monströse Prothese beeinträchtigte ihn seither. Das schmerzverzerrte Gesicht des Doppelgängers verfolgte Schnitzler tage- und nächtelang.

So extrem unterschiedlich die Lebensverläufe Schnitzlers und Freuds auch sein mögen, sie berühren sich immer wieder, gewollt oder ungewollt.

In diesem Frühling 1926, als Schnitzler die paar Schritte von seinem Haus, das er mithilfe von Bruder und Bank 1910 erschuldet hat, ins Cottage-Sanatorium hinübergeht, ist er bereits fünf Jahre von Olga geschieden, kommt von ihr nicht los, hat wechselnde Geliebte und selbst schwere gesundheitliche Probleme mit Otosklerose, einer unaufhaltsam fortschreitenden Schwerhörigkeit, verbunden mit qualvollen Ohrgeräuschen. Erst ein halbes Jahr, bevor er Freud und dessen Tochter im Cottage-Sanatorium besucht, hatte er selber dort seine Tochter zu einer gründlichen Untersuchung vorbeigebracht. Bei seiner Lili, vierzehn Jahre jünger als Anna, war aber nur eine starke Darmatonie festgestellt worden. Was das eigentliche Problem der sexuell frühreifen, phantasierenden, mal depressiven, mal völlig überdrehten, auf Schmuck, Kleider und Liebesabenteuer süchtigen Tochter war, ahnte Schnitzler; der Analytiker Freud hätte es ihm genau sagen können.

Nun geht Schnitzler alleine hinüber in die Klinik. Könnte sein, dass das Gespräch mit Freud auf Schnitzlers «Traumnovelle» kommt, deren letzte Folge gerade erst, am 1. März, in der Zeitschrift «Die Dame» erschienen ist. Mag sein, dass sie, wie damals auf dem Heimweg, über Jugend, Altern und Tod reden, obwohl Schnitzler, gern als Dichter des Todes beschworen, sich trotz vieler Niedergeschlagenheiten als fleischgewordene Lebenslust betrachtet. Mit Sicherheit wird Schnitzler Freud verraten, dass er in den nächsten Tagen zu einer Reise aufbrechen wird, einer Reise allein mit seiner Tochter Lili: am 15. April schon wird er mit ihr zu einer Kreuzfahrt auf dem Mittelmeer ablegen, von Triest nach Palermo, Neapel, Gibraltar, Lissabon und Las Palmas und von dort nach Hamburg. Freud, über dessen Couch wie ein Andachtsbild die Gradiva hängt, diese pompejianische Phantasmagorie, Freud, der Sammelstücke aus den Grabungen rund um Neapel hortet, Erinnerungen an einen Studienaufenthalt in Triest hat und ahnt, dass er seiner Italiensehnsucht wohl nie mehr nachgeben kann, wird auch darauf neidisch sein. Mit seiner Tochter Anna eine solche Fahrt in sein Sehnsuchtsland zu unternehmen, muss ein unerfüllter Wunsch bleiben, das weiß er längst. Bemitleidenswert jedoch will er sich dem Doppelgänger nicht darbieten; Freud bagatellisiert seine Schmerzen und die Angst vor der Zukunft.

Noch im Jahr wird Lili Schnitzler in Venedig haltlos einem Mann verfallen, den sie im Café Florian sieht: «ein unbeschreiblich fabelhafter Faschist», wie sie schreibt. Ein weiteres Jahr später wird sie diesen Italiener Arnoldo Cappellini heiraten, mit ihm in Venedig, im Sestiere San Polo wohnen, ohne ihr Leben voller Extravaganzen und Stimmungsschwankungen in den Griff zu bekommen. Und im Juli 1928 wird sie sich, ausgehbereit angezogen, im Badezimmer am Waschbecken stehend mit Arnoldos Pistole erschießen, neunzehn Jahre jung.

Vielleicht hätten die beiden Ärzte bei ihrem Treffen im Cottage-Sanatorium über Freuds Schmerzen und Lilis Leiden reden sollen. Vielleicht hätte der Arztkollege Schnitzler dem krebskranken Freud erklärt, dass er für immer auf die

Raucherei verzichten müsse. Vielleicht hätte der Psychologe und Analytiker wiederum Schnitzler auf den Kopf zu gesagt, dass Lili an einer Hebephrenie, einer jugendlichen Schizophrenie leide, deren Verlauf fast immer dramatisch und ohne Hoffnung sei. Doch es hätte Lili wohl so wenig vom Selbstmord abgehalten wie Freud der Entzug im Cottage; wenige Wochen später wird er wieder wie seit fünfundvierzig Jahren täglich seine bis zu zwanzig Zigarren rauchen.

Er und Schnitzler sollten einander nie mehr sehen. Obwohl sie weiterhin vieles verbindet, gerade in den Enttäuschungen. Heinrich Mann, der enge Freund und große Verehrer Schnitzlers, wird einen Brief von Freuds engem Freund und großen Verehrer Stefan Zweig erhalten. Zweig versucht darin, Heinrich Mann dafür zu gewinnen, Freud als Nobelpreisträger für Literatur vorzuschlagen, weil in der Medizin und Physiologie die Opposition zu stark war gegen den Grenzgänger aus Wien. Doch Heinrich Mann erteilt Zweig eine Abfuhr. «Ich bin verpflichtet, abzuraten von jeder Handlung, die, wenn auch unabsichtlich, dazu führen könnte, der Literatur ihren einzigen großen Preis zu entziehen.» Warum die Chance, ihn selbst zu bekommen, durch einen Mediziner schmälern?

Am 31. Oktober 1929 notiert der dreiundsiebzigjährige Freud nur knapp in seine Chronik: «im Nobelpreis übergangen.»

Der Spaziergang durch die Cottage:

Cottagesanatorium, heute Sitz der russischen Handelsvertretung, Sternwartestraße 74, XVIII. Bezirk
Sternwarte, Türkenschanzstraße 17, Ecke Sternwartestraße, XVIII. Bezirk
Wohnhaus Arthur Schnitzler, Sternwartestraße 71, XVIII. Bezirk
Villa Dos Santos, Sternwartestraße 57 d, XVIII. Bezirk
Ehemaliges Cottage-Lyceum, heute Hans Kelsen-Institut, Gymnasiumstraße 77–79, XVIII. Bezirk
Villa Thimig, Gymnasiumstraße 47, XIII. Bezirk
Haus des Wiener Cottage-Vereins, Sternwartestraße 53, XVIII. Bezirk

Freuds angehimmelte Diseuse
~
Zu Gast bei Yvette Guilbert im Hotel Bristol und im Konzerthaus

Gut, dass Martha Freud nie zur Eifersucht neigte. Sonst müsste sie es nervös machen, was sich da vor aller Augen im Konzerthaussaal abspielt. Bis auf den letzten Platz ist dieser Abend im März 1930 ausverkauft, nicht wegen Georg Kugler, der das Ganze leitet, sondern wegen dieser Pariserin, die gar nicht hierher passt, in die klassizistisch kühle Säulenarchitektur. So eine gehört auf die Bühne eines Kabaretts oder eine Varietés, aber die würden dem Andrang nicht gerecht.

Margaret Blanton, die Frau von Freuds amerikanischem Analytiker-Kollegen Smiley Blanton, nimmt kein Blatt vor den Mund, als sie die Vorgänge im Großen Saal des Konzerthauses schildert. Es sei mehr als amüsant gewesen, schreibt sie, dass der Star des Abends ausschließlich für den Professor gespielt habe. Das ganze Publikum habe es mitbekommen, wie die Sängerin ständig Freuds Reaktion beobachtete. Freud schien sich allerdings der Aufregung, die er hervorrief, gar nicht bewusst gewesen zu sein, meint Frau Blanton. Er sei unerschütterlich gelassen geblieben. Sie wusste wohl, was Freud ihrem Mann zum Thema Ehe anvertraut hatte. Dass er darin nicht mehr und nicht weniger als eine praktische Übereinkunft sehe und seine in diesem Sinn durchaus gelungen sei. «Eine Ehefrau zu finden», hatte er Blanton erklärt, «ist eines der schwierigsten Dinge der Zivilisation.» So etwas setzt man nicht aufs Spiel, schon gar nicht im Rentneralter.

Trotzdem, was Freuds Ungerührtheit angeht, hat sie sich wohl vom äußeren Eindruck täuschen lassen. Denn bei den Freuds zu Hause weiß jeder, wie sehr er diese Frau anhimmelt, was zumindest sein Sohn Martin Freud schwerlich versteht. Es muss ihn befremden, dass sein Vater ausgerechnet für eine Chansonsängerin schwärmt, ihr Blumen ins Hotel Bristol schickt, in jedes Ihrer Konzerte geht, wenn sie in Wien ist, und sich geehrt fühlt, bei ihr in die Suite zum Tee geladen zu werden. Denn Martin ist überzeugt davon, sein Vater sei abgrundtief unmusikalisch. An diesem Ruf ist vor allem einer schuld: Sigmund Freud selbst. Zwar sagen ihm sogar seine Gegner niemals nach, er sei in irgendeiner Hinsicht angeberisch, doch mit dieser Schwäche brüstet er sich. Er finde, erklärt er offen, einfach keinen Zugang zur Musik. «Die Mystik», gesteht er Romain Rolland, dem verehrten, durchaus mystischen Schriftsteller, «ist mir ebenso verschlossen wie die Musik.» Viele nehmen ihm das ab. Anscheinend hat er die Kompetenz für Musik an seinen Bruder Alexander delegiert, der ganze Opern pfeifen kann. Ein paar wenige Vorlieben gesteht Freud sich zu, für Mozarts Bühnenwerke und Bizets Carmen. Sonst aber gibt er sich mehr als desinteressiert, was Musik angeht, auch wenn er bei der Arbeit oft Wiener Lieder summt und die Töne sehr genau trifft. Seine jüngere Schwester Anna wird es den Neffen und Nichten erzählt haben, wie er in ihrer Kindheit dafür gesorgt hatte, das für sie angeschaffte Klavier wieder abtransportieren zu lassen. Dass keines der Freud-Kinder ein Instrument zu spielen gelernt hat, obwohl zumindest Klavierunterricht in diesen Kreisen im Wien der Zeit selbstverständlich ist, stützt Freuds Selbsteinschätzung. Freunde versuchen sich seine Abneigung zu erklären. Manche mutmaßen, es sei ihm einfach zu laut; und wer sich sechs Klavier oder Geige übende Kinder vors Ohr ruft, findet das nicht abwegig. «Musik wird störend oft empfunden / weil sie stets mit Geräusch verbunden», steht bei Wilhelm Busch. Und dessen Werke liegen auf Freuds Schreibtisch griffbereit.

Bühne frei für die Diva: Helmer und Fellner, das erfolgreichste Theaterbaubüro der Monarchie, hatte zusammen mit Ludwig Baumann die Pläne für ein zweites großes Konzerthaus in Wien gezeichnet. Den Auftrag hatte ihnen die Wiener Konzerthausgesellschaft erteilt, die bereits mit dem Musikvereinsgebäude ein weltberühmtes Forum geschaffen hatte. 1913 eröffnet, wurde das Konzerthaus mit seinem eleganten Großen Saal gerade bei Künstlern aus dem Ausland beliebt, die dann im nahe gelegenen Hotel Imperial oder im Bristol abstiegen.

Stefan Zweig versucht, Freuds musikalisches Desinteresse zu adeln, indem er es mit dem Platons vergleicht, der befand, Musik störe die Reinheit der Gedanken. Freud selber gibt eine weniger hehre, aber durchaus plausible Erklärung dafür an, dass er, was Musik angeht «fast genussunfähig» sei: «Eine rationalistische oder vielleicht analytische Anlage sträubt sich in mir dagegen, dass ich ergriffen sein und dabei nicht wissen solle, warum ich es bin und was mich ergreift.» Kurz gesagt, er hat Angst, durch ein tiefes musikalisches Erlebnis die Kontrolle über sich zu verlieren, eine Angst, die der verwandt ist, die ihn von jeder sexuellen Eskapade abhält

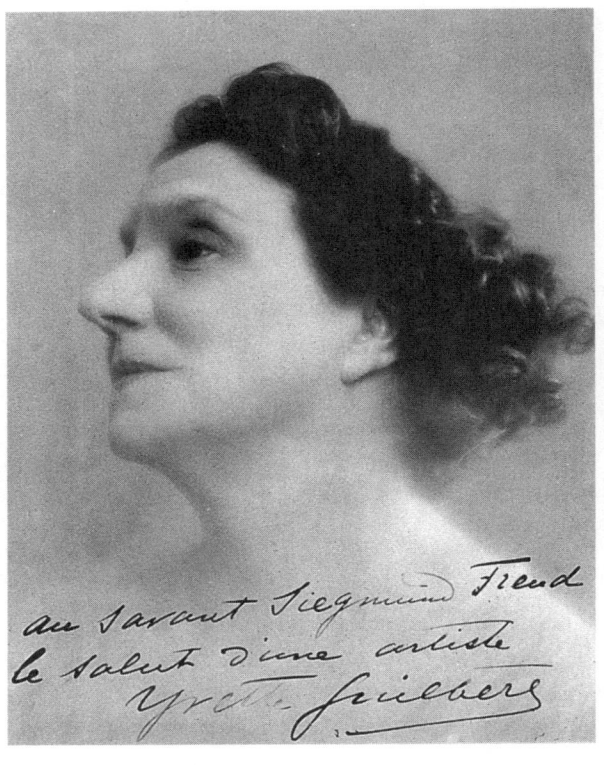

Logenplatz für die Verehrte: Ein Porträtfoto von Yvette Guilbert hing immer in Freuds Ordination. Zu seinem letzten Geburtstag 1939 schickte sie ihm nochmals eines, auf dem stand: «De tout mon cœur à grand Freud!»

und die Weiblichkeit zum «dark continent» deklarieren lässt.

Erstaunlich ist nicht nur, dass manche einen ganz anderen Eindruck von Freuds Musikalität gewinnen. Mark Brunswick zum Beispiel, der Ehemann von Freuds Schülerin Ruth Mack-Brunswick und selbst Berufsmusiker, ist verblüfft, als Freud ihn auf Details in Wagners «Meistersinger von Nürnberg» hinweist, die ihm selber entgangen sind.

Noch verblüffender ist, dass Freud sich in einer Phase, in der er es konsequent vermeidet, auszugehen, ins Konzerthaus schleppt, um eine Frau zu hören, die geradezu eine Königin jenes dunklen Kontinents verkörpert, eine femme fatale, die durch Dirnenlieder berühmt wurde und in ihrem absinthgrünen Kleid, ihrem flammend roten Haar und den langen schwarzen Handschuhen auf einige Männer bedrohlich wirkt, auch jetzt noch, mit Anfang Sechzig. Doch ihr ist Freud verfallen. Seit Jahrzehnten schon, seit er sie bei seinem Besuch des Hypnotismus-Kongresses 1889 in Paris erlebt hat. Yvette Guilbert ist für ihn, den angeblich Unmusikalischen, auch jetzt noch eine Ikone.

Es ließe sich damit argumentieren, dass die Kunst der Guilbert weniger mit Musik als mit Sprechgesang zu tun hat; nicht ihre Stimmgewalt, sondern ihre Darstellung haben sie zum internationalen Star werden lassen. «Ich beschäftige mich mit der Musik meiner Texte erst ganz zum Schluss», sagt die Diseuse selbst. Das sei für sie nur die Verzierung. Die Kunst, ein Chanson zu singen, bestehe vor allem darin, ein kondensiertes Drama aufzuführen. Eben das hat die Frau aus kleinen Pariser Vorstadtverhältnissen groß gemacht, wenngleich sie in Paris seit geraumer Zeit weniger umjubelt wird als im Ausland und auch der Berliner Kritiker Peter Pan alias Kurt Tucholsky 1928 gemäkelt hat, sie sei nicht mehr von heute und ihr Repertoire sei es schon gar nicht. «Aufgewärmte Bouletten», lästerte er. Hätte er das in einer Wiener Zeitung geschrieben, er hätte mit einem Leserbrief von Freud rechnen müssen, den Yvette Guilbert einfach nur mit «Freud» anredet, ein Vorrecht, das sich sonst nur noch der Schriftsteller H. G. Wells und W. C. Bullitt, der amerikanische Botschafter, herausnehmen.

Es wäre auch denkbar, dass es sentimentale Erinnerungen sind, die Freud für sie entflammen, erinnert sie ihn doch an das Paris seiner Jugend, an die Belle Epoque, als er bei Charcot an der Salpetrière studierte. Doch das alles reicht kaum aus, um zu erklären, dass Freud sich trotz großer

Schmerzen im März 1930 gleich an zwei Abenden in den Großen Saal des Konzerthauses begibt.

Es gilt als Schwäche der Guilbert, dass sie große Namen sammelt, dass sie gerne von einem Frühstück mit Verdi und Saint-Saëns berichtet, von der Bewunderung Zolas, Gounods, Daudets und der Bekanntschaft mit Shaw. Freud macht sich gut in dieser Kollektion. Er selber aber ist nur zutiefst dankbar dafür, sie endlich persönlich kennengelernt zu haben. Vermittelt hat den Kontakt Eva Rosenfeld, die Nichte von Yvettes Mann, dem Philologen Max Schiller, eine Freundin von Anna und Schülerin von Freud.

Im November desselben Jahres kommt Yvette ein zweites Mal nach Wien. Und eigentlich müsste diesmal alles noch inniger sein, denn im September ist Eva Rosenfeld, nachdem ihre Ehe gescheitert ist, bei Freuds eingezogen. Aber es geschieht, was keiner gedacht hätte: zwischen Freud und der Guilbert kriselt es. Mag sein, dass es mit seiner miserablen Verfassung zusammenhängt. Mitte Oktober war er von Pichler wieder einmal operiert worden, hatte einige Tage ohne Prothese dagelegen, zuerst Fieber, dann eine Lungenentzündung bekommen, die ihn wochenlang ans Bett fesselte. Dass er deswegen auch noch lange auf seine Zigarren verzichten musste und erfuhr, dass er wieder einmal keinen Nobelpreis bekommen würde – endgültig übergangen sei er, vertraut er seiner Chronik an –, stimmt ihn nicht heiterer. Doch das erklärt nicht, dass es zwischen den beiden auf einmal Probleme gibt. Freud führt zwar diese gesundheitlichen Misshelligkeiten als Grund dafür an, dass die Diskussion mit ihr und ihrem Mann nicht stattfinden kann. Der Mann ist sicher nicht der Grund, er ist ebenfalls ein enger Vertrauter Freuds; wie Eva und Anna redet er Max Schiller, vier Jahre jünger als Freud, mit «Onkel Max» an.

Bisher hat Freud Yvette bewundert, ohne diese Bewunderung, ohne ihre Begabung zu analysieren. Den meisten reichte ja wohl zur Erklärung, was ein Kritiker der Wiener Zeitung im Jahr zuvor an ihr gerühmt hat: die Guilbert sei

Roter Teppich für Yvette Guilbert: Hotel Imperial. In den Jahren 1863 bis 1865 als privates Palais für den Herzog von Württemberg erbaut nach Entwürfen von Heinrich Adam und Arnold Zenetti, einem Münchner Architekten, wurde es schon anlässlich der Weltausstellung 1873 in ein Hotel umgewandelt. Die Aufstockung 1928 war merkantil von Vorteil, ästhetisch weniger.
Im mittleren Konzerthaussaal veranstaltete der Akademische Verein am 8. Mai 1936 zu Ehren von Freuds 80. Geburtstag eine Feier – der Jubilar war nicht anwesend, es ging ihm zu schlecht. Thomas Mann hielt die Festrede «Freud und die Zukunft». Was er sagte, wiederholte er bei Freud zu Hause: «Mich selbst fesselt unter anderem vor allem die mythische Seite des Freudschen Gedankengutes. Denn es hat sich ergeben, dass die Psychoanalyse, wenn sie beim einzelnen Menschen in die Kindheit zurückdringt, auch imstande ist, die Kindheit der Menschheit zu erhellen. Der Mythos gewinnt unter dem Licht der Tiefenpsychologie greifbare Gestalt.» Und ein Satz vor allem dürfte Freud ein wenig darüber hinweggetröstet haben, beim Nobelpreis übergangen worden zu sein: «Die analytische Einsicht», sagte der Nobelpreisträger Mann im Konzerthaus, «ist weltverändernd.»

«eine große Schauspielerin mit genialen Einsichten in die menschliche Seele».

Doch Yvette hat intellektuelle Bedürfnisse, liest, studiert und analysiert ihr eigenes Spiel. Nun plant sie ein neues Buch, in dem sie ihre schauspielerische Technik erklären will. Sie hat Freud schon darauf vorbereitet und verraten, worin sie selbst ihr Erfolgsgeheimnis sieht: dass sie bei ihren Auftritten als Person völlig in den Hintergrund trete, um ganz und gar ihre Rollen auszufüllen. Sie sei auf der Bühne nicht mehr Yvette Guilbert, sondern eine Betrunkene, eine Hure, eine verzweifelte Ehefrau, eine gescheiterte Schauspielerin.

Das aber hatte Freud entschieden in Abrede gestellt und das Gegenteil behauptet: Das Geheimnis des Ausdrucks liege keineswegs darin, dass die eigene Person ausgeschaltet werde, sondern dass ihre nicht verwirklichten Anlagen und unterdrückten Wünsche eingebracht werden.

Es sieht danach aus, dass sich die beiden nicht einigen können.

Freud besucht Yvette und Max, der übersetzen will, zwar im Hotel, aber das geplante Gespräch findet nicht statt. Freud entschuldigt sich bei Max, es koste ihn ungeheuer viel Kraft, mit seiner monströsen Prothese deutlich, überhaupt nur verstehbar Deutsch zu sprechen, geschweige denn eine Fremdsprache. «Meine Prothese spricht nicht Französisch», sagt er.

Max und Yvette aber lassen nicht locker. Sie setzen die Diskussion schriftlich fort. Freud zeigt sich in der Sache bestimmt, keineswegs gewillt, seine Position aufzugeben. «Nun werden Sie sagen», schreibt er an Max, «Mme. Yvette hat aber nicht eine einzige Rolle, sie spielt mit gleicher Meisterschaft alle möglichen Figuren: Heilige, Sünder, Kokette, Tugendhafte, Verbrecher und Naive. Das ist wahr und beweist ein ungewöhnlich reiches und anpassungsfähiges Seelenleben. Aber ich würde nicht verzagen, dies ganze Repertoire auf die Erfahrungen und Konflikte ihrer Jugendjahre zurückzuführen.» Doch er, dem sonst jedes Talent zur Diplomatie fehlt, zeigt sich vollendet verbindlich. «Es wäre verlockend, hier fortzusetzen, aber etwas hält mich zurück. Ich weiß, dass unerwünschte Analysen Unwillen hervorrufen, und möchte nichts tun, was die herzliche Sympathie stört, die unsere Beziehung beherrscht.»

Die Meinungsverschiedenheit wird unter einen der vielen Teppiche im Hause Freud gekehrt, denn die Freundschaft zu Yvette bedeutet Freud viel. Wieviel, gibt er Jahre später indirekt zu erkennen. Seiner Schülerin Joan Riviere hatte er es als Abtrünnigkeit verübelt, dass sie sich Melanie Klein zuwandte; als Eva Rosenfeld, die Nichte von Yvettes Mann und Kontaktknüpferin, dieselbe Sünde begeht und sich bei Melanie Klein zur Lehranalyse anmeldet, wird er das nachsehen.

Bis an sein Ende bleibt Yvette für ihn der Inbegriff von Lebensfreude, und jede Begegnung mit ihr erlebt er als Verjüngungskur.

«Die Zärtlichkeit Ihres Briefs hat mich erfreut», bedankt er sich im Oktober 1938 aus dem neuen Domizil in London, «und die Zuversicht Ihres Buchs im Mai 1939 gerührt. Aber in meinem Alter hat auch jeder Aufschub eine schmerzliche ‹connotation›. Es ist Entbehrung genug, dass ich in den letzten Jahren nicht mehr eine Stunde wieder jung werden durfte unter dem Zauber von Yvette.»

Und Yvette schafft es, ihn noch einmal mit diesem Zauber zu beglücken: an Freuds 83., seinem letzten Geburtstag betritt sie sein Haus in Marsfield Gardens. «De tout mon cœur au grand Freud», schreibt sie auf das neue Portraitfoto, das sie ihm schenkt.

Er wird ihr auch dieses Mal nicht verraten, dass er ein ganz anderes Bild von ihr besitzt, das sie nicht leiden kann – eine der vielen Lithographien von Toulouse-Lautrec. «Aber um Himmels Willen machen Sie mich nicht so entsetzlich hässlich», hatte sie das zwergenhafte Genie gebeten, nachdem sie sein erstes Plakat für sie gesehen hatte. «Etwas weniger! ... Eine Menge Leute, die mich besuchten, haben wilde Schreie ausgestoßen, als sie den kolorierten Entwurf sahen.» Zwar hat sie, als Toulouse-Lautrecs erstes Album mit Lithographien von ihr gefeiert wurde, eingestanden, er sei «ein Genie der Deformation», hat verstanden, dass er ihren Ruhm befördern kann wie kein anderer Portraitist, und ihn gewähren lassen wie ein kluger Werbefachmann. Doch was sie immer daran stören wird, ist klar: Toulouse-Lautrec legte in ihrem Gesicht jene Erfahrungen und Konflikte der Jugend bloß, jene unausgelebten Wünsche und verborgenen Anlagen, von denen Freud gesprochen hatte. Und die wollte sie nur bei anderen, nicht bei sich selber sehen. Bei aller Liebe zum Vater der Psychoanalyse.

Der Spaziergang:

Konzerthaus, Lothringerstraße 20, I. Bezirk
Musikvereinsgebäude, Dumbagasse 3, Karlsplatz, Canovagasse, Bösendorferstraße, I. Bezirk
Hotel Bristol, I. Bezirk (siehe Kapitel «Der Vater und seine Neurosenprinzessin» über Marie Bonaparte)

Familienbandenkrieg und -frieden
~
Die brisante Idylle rund um die Servitenkirche

Ein Mann, der mit siebzig noch eine Mutter hat, hat es nicht leicht. Und ein Mann von siebzig, dessen Mutter nur vierhundert Meter entfernt von ihm wohnt, hat meistens ein Problem. Da geht es einem Psychoanalytiker nicht besser als anderen Sterblichen. Auch wenn er mit niemandem darüber redet, Sigmund Freud weiß, dass Amalia Freud, geborene Nathanson, genannt Malka, mit ihren bald neunzig Jahren sein Leben nach wie vor dominiert.

Seit Jahrzehnten schon ist die Wohnung der Eltern in der Grünen Thorgasse 14 das eigentliche Zentrum des Großfamilienlebens. Der Tod von Jacob Freud vor dreißig Jahren hat daran so wenig geändert wie der Umzug von Sigmunds Schwester Mitzi nach Berlin, die samt Ehemann und Kindern früher im selben Haus gewohnt hat. Fast alle Freuds wohnen in Wien hier im Alsergrund oder in der Nähe. Dass diese Gegend nach der Leopoldstadt den höchsten Anteil an Juden hat, würde jedoch kaum einer von ihnen als ausschlaggebend für die Ortswahl ansehen, obwohl direkt gegenüber dem Wohnhaus der Amalia Freud zwischen Hausfassaden eingebaut der Eingang in die Synagoge führt. Fast täglich schaut Freud bei seiner Mutter vorbei, auf jeden Fall aber besucht er sie am Sonntag, wenn die Katholiken ein paar Meter weiter, Ecke Grünentorgasse/Servitengasse, in die Servitenkirche Mariae Verkündigung zum Gottesdienst einziehen. Und jeden Sonntag bringt er ihr Blumen mit. Dass er regelmäßig zu spät kommt, später jedenfalls, als sie ihn erwartet,

Revier der jüdischen Kreativen: Die Rossauer Pfarrkirche Maria Verkündigung liegt inmitten einer Gegend, in der zu Freuds Zeit viele jüdische Künstler und Gelehrte wohnten. Die Kirche, aus Mitteln des Ottavio Piccolomini ab 1651 nach Plänen von Martin Corleone erbaut, wurde zum Vorbild für viele andere Wiener Sakralbauten wie die Karlskirche, Salesianerkirche und die Peterskirche. Der Charme des Alsergrundes wird bis heute gerade in der Gegend um die Servitenkirche spürbar. Und im Servitenstüberl wird klassische Wiener Küche von Schwammerl (= Pilz)-Gerichten bis zum Zwiebelrostbraten serviert, wie Freud sie liebte. Der von ihm verabscheute Karfiol (Blumenkohl) steht selten auf der Karte, das von ihm ebenso verschmähte Huhn verlockt als Backhuhn, Freud zu widersprechen.

gibt ihr wohl nicht zu denken. Und dass er jeden Sonntag an Verdauungsstörungen und Magenverstimmungen leidet, gibt er nicht zu, das wissen nur seine Frau und seine Kinder. Was zwischen Amalia und ihrem Goldsohn abläuft, durchschauen nicht alle in der Familie, Freuds Nichte Lilly, eine von Mitzis Töchtern, findet es beglückend, dass der Onkel Sigi so lange an seiner Mutter hat. Doch die Schilderungen von Freuds Sohn Martin erzählen etwas anderes. Sehr genau gibt er eine allsonntägliche Szene wieder, die mehr verrät als lange Deutungen. Die Königin thront im Kreis des Hofstaats ihrer Familie. Alle da, alle für sie da, alle festlich, reinlich, perfekt frisiert, wie es die Mutter befiehlt. Gemütlichkeit aber kommt nicht auf, denn der, um den es ihr eigentlich geht, fehlt noch. Es scheint Amalia Freud nicht zu interessieren, was die anderen zu sagen haben. Ständig steht sie auf, rennt zur Tür, starrt über das Geländer ins Treppenhaus, lauscht, ob die Tür endlich geht, rennt zurück, wiederholt das Spiel bis zu einer Stunde. Und wenn jemand sie zurückhalten will, reagiert sie mit einem Wutausbruch.

In der ersten Maiwoche ist das Grätzel rund um die Klosterkirche der Serviten immer vom Duft nach Butter und Vanille erfüllt, denn in den Wochen vor und nach dem ersten Mai, dem Todes- und Feiertag des Serviten-Heiligen Peregrin, backt die Pfarre zur Erinnerung an den freigiebigen Heiligen Peregrini-Kipferln. Sogar im Kaiserhaus hat man sie früher zum Frühstück auftischen lassen, und in den meisten jüdischen Haushalten hier im Alsergrund sind sie so beliebt wie in den katholischen. Eng nehmen es hier die wenigsten. Vielleicht hat deswegen Freud seine Eltern aus der Leopoldstadt hierher geholt, die stolz darauf sind, im Geist der Haskala zu leben, der jüdischen Aufklärungsbewegung des Moses Mendelssohn, freigeistig, aufgeschlossen, anpassungsbereit. Mitzis Kinder haben den Sederabend bei den Großeltern im ersten Stock immer ebenso genossen wie die Peregrini-Kipferl. Am Sabbat haben sie in der Synagoge den goldbestickten

Thoravorhang, die silberglänzende Thora, den weißen Gebetsmantel des Chasen bewundert, sich aber im Vorbeigehen eine Straßenecke weiter vor der Statue des heiligen Peregrin bekreuzigt, wochentags haben sie in der katholischen Schubert-Volksschule das Vaterunser gebetet, Heiligenbildchen gesammelt und hinterdrein beim Großvater Hebräisch gelernt. Der Alsergrund ist eine Gegend, in der es sich verdrängen lässt, wie virulent der Antisemitismus sich in den letzten Jahren in der Stadt ausgebreitet hat. Vielleicht leben die Freuds auch deswegen schon über dreißig Jahre hier. Nur Alexander, der nach seiner Hochzeit aus der elterlichen Wohnung ausgezogen ist – mit zweiundvierzig keine überstürzte Entscheidung –, wohnt im dritten Bezirk.

Die Freuds in der Berggasse haben es nicht weit zu denen in der Grünen Thorgasse, dennoch trennen sie Welten. In der Berggasse wird nur Hochdeutsch gesprochen, fehlerfreies, in der Grünen Thorgasse Wienerisch, mit allen Fehlern die zum richtigen Dialekt dazugehören. Dort sagt man «wegen dem», hier sagt man «wegen des». Gibt es in der Berggasse das, was Martha Freud «Abendbrot» nennt, in Wien aber «Nachtmahl» heißt, wird den kleinen Besuchern aus der Grünen Thorgasse mit den Kartoffeln eine Nachhilfestunde in Grammatik serviert. «Naa, o naa», wehrt Lilly da das Schälen ab, «i iß die Erdäpfel mit die Schäler.» Und hört von Martha: «Nein, o nein, ich esse die Kartoffeln mit der Schale – wenn es schon sein muss, mein Herzchen.»

Dass auch seine Mutter ihn grammatikalisch fehlerhaft auffordert: «Ess, mein goldener Sohn», kann ihn nicht abhalten von der regelmäßigen Visite.

An diesem Maisonntag taucht Sigmund außerplanmäßig in der Grünen Thorgasse auf, nicht, um seine Mutter zu überraschen, vielmehr um sie zu schonen. Sie hat seit neuestem Kummer mit den Beinen, Geschwüre machen ihr zunehmend zu schaffen. An ihrer Willensstärke ändert das allerdings nichts. Jeder, der sie kennt, weiß, dass Amalia immer eine starke Frau gewesen ist. Sie hat als junge Mutter die Tuberkulose überstanden, hat wirtschaftliche und seelische Krisen bewältigt und ist unumstritten die Regentin des Clans. Ihr Regiment wird von den Töchtern und Söhnen, den Neffen, Nichten und Enkeln jedoch unterschiedlich beurteilt. Judith, zum Beispiel, die Tochter von Sigmunds Schwester Anna, die mit sieben, als die Eltern bereits in die USA ausgewandert waren und zwei Kinder vorübergehend in Wien lassen mussten, bei den Großeltern unterkam, war damals erschrocken vor der jannusköpfigen Großmutter; sie konnte Charme versprühen und vor Witz funkeln, sobald Gäste auftauchten, benahm sich aber launisch und tyrannisch, wenn nur eng Vertraute sich um sie scharten. Und Judith war überzeugt davon, die Großmutter leide nur dann an ihrer angeblichen Schwerhörigkeit, wenn sie einmal wieder etwas nicht hören wolle. Für Sigmunds Sohn Martin ist die Großmutter «gewiss nicht das, was wir eine Dame nennen würden», doch es klingt auch Bewunderung an, wenn er sie «ungeduldig, eigenwillig, scharfsinnig und hochintelligent» nennt. Alle teilen die Ansicht, Sanftmut gehöre nicht zu den Charaktereigenschaften der Amalia Freud. Einig sind sich auch alle darin, dass sie ein Problem mit dem Alter hat. Den Urenkeln hat sie verboten, Urgroßmutter zu ihr zu sagen, da fühle sie sich greisenhaft. Ihren osteuropäischen Akzent hat sie so wenig abgelegt wie ihre Eitelkeit. Und Bewunderung nimmt sie so gelassen entgegen, wie es einer Regentin gebührt. Dass ihr Geburtstag am achtzehnten August, den sie meistens in der Sommerfrische in Bad Ischl feiert, mit dem des Kaisers zusammenfiel, hat sie immer passend gefunden. Dass dort auch heute noch auf der Straße die Blaskapelle Aufstellung nimmt, um ihr ein Ständchen zu bringen, überrascht sie nicht. Und dass der Bürgermeister ihr immer persönlich Glückwünsche und Blumen überreicht, ist in Amalias Augen angemessen. Schließlich ist sie die Mutter von Professor Freud. Bemerkungen, sie sei eine schöne Frau *gewesen*, würde Amalia ignorieren.

Fehler duldet sie so wenig wie Staub oder den kleinsten

Flecken in der Wohnung, auf den Kleidern, auf dem Image. Es hat sich in der Familie herumgesprochen, dass sie letztes Jahr im Geschäft einen Hut probiert und empört abgesetzt hat mit dem Kommentar: «Darin sehe ich ja aus wie hundert!» Und vor kurzem hat sie einen geschenkten Schal zurückgewiesen, weil er sie alt mache. Auf Fotos findet sie sich ohnehin fast immer schlecht getroffen – wie ein altes Weib sehe sie da aus.

Altersmilde jedenfalls kann ihr keiner nachsagen, schon gar nicht Dolfi, ihre zweitjüngste Tochter, die im Juli vierundsechzig wird, von der Mutter jedoch nach wie vor behandelt wird wie ein junges Mädchen. Anzügliche Witze sollen vor ihr nicht erzählt werden, ihre Aussteuer mit gestickten Tischdecken und Bettwäsche aus Leinen liegt unangetastet bereit, und was immer die Tochter macht, wird kritisiert. Vor allem Amalias Frisur, die Dolfi jeden Morgen kunstreich hochsteckt, ölt, mit Zuckerwasser stählt und zuletzt mit einem Zopf aus Amalias Haar, der neben dem Frisiertisch bereithängt, krönt. Nein, bemitleidenswert wirkt Amalia Freud nicht. Sie gönnt sich, was sie will, von den Fiakerfahrten durch die Stadt bis zum Urlaub. Sie hat es schließlich redlich verdient, hat sparsam gewirtschaftet, trotzdem die beste Leber, den besten Gugelhupf, die besten Vanillekipferl serviert und zwei Söhne mit Professorentitel vorzuweisen. Außerdem hatte Sigi ihr doch versprochen, seiner Mutter ein goldenes Bett zu kaufen, wenn er groß sei.

Schlechte Nachrichten werden der Mutter Freud dennoch erspart. Dass Sigmunds zweite Tochter, sein Sonntagskind Sophie, in Hamburg an einer Grippe mit Pneumonie gestorben ist, hat man ihr vor sechs Jahren ebenso verheimlicht wie den Tod von Sophies Sohn Heinele drei Jahre später, was heikel war, denn Mathilde hatte den Neffen adoptiert und kam auch jeden Sonntag aus der Türkenstraße herüber. Leichter war es, sich darüber auszuschweigen, dass letztes Jahr Mitzis Sohn Theodor in Berlin mit neunzehn Jahren ertrunken war. Und als die Freunde und Kollegen nach dem besten Argument suchten, Freud vor drei Jahren von der Notwendigkeit einer Kieferoperation zu überzeugen, hatten sie beschlossen, Amalia ins Feld zu führen: Freud könne es seiner Mutter nicht antun, vor ihr zu sterben. Das hatte er schließlich selber schon geäußert, lange bevor der Krebs diagnostiziert worden war. Und er hatte ihr aus der Klinik vermeldet, seine «Operation am Oberkiefer» habe «einen sehr guten Verlauf genommen» und bat die greise Mutter: «Sei recht fesch, wenn wir uns wieder sehen.»

Es gilt als unausgesprochenes Gesetz, von Amalia alle Unerfreulichkeiten abzuhalten; sogar die extreme Verteuerung der Lebensmittel nach dem Ersten Weltkrieg hatte sie nicht mitbekommen, denn die Einkäufe erledigt Dolfi, die Dienerin, die erst von den Nazis an ihren eigentlichen stolzen Namen Esther erinnert werden wird. Mag sein, dass Amalias Schutz auch Selbstschutz der Kinder und Enkel ist, denn als die mater familias vom Selbstmord Mausis, wie alle zu Rosas Tochter Cäcilie sagten, unterrichtet wurde, fühlte sie sich keineswegs bemüßigt, Rosa zu trösten oder ihr Entsetzen kundzutun. Gefasst hätte sie ihre Reaktion wohl genannt, die Enkelin Judith empfand sie als gefühlskalt. Amalia schonen heißt auch, sich selbst zu verschonen von solchen Wahrheiten.

Nun, am Tag vor seinem siebzigsten Geburtstag, scheint Sigmund Freud schonungsbedürftiger als seine Mutter. Er hat eine Herzmuskelentzündung hinter sich, die üblichen Schmerzen wegen der Prothese und außerdem wie immer ungute Gefühle, bevor er gefeiert wird. Darüber werden ihn auch die Geschenke nicht hinwegtrösten, weder die Havannas noch die Orchideen und Maiglöckchen, seine Lieblingsblumen, oder die neuen Stücke für seine Antikensammlung. Drei Tage soll die Gratulationscour dauern; die Söhne aus Berlin sind nebst Anhang angereist, doch nicht nur die Familie wird sich in der Berggasse 19 drängen, vor allem die offiziellen Ehrungen empfindet Freud als quälend: «Wenn mich jemand beschimpft, kann ich mich wehren», erklärt er, «wenn mich aber jemand lobt, bin ich wehrlos.» Deswegen gilt sein größter Dank nicht Mathilde und Martha, die für ihn die Festivitäten seit dem letzten Jahr schon vorbereiten, sondern Anna, die es versteht, dass er sich am liebsten um alles drücken würde und beschlossen hat, bei der Feier in der Loge B'nai B'rith, der er sich durchaus verpflichtet fühlt, seine Anwesenheit zu verweigern und eine Dankesrede vorlesen zu lassen, aus der die tiefe Verbundenheit spricht. Doch als seine Frau Martha die Festlichkeiten, insbesondere die in der Loge, anrührend findet, wird er das ihrem Ehrgeiz anlasten. Er selbst wundert sich nur: «Die Juden überhaupt haben mich wie einen Nationalheros gefeiert, obwohl mein Verdienst um die jüdische Sache sich auf den einen Punkt beschränkt, dass ich mein Judentum nie geleugnet habe.» Und er mokiert sich darüber, dass man ihn an diesem Geburtstag wie eine Operettendiva gefeiert habe.

Wer an großenteils prominenten Freunden, Kollegen, Bekannten und Ehrengästen aufkreuzen wird, ahnt Freud. Und dass die Mutter wegen des Beinleidens nur mühsam die Treppen hinauf- und wieder hinuntersteigen kann, weiß er. Nur vernünftig also, ihr den Besuch beim Goldsohn am 6. Mai abzunehmen und stattdessen vorbeugend in der Grünen Thorgasse schon am Vortag vorzuführen, dass er ihre Verdienste um den Liebling zu schätzen weiß. Freud ist nun mit siebzig wohl noch immer von dem Gefühl besetzt, seinen Erfolg zu einem gewissen Grad der Liebe seiner Mutter zu verdanken. Indirekt gesteht er das ein, wenn er schreibt, «... eine Bemerkung solcher Art wie: Meine Stärke wurzelt in meinem Verhältnis zur Mutter, hätte Goethe seiner Lebensgeschichte mit Recht voranstellen können.» Freud auch.

Kritische Kollegen und Schüler finden es befremdlich, sogar indiskret, dass Amalia Freud wie auf einem Recht darauf besteht, alle wichtigen Menschen im Dasein ihres Sohnes Sigmund persönlich kennenzulernen, wenn sie in Wien leben oder gastieren, selbst prominente Analysanden. Doch Amalia findet es offenbar selbstverständlich, nicht im Schatten ihres Sohnes zu stehen, sondern in seinem Glanz zu erstrahlen. Und dafür ist wenig Gelegenheit, wenn der Sohn alleine bei ihr vorbeischaut.

Der 6. Mai bricht an. Freud steht wie immer früh auf. Der erste Gratulant lässt nicht auf sich warten. Den Besuch hat er sich etwas kosten lassen: zwei Männer tragen den Gast die Treppe hinauf ins Mezzaningeschoss. Dann aber steht sie stolz da im seidenen Festtagskleid: mater ante portas.

Vier weitere Male noch wird Amalia Freud mit ihrem Sohn Geburtstag feiern Sie ist fünfundneunzig, als sie am Freitag, dem 12. September 1930 um acht Uhr morgens in ihrem Wiener Schlafzimmer stirbt.

Dass der Heilige Peregrin als Helfer gegen Beinleiden und Krebsgeschwüre gilt, weil er beides durch ein Gebet überstanden haben soll, hilft weder Mutter noch Sohn Freud. Beide, die nichts mehr liebten als die Wachheit und Wachsamkeit – «Ich will lieber in Qualen denken als nicht ganz klar denken können», hatte Freud einmal Stefan Zweig offenbart –, enden im Morphiumnebel. Sie an den Folgen eines Beinleidens, einer schmerzhaften Gangrän, er neun Jahre später an seinem Krebsgeschwür.

Beigesetzt wird Amalia Freud, weil Bestattungen am Sabbat verboten sind, erst sonntags, am 14. September, an der Seite ihres Mannes. Sigmund wird nicht am Grab stehen, er lässt sich durch Anna vertreten. Nicht etwa, weil er seine Tränen verbergen müsste. «Kein Schmerz, keine Trauer», bekennt er, «was sich wahrscheinlich aus den Nebenumständen, dem hohen Alter, dem Mitleid mit ihrer Hilflosigkeit am Ende erklärt, dabei ein Gefühl der Befreiung, der Losgesprochenheit, das ich auch zu verstehen glaube. Ich durfte ja nicht sterben, solange sie am Leben war, und jetzt darf ich. Irgendwie werden sich in tieferen Schichten die Lebenswerte merklich geändert haben.»

Ganz losgesprochen aber war er wohl kaum.

Auch nach dem Tod der Mutter trägt er sich weiterhin ihre Geburtstage ein, als müsse er zur üblichen Gratulations-

Ikone einer Mutter: Für Freud, den sie ostentativ ihren Goldsohn nannte, blieb Amalia Freud immer die kapriziöse und schöne Frau, die er in seiner Kindheit begehrt hatte.

cour antreten. Zwei Jahre nach ihrem Tod schreibt er an Amalias Geburtstag in einem Brief an Max Eitington: «Meine Mutter wäre heute 97 Jahre alt geworden.»

Freuds Verhalten erinnert an jenen männlichen Patienten, über den bis heute gewitzelt wird. «Ich werde über alles frei reden», sagt er zum Analytiker, «aber lassen Sie meine Frau Mutter aus dem Spiel.»

Bis zu seinem Tod wird Freud es vermeiden, die eigene Mutterbeziehung jemals zu analysieren. Er schreibt lieber über Mutter-Sohn-Beziehungen als solche.

«Nur das Verhältnis zum Sohn», erklärt er in der Neuen Folge der «Vorlesungen zur Einführung in die Psychoanalyse», die 1933 erscheinen, «bringt der Mutter uneingeschränkte Befriedigung; es ist überhaupt die vollkommenste, am ehesten ambivalenzfreie aller menschlichen Beziehungen. Auf den Sohn kann die Mutter den Ehrgeiz übertragen, den sie bei sich unterdrücken musste, von ihm die Befriedigung all dessen erwarten, was ihr von ihrem Männlichkeitskomplex verblieben ist.»

Der Spaziergang rund um die Servitenkirche:

Grünentorgasse 14 (damals Grünen Thorgasse), IX. Bezirk
Servitenplatz und Servitengasse, IX. Bezirk
Servitenkirche Maria Verkündigung, IX. Bezirk
Servitenstüberl, Servitengasse 7, Fon 0043/1/317 53 36,
  www.servitenstueberl.at, Öffnungszeiten: Montag bis Sonntag von 10 bis 24 Uhr

*Sonderbare Anwandlungen
eines enttäuschten Mannes*

~

Ein Ausflug nach Pötzleinsdorf

Mit dem, was sie in Pötzleinsdorf miterleben muss, hat Paula Fichtl nicht gerechnet. Denn bis jetzt war sie sicher, den Professor Freud genau zu kennen. Sie kennt seinen Schritt, die Sitzfalten seiner Hosen, seine Angewohnheit, Streichhölzer als Lesezeichen zu verwenden, kennt die Löcher in seinen Socken, an denen seine langen, kräftigen Fußnägel schuld sind, kennt die Bewegung, mit der er, einen großen Brieföffner in der Hand, die noch ungelesenen Seiten neuer Bücher aufschneidet, sie kennt seine Vorliebe für Maiglöckchen, Orchideen, Schneerosen und Kaviar, weiß, was ihn freut und was ihn verdrießt. Sie verehrt ihren Dienstherrn und hält längst alles, was er sagt und tut, für richtig. Seine Praxisräume, die Paula anfangs bedrückend düster und befremdlich fand, findet sie schön, seine Bücherbesessenheit bewundernswert, seine Raucherei betrachtet sie als gutes Recht eines so hart arbeitenden Mannes; aufmerksam ordnet sie gelesene Bücher an exakt der richtigen Stelle wieder ein. Klaglos leert sie mehrmals täglich die Aschenbecher, bürstet die Asche von den Kissen, fegt sie von den Teppichen und Manuskripten, lüftet die verrauchten Anzüge, schafft Durchzug in den Pausen. Dass sie jeden Abend ihr Bett im Flur vor den Praxisräumen aufschlagen und morgens wieder abbauen muss, stört sie nicht. Leibwächter hüten nun mal den innersten Bezirk. Sie ist stolz darauf, die Verbündete des Herrn Professor zu sein, und sogar seine Sammelleidenschaft hat sie angesteckt.

Späte Liebe: das Glück, den Alltag mit Hunden zu teilen, erlebte Freud erst im letzten Abschnitt seines Lebens. Was er für sie empfand war «Zuneigung ohne Ambivalenz». Er sah in ihnen eine «Vereinfachung des Lebens, von dem schwer erträglichen Konflikt mit der Kultur befreit» und bewunderte an ihnen «die Schönheit einer in sich vollendeten Existenz». Wenn er Jofi streichelte, summte er unwillkürlich eine Melodie aus Mozarts «Don Giovanni»

In vielem, das spürt Paula, versteht sie ihn besser als seine Frau und deren Schwester Minna, nicht nur, was die nackten und halbnackten Figuren aus der Antike, auch was seine

Tierliebe angeht. Erst spät, mit neunundsechzig, hat Freud angefangen, sich für Hunde zu begeistern. 1925 hatte er nicht für sich, sondern für Anna einen Hund gekauft, damit er keine Angst haben musste, wenn sie alleine spazieren ging; früher war er selbst jeden Tag ihr Begleiter gewesen. Dass dieser Schäferhund Wolf heißt, soll wenige Jahre später, als der «Wolf» genannte Herr auf dem Obersalzberg seine Liebe zu Schäferhunden vorführen wird, einen bitteren Beigeschmack bekommen.

1928 hatte Freud von Dorothy Burlingham, damals noch Paulas Dienstherrin, einen Chow-Chow geschenkt bekommen, eine, wie er sagte «reizende chinesische Hündin», die er Lün nannte. Als Lün bereits im Jahr darauf auf dem Salzburger Bahnhof von einem Zug überfahren worden war, fand Martha es wohl übertrieben, dass ihr Mann klagte: «Es ist der Qualität nach, wenn auch nicht der Intensität nach, wie der Schmerz um mein verlorenes Kind.» Einen direkten Nachfolger für Lün hatte er abgelehnt, nachdem ihm aber Frühling 1930 Jofi, eine Stiefschwester von Lün überreicht worden war, eroberte die ihn im Sturm. Musste sie, weil er zum Prothesenanpassen nach Berlin reiste, ins Tierheim nach Kagran gegeben werden, weil weder Martha noch Minna Lust auf Hundespaziergänge verspürten, litt Freud unter Entzugserscheinungen; «Sie fehlt mir», schrieb er, «heute fast so wie die Zigarre; sie ist ein entzückendes kleines Geschöpf, so interessant, auch als Frauenzimmer, wild, triebhaft, zärtlich, intelligent und doch nicht so abhängig, wie andere Hunde sein können. Man wird den Respekt vor solchen Tierseelen nicht los.» Deshalb wird es viele Hunde in den letzten vierzehn Lebensjahren des Sigmund Freud geben, deren Namenswiederholungen die Unsterblichkeit jener Tierseelen zu beschwören scheinen: Jofi und Jofi II, Lün und Lün II, Fo, Tatoun und Tatoun II.

Während Minna sich zwar für Freuds Theorien, nicht aber für seine privaten Passionen interessiert und Martha mit seinen «alten dreckigen Göttern» so wenig anfangen kann wie mit den Hunden, ist Paula für beides ähnlich stark entbrannt wie der Herr Professor. Wie zärtlich sie seine Figuren abstaubt, rührt ihn, und wie verliebt sie mit den Hunden spielt, macht ihn eifersüchtig.

Paula versteht es, dass er auf den Anblick der antiken Figuren auch im Urlaub so wenig verzichten will wie auf die Gegenwart seiner Chows. Er muss ja ohnehin auf so vieles andere verzichten. Und Urlaub ist es eigentlich gar nicht, was er sich da gönnt, eher eine in die Sommerfrische verlagerte Arbeit. Während der Analysestunden liegt Jofi in der Berggasse immer zu seinen Füßen, bellt nach Ablauf der Stunde, steht auf und geht zur Tür. Und hier in Pötzleinsdorf empfängt Freud auch Analysanden. Warum also sollte er Lün und Jofi ins Tierheim geben, was ihm jedes Mal das Herz zerreißt? Paula ist ganz auf seiner Seite und freut sich auf den Ortswechsel, auf die gute Luft, auf die Stille. Schließlich kommt sie selber vom Land.

Sommerfrische ist ein schönes Wort. Ein Wort, das für Freud und seine Kinder zwei Jahrzehnte lang Freiheit, Luft, Licht bedeutet hat, Ausbruch aus den dunklen Räumen der Berggasse, Flucht vor den im Juli, August glühenden Fassaden, dem Staub und der Stickigkeit. Für Martha bedeutete das früher, als noch alle sechs Kinder dabei waren, einen Umzug mit 3000 Kilo Gepäck, Kleidern, Hausrat, Büchern, Vorräten. Mit jeder Hochzeit wurde es leichter. Seit es Freud gesundheitlich zunehmend schlecht geht, wird der Haushalt im Sommer nicht nach Oberbayern oder Oberitalien, auch nicht an einen der österreichischen Seen, nicht einmal mehr an den Semmering verlegt, sondern nur in die Peripherie der Stadt, wo die Gärten ländlich und groß sind, die Häuser niedrig, die Weinberge, die Hänge des Wienerwalds nah. Und die Ärzte ebenfalls.

Jetzt, wo nur Minna und Anna mitreisen, ist das Gepäck deutlich reduziert, der Aufwand freilich nicht unbedingt, denn Freuds Lieblingsstücke aus der Sammlung müssen sorgsam verpackt werden. Paula wickelt mit Hingabe ein und

Späte Entdeckung: In direkter Nachbarschaft zu Freuds Feriendomizil liegt das Geymüllerschlössel, der einzige öffentlich zugängliche Sommersitz aus der Empire- und Biedermeierzeit in Österreich; es schloss früher direkt an den heute Pötzleinsdorfer Schlosspark genannten Garten an, der kurz nach 1800 von Konrad Rosenthal für den Bankier Johann Heinrich Freiherr von Geymüller angelegt worden war. 1934 wurde er der Stadt von dem damaligen Besitzer Max Schmidt testamentarisch vermacht.

wieder aus in dem erstmals angemieteten Haus draußen, in Pötzleinsdorf.

Diese Sommervilla, die sie schon im Mai 1931 beziehen, ist eine Idylle, in die sich Freud sofort verliebt. Repräsentativ könnte das Haus keiner nennen, nicht einmal architektonisch gekonnt oder elegant. Aber es hat die Poesie jener Biedermeierrefugien, die selten geworden sind, weil sie dem

Geltungsbedürfnis eindrucksvoller Bauten weichen mussten. Freud stört zwar die Inneneinrichtung, denn der Hausherr sammelt reich dekorierte antike Möbel und österreichische Folklore, was Freud zu persönlich ist; eine neutrale Einrichtung machte es ihm leichter, sich hier zu Hause zu fühlen, nicht als Eindringling. Aber die Gartenanlage hinterm Haus hat es Freud angetan mit ihrem alten Brunnen, den Obstbäumen, hohen Rosensträuchern, Buchen, Linden und Akazien, in deren Schatten der Liegestuhl aufgestellt wird, in dem der Herr Professor dann zugedeckt und umlagert von Jofi und Lün und Wolf ganze Tage verbringt. Dort schläft er, schreibt er, liest er. Nur ein herannahendes Gewitter, wovor er sich genauso fürchtet wie die Chows, kann ihn hinein treiben. Wird einer der Hunde nass und schüttelt sich vor seinem Herrn, bis der gründlich geduscht wird, ärgert sich Frau Freud, die sonst immer freundlich ist. Freud selber lacht. Dass er seinen Hunden alles nachsieht, hat Gründe. Sie sind sein Trost, in vielerlei Hinsicht.

«Kein Lautsprecher oder Autogehupe stört die Ruhe», schreibt er an Max Eitington am 1. Juni. «Man könnte hier sehr wohl sein. Ich bin es natürlich nicht. Meine Kräfte sind noch nicht beisammen, die Wunde ist noch nicht ganz geheilt, die Prothese noch nicht definitiv aufgebaut. Ich gebe wieder fünf Stunden.»

Freunden schwärmt er vor, welche Sympathie Jofi ihm während der Leidenstage bezeugte, «nicht anders, als ob sie alles verstünde.»

Offenbar hilft ihm das, denn Freud jammert nie. Paula kennt ihn fast nur ausgeglichen und heiter. Das finstere Gesicht, das er auf den meisten Portraits, auf den fotografierten wie den gezeichneten oder gemalten, zeigt, kennt sie so wenig wie die Familie. Er habe ein fröhliches Herz, sagt auch Martin, sein Sohn. Das, was die meisten Bilder von Freud zeigen, nennen die Kinder sein Fotografiergesicht. Er mag es generell nicht, eine Pose einnehmen zu müssen. Schnappschüsse von seinen Kindern zeigen ihn deshalb entschieden entspannter.

Ausgerechnet in diesen Monaten, wo er sich mit der Anpassung einer neuen Prothese schinden lassen muss und in Pötzleinsdorf nichts als seine Ruhe haben will, meldet sich ein junger Bildhauer an, der ihn porträtieren will. Porträtiert zu werden, kann Freud ohnehin nicht ausstehen, ob es einer mit Worten oder mit bildnerischen Mitteln versucht. Er ist unübersehbar grantig, als der Fündunzwanzigjährige im Ferienidyll aufkreuzt und ihn nötigt, auf einem Küchenstuhl still zu sitzen. «Federn hat ihn mir aufgedrängt», schimpft er. Als er jedoch das fertige Werk sieht, ist er selber durchaus angetan, findet sich sogar überraschend gut getroffen. Paula Fichtl aber erklärt ungeniert, er schaue viel zu böse drein, so kenne ihn keiner. Und als auch andere meinen, er wirke richtig verärgert, obwohl er hier doch in Urlaubsstimmung und sehr gelassen sei, sagt er: «Ich ärgere mich auch – über die Menschheit.» Viele Freundschaften mit Schülern und Weggefährten sind in den letzten Jahren zerbrochen, nicht ohne Freuds Zutun. Umso mehr sucht er die Nähe zu den Hunden. «Hunde lieben ihre Freunde und beißen ihre Feinde ganz anders als die Menschen», hat er Anna erklärt, «die reiner Liebe unfähig sind und jederzeit Liebe und Hass in ihren Objektbeziehungen mischen müssen.» Hunde wie Blumen, findet er, haben keine Komplexe. Wie entspannend für einen, der sich täglich damit herumschlagen muss.

Seit fünf Jahren sind die Hunde seine ersten Geburtstagsgratulanten, morgens schon werden sie zu ihm geschickt mit einem rosa Band um den Hals, an dem ein Gedicht festgebunden ist. Bei Urlaubsaufenthalten früher, wo der Transport der Hunde zu mühsam gewesen war, waren sie ins Tierheim verfrachtet worden, und Freud hatte sie schmerzlich vermisst. Wenn er nun schon nicht richtig verreisen kann, findet Paula, sei es ein schöner Ausgleich, dass er Götter und Hunde mitnehmen kann. Die Besucher müssen eben damit leben, dass er sie im Garten empfängt, umzingelt von seinen drei Intimfreunden. Manche betrachten es bereits als Ehre, wenn Freud ihnen einmal mehr Aufmerksamkeit widmet als dem Schäferhund und den Chows. Geschmeichelt vermeldet der von Freud sehr geschätzte Siegfried Bernfeld seiner Frau Lisl nach einem Besuch in Pötzleinsdorf: «Prof. hinreißend liebenswürdig; hat weder mit den Hunden noch über sie gesprochen, sondern sehr liebenswürdig mit mir.»

Nein, Paula kann das alles verstehen, auch wenn sie nichts Genaues weiß von den Querelen der letzten Jahren mit Stekel und Adler, Rank und Jung. Sie spürt nur, dass er sich mit den Hunden ebenso gerne unterhält wie mit den antiken Figuren.

Dann aber macht er etwas, was Paula aus der Fassung bringt.

Es fängt damit an, dass Ernest Jones, sein wichtigster englischer Schüler, zu Besuch nach Pötzleinsdorf kommt, nicht etwa alleine, sondern mit Frau und Sohn Mervyn im Schlepptau. Dass Freud in den Dreizehnjährigen vernarrt ist, fällt Paula gleich auf, aber mit seinen Enkelkindern kann er es ja auch gut, zu denen ist er entschieden zärtlicher als zu seinen Söhnen und Töchtern. Mervyn redet englisch, Freud deutsch, trotzdem verstehen sie sich offenbar. Paula serviert Kuchen und Tee, Freud redet mit dem Jungen über Geschichte. Keiner von Freuds Söhnen hat sich je dafür begeistert, so wenig wie für Archäologie. Mervyn ist hingerissen von Freuds Sammlung. Und Paula traut ihren Augen nicht: der Herr Professor nimmt einen kleinen Krieger, wahrscheinlich ist es ein etruskischer, und schenkt ihn dem Kind. Dass er großzügig ist, weiß Paula, im sogenannten Urlaub erst recht. Wenn jemand wie seine hübsche Nichte Lilly, Mitzis Tochter, zu Besuch kommt, die als Schauspielerin Karriere macht, aber bestimmt noch nicht das große Geld, dann drückt er ihr Gesicht in die Rosenblüten und schiebt ihr ein Bündel Geldscheine in die Hand. «Kauf dem Kind oder dir etwas dafür», tuschelt er dann, «oder unternimm eine kleine Sommerreise.»

Trotzdem, einem Kind, das er vermutlich zum ersten Mal sieht, eines seiner Heiligtümer zu schenken, das ist etwas anderes. Und es kommt noch ärger. Drei, vier Stücke bewundert Mervyn. Und dann hört Paula Freud sagen: «Wenn sie dir gefallen, dann nimm sie nur mit.» Mervyn nimmt sie mit.

Dass sie auf Mervyns Schreibtisch in England später einen Ehrenplatz haben, erfährt Paula noch, denn sie folgt den Freuds ins englische Exil. Doch was Freuds Liebe zu Kindern und Hunden verbindet, wird sie schwerlich nachlesen, wenngleich es nahe läge, im nächstbesten Regal. Es steht in Freuds Arbeit über «Totem und Tabu»: «Das Kind zeigt noch keine Spur von jenem Hochmut, welcher dann den erwachsenen Kulturmenschen bewegt, seine eigene Natur durch eine scharfe Grenzlinie von allem Animalischen abzugrenzen. Es gesteht dem Tiere ohne Bedenken die volle Ebenbürtigkeit zu; im ungehemmten Bekennen zu seinen Bedürfnissen fühlt es sich wohl dem Tiere verwandter als dem ihm wahrscheinlich rätselhaften Erwachsenen.»

Dass es Freud dabei um die Kräfte des Es geht, die sich bei Kindern und Tieren gleichermaßen ungestört entfalten, weil die Kultur sie nicht behindert, weiß Paula nicht. Dass er aber zu seinen Hunden ein immer engeres Verhältnis bekommt, kann sie beobachten.

1936 hat er, gefragter denn je und sich der Kürze der verbleibenden Zeit bewusst, nichts Besseres zu tun, als Marie Bonapartes Buch über Topsy, ihren goldhaarigen Chow, ins Deutsche zu übersetzen.

Lün II wird mit Freud nach England emigrieren, neben seinem Sessel, neben seinem Schreibtisch, neben seinem Krankenlager, neben seinem Sterbebett liegen. Doch als das Krebsgeschwür das Gewebe völlig aufzufressen beginnt, als nur noch Morphiumspritzen gegen die Schmerzen helfen, fügt ausgerechnet Lün Freud den schlimmsten Schmerz zu: sie meidet die Nähe ihres Herrn und er weiß warum: Ihre feine Nase erträgt den Fäulnis-Geruch nicht mehr. Da weiß er, dass es Zeit ist zu gehen.

Der Spaziergang in Pötzleinsdorf:

Khevenhüllerstraße 6, XVIII. Bezirk (originales Gebäude, von außen zu besichtigen)
Pötzleinsdorfer Schlosspark
Geymüllerschlössel, Khevenhüllerstraße 2, XVIII. Bezirk, MAK (Museum für Angewandte Kunst) Expositur; Anmeldung unter 0043/1/711 36–298 oder 479 31 39
Buschenschank Pötzleinsdorf, Pötzleinsdorfer Straße 97, XVIII. Bezirk, Fon 0043/1/479 53 32, Öffnungszeiten: Samstag, Sonntag und Feiertage von 14 Uhr bis 24 Uhr, Montag bis Freitag von 15 Uhr bis 24 Uhr. Unter der Akazie dort konnte Freud bereits sitzen – sie ist dreihundert Jahre alt.

Düstere Ahnungen im lichten Sommerdomizil
~
Woran ein Besuch an der Hohen Warte erinnert

Seit einer Woche wohnen die Freuds in ihrem Sommerdomizil an der Hohen Warte. So möchte Freud das ganze Jahr über wohnen, zwischen Goldregen und Apfelbäumen, Fliederbüschen und Ribiselsträuchern. Seit 1900 war dort, in Unterdöbling, eine Villenkolonie entstanden, die ganz den Vorstellungen der Sezessionskünstler entsprach; schöne, aber keineswegs opulente Bauten in ländlicher Lage mit stillen Gärten und Terrassen, die den Blick in den Wienerwald auskosten. Carl Moll, der Stiefvater von Alma Mahler-Werfel, hatte damals die Organisation übernommen, Josef Hoffmann die künstlerische Leitung übertragen und den Anfang gemacht: das Doppelhaus für Moll und den Secessions-Künstler Koloman Moser war als erstes errichtet worden.

Bildende Künstler, Musiker, Schriftsteller, Sammler und Mäzene wohnen nach wie vor hier, Alma ist vor zwei Jahren wieder hierher zurückgekehrt ins Terrain ihrer Jugend und mit Franz Werfel ins Nachbarhaus von Carl Molls Villa eingezogen. Die ganze Gegend atmet eine heitere Gelassenheit, und die Mauthner-Villa, die Freuds gemietet haben, ist hell und ruhig. Doch die Stimmung verfinstert sich.

Beziehungsreich hatte Freud schon am 4. Mai 1933, als er mit Martha, Minna, Anna, der treuen Paula Fichtl und den Hunden nach Unterdöbling hinausgezogen ist, in seiner Chronik vor den Eintrag «Hohe Warte» nachträglich das Wort «Umzug» gesetzt. Sein letzter Eintrag vom 1. Mai hatte geheißen: «Sperre der Stadt gegen Umzüge». Die hatte aber nichts mit Spediteuren zu tun, es war um die Mai-Demonstrationen gegangen, die Österreichs Kanzler Dollfuß verboten hatte. Der hatte am 4. März den Nationalrat aufgelöst und herrschte seit dem 7. Mai durch Notverordnungen. Das Ziel von Engelbert Dollfuß ist jedem klar: er will die parlamentarische Demokratie zerschlagen, um ein autoritär ständisches Regime zu errichten unter der im Mai 1933 gegründeten Vaterländischen Front. Noch gibt es keine Ausschreitungen gegen jüdische Einrichtungen, es scheint, als seien die Juden nicht bedroht.

Aber von Ferne kündigt sich die Katastrophe an. Dass er hier, auf der Hohen Warte, abseits der Turbulenzen in der Stadt, Schritt für Schritt näher auf die Erkenntnis des Schrecklichen zugehen wird und die glücklichen Begegnungen lange Schatten werfen, weiß Freud Anfang Mai noch nicht. Doch täglich verdichten sich die Alarmsignale.

Am 5. Mai, dem ersten Tag, der für ihn draußen, an der Hohen Warte, beginnt, trägt er in seine Chronik «Ernst u Klemens» ein. Ernst, der Sohn, den Freud als ihm selbst am ähnlichsten empfindet, ist angereist mit Clemens Raphael, dem jüngsten seiner drei Kinder, gerade neunzehn Jahre alt. Die Familie von Ernst und Lux, Freuds liebster Schwiegertochter, lebt noch in Berlin; wie brenzlig die Lage dort bereits ist, erfährt er nun. «Jud Freud» wird Clemens Raphael in Berlin gerufen. Und Ernst denkt darüber nach, ob eine Emigration nach Palästina das Klügste wäre. Nur braucht man dort Architekten wie ihn? Ernst kann es nicht entgehen, dass sein Vater sich mehr denn je zurückzieht, vielleicht in der Hoffnung, sich durch eine innere Emigration die äußere ersparen zu können. Geburtstagsgeschenke hat er kategorisch abgelehnt. Der 6. Mai beginnt nicht hoffnungsroh. «Am Vormittag dieses Tages», schreibt Freud an Marie Bonaparte, «hatte ich einen Anfall von Schwindel, der mich fast umwarf, ohne Trübung des Bewusstseins. Dr. Schur, der zufällig gleich darauf kam, machte nichts daraus. Die Diagnose behauptete, der Schwindel sei vestibulär und die Folge von Nikotin. Ich bin seither auf drei Zigarren eingeschränkt.» Marie hat ihm als einzige etwas schenken dürfen, und die Kamelstatuette wird sofort auf den Schreibtisch gestellt; ob sich Freud darüber Gedanken macht, dass bei Augustinus das Kamel für den schweigend seine Bürde tragenden Menschen steht, wissen wir nicht. Jedenfalls klagt Freud an diesem Tag nicht etwa seinem Sohn oder seiner Tochter, sondern schriftlich dem Freund Ernest Jones, was ihn umtreibt. «Im Vergleich zu meinem 70. haben Sie recht, dass meine Sorge nicht mehr der Psychoanalyse gilt. Die ist gesichert, ich weiß sie in guten Händen. Aber die Zukunft meiner Kinder und Kindeskinder ist dunkel und gefährdet und die eigene Ohnmacht peinlich.»

Was soll er seinen Söhnen raten? Helfen kann er ihnen kaum. Oliver sieht sich bereits in Paris nach einem neuen Domizil um. Anna wird das Land sicher nicht ohne ihren Vater verlassen, und auch Mathilde macht sich mehr Sorgen um ihn als um die eigene Zukunft; ihr ist klar, dass die Strapazen einer langen Reise ins Exil ihren Vater überfordern würden, und sie beschäftigt sich lieber damit, ein Haus am Rande Wiens zu suchen, in dem ihre Eltern das ganze Jahr über so ruhig leben können wie in den Sommerdomizilen, ein Haus mit Garten, abseits der städtischen Turbulenzen. Doch vor Schreckensnachrichten ist Freud auch in solchen Refugien nicht geschützt. Er will es auch nicht sein.

Am 11. Mai trägt Freud in seine Chronik nur ein «Verbrennung in Berlin.» Aber er hat genau erfahren, was am Tag zuvor geschehen ist.

Auf Anordnung von Goebbels war die symbolische Hinrichtung jüdischer, pazifistischer und marxistischer Autoren von der Deutschen Studentenschaft auf dem Opernplatz inszeniert und opernreif in Szene gesetzt worden. Sie hatte gründliche Arbeit geleistet und seit dem 26. April schon die Universitäts- und Institutsbibliotheken nach Literatur durchforstet, die ihrer Ansicht nach auf den Scheiterhaufen gehörte. Stadt- und Volksbüchereien mussten die «Säuberungsaktion» selber durchführen.

Der Fackelzug hatte sich auf dem Hegelplatz hinter der Universität formiert, war entlang der Museumsinsel in die Oranienburger Straße gezogen, wo Lastwagen mit Zigtausenden von Büchern warteten. Dort heizte ein Redner den Leuten ein, bis sie gegen 22 Uhr bei strömendem Regen, angefeuert von einer Blaskapelle der SA, Richtung Reichstag marschierten; Professoren in Talaren, Studenten mit NS-Insignien, Verbände der SS in ihren Uniformen, Burschenschaftler im Wichs, berittene Polizei. Über den Linden-Boulevard waren sie bis zum Opernplatz gezogen, wo sich 70 000 Menschen drängten, um Propagandaminister Goebbels zu hören und die Aktion gegen den Ungeist mitzuerleben. Weil der Scheiterhaufen wegen des Regens nicht brannte, musste mit Benzin aus Kanistern nachgeholfen werden. Die Studentenschaft sieht sich mit der Verbrennung in bester Tradition. Während des Wartburgfestes 1817 waren ebenfalls Bücher von Autoren verbrannt worden, deren Werke man für zersetzend erklärte. Mehr als 20 000 Bücher wurden an diesem 10. Mai 1933 von Hand zu Hand gereicht und Sprüche zu neun Kategorien «undeutschen Schrifttums» abgesondert. Freud kann es nachlesen, welcher Spruch ihm gegolten hat: «Gegen die seelenzerfasernde Überschätzung des Trieblebens, für den Adel des menschlichen Geistes! Ich überantworte den Flammen die Schriften von Sigmund Freud.»

Er sitzt im Grünen hinter der Mauthner-Villa, eine Decke über den Knien, sieht die Verheerung aufziehen am heiteren Himmel und rettet sich aus der Verzweiflung in Zynismus. «Was wir für Fortschritte machen!», schreibt er an Jones. «Im Mittelalter hätten sie mich verbrannt, heutzutage begnügen sie sich damit, meine Bücher zu verbrennen.»

Die österreichischen Zeitungen unterrichten ihn, dass nicht nur in Berlin, sondern auch noch in einundzwanzig anderen deutschen Städten stellvertretend für die Autoren deren Bücher verbrannt worden sind, Werke von Arthur Schnitzler und Alfred Döblin, Ernst Bloch und Bertolt Brecht, Lion Feuchtwanger und Heinrich Heine. «Zumin-

Ausnahmezustand: Auch in der Unterdöblinger Idylle der Mauthner-Villa bedrängte die Freuds 1933 das politische Geschehen in Deutschland. Anna schrieb: «Manchmal wundert mich, dass auch in solchen Zeiten wie den jetzigen der Frühling und der Sommer kommt, als wäre nichts geschehen.»

dest brenne ich in bester Gesellschaft», meint Freud. Dass Heinrich Heine schon in seinem frühen Drama «Almansor» prophezeit hatte, wo man Bücher verbrenne, verbrenne man bald auch Menschen, will der Heine-Verehrer Sigmund Freud anscheinend nicht erinnern. Bei aller Sorge bleibt er optimistisch. «Unsere Feinde wollen uns vernichten. Doch es wird ihnen nicht gelingen, uns über die Welt zu zerstreuen.» Sein Ton bleibt ironisch, panisch hört sich Freud nicht an. Es enttäuscht ihn, entsetzt ihn aber nicht, dass die Mehrheit der Deutschen Hitler gewählt hat. «Sehen Sie, wie armselig selbst die Einbildungskraft eines Dichters sein kann», erklärt er Theodor Reik, ebenfalls Jude. «Shakespeare lässt in seinem Sommernachtstraum eine Frau in Liebe zu einem Esel verfallen, worüber alle höchst erstaunt sind. Doch nun, schauen Sie, verfällt eine Nation von 65 Millionen Menschen einem ...»

Das Paradies in Unterdöbling verdunkelt sich täglich. Das Abschiednehmen wird zur wehmütigen Gewohnheit. Am 15. Mai ist Ernst bereits nach London abgereist, wo er sich und seine Familie durchzubringen hofft und Ausschau nach einer bezahlbaren Wohnung hält, während Oliver sich in Paris umsieht; kaum ist der Lieblingssohn Ernst weg, unterzieht sich Freud einer neuen Operation bei Pichler. Noch am selben Tag besucht ihn sein Freund Arnold Zweig; es soll sein letzter Besuch sein, denn noch im gleichen Jahr emigriert er nach Palästina. Ob es Freud trösten kann, dass Zweig in dem Buch, an dem er gerade arbeitet, die Leistungen der deutschen Juden aufzählt und die von Freud als die «des bedeutendsten deutschen Wissenschaftlers» würdigt? Ob er die Kraft hat, mit dem Schriftstellerfreund zu diskutieren über dessen Diagnose, Nazideutschland gleiche mit einem psychotischen Patienten, der gar nicht anders könne, als alles zu zerstören, was seine manischen Wünsche negiert?

Freud reagiert somatisch auf die bedrängende Situation und kämpft mit Darmbeschwerden. Am 22. Mai erfährt er, dass Sándor Ferenczi gestorben ist, lange Zeit sein engster Vertrauter und einer der Kronprinzen, die später alle von der Thronfolge ausgeschlossen worden waren. Paula Fichtl versucht ihren Dienstherrn mit hausgemachtem Eis aufzuheitern, aber Freud sehnt sich zunehmend einem Ende entgegen, weil es ihn quält, in den alltäglichen Verrichtungen rund um die Uhr auf Hilfe angewiesen zu sein und als ein Mann, der das Grummeln der Großfamilie liebt, mehr und mehr zu vereinsamen. Auch Mathilde und ihr Mann reden nun offen über ihre Pläne, zu emigrieren. «Drei meiner Familien, zwei Söhne und ein Schwiegersohn, suchen ein neues Heim und haben noch keines gefunden. Zu den gastlichen Ländern gehört die Schweiz nicht. Mein Urteil über die Menschennatur, speziell die christlich-arische, zu ändern war wenig Anlass», schreibt er dem Züricher Freund Oscar Pfister.

Freud versucht, sich abzulenken. Er blickt zurück in eine friedliche Vergangenheit, als er mit seinen Schulfreunden Wilhelm Knoepfmacher und Julius Wagner in der Mauthner-Villa den 60. Jahrestag der Matura feiert und sich daran erinnert, wie sie sich beim Büffeln mit Weintrauben und literweise Kaffee wach hielten. Er sieht auf die, die von Geburt an benachteiligt sind, indem er die Kinder im Israelitischen Blindeninstitut ein paar Meter weiter, auf der Hohen Warte 32, besucht, mit ihnen lange redet und gerührt die selbstgepflückten Blumen in Empfang nimmt. Doch er hat sein Leben lang geübt, nie wegzuschauen. Die Gefahr aus Deutschland rückt näher und reicht in seine Existenz hinein; dass sein Briefwechsel mit Einstein, der nun zeitgleich auf Deutsch und Französisch erscheint, in Deutschland selbstverständlich nicht vertrieben werden darf, schmerzt ihn.

Da meldet sich ein Gast in der Mauthner-Villa an, der Einstein kennt und diese Bekanntschaft zu nutzen versteht, ein Rabbi namens Stephen Wise.

Freud weiß einiges über diesen Mann, 1874 in Osteuropa geboren und zu einem der führenden Zionisten in den USA, zum Präsidenten des American Jewish Congress aufgestiegen. Und was er weiß, muss ihn zwiespältig stimmen. Einerseits wird es ihn beeindrucken, dass Wise gegen alle Widerstände am Madison Square eine Demonstration organisiert hat, die den Boykott deutscher Importe forderte, nachdem im März die Nationalsozialisten jüdische Geschäfte und Dienstleister boykottiert hatten. Andererseits hat eben jener politisch hochaktive Reformrabbi schon vor bald acht Jahren öffentlich New Yorker Studenten vor Freud gewarnt, in dem er einen Verführer zum Ausleben der sexuellen Triebe sah. «Kants Lehre des ‹du musst, du sollst, du kannst› setzt Freud das ‹du darfst› entgegen», zeigte er sich besorgt. Der Freudianismus sei «ein Hinuntergraben in die Abwasser unserer Stimmungen und Appetite, Träume und Leidenschaften». Dennoch empfängt Freud ihn am 12. August in der Mauthner-Villa. Wise war zwar in Wien unter dem Oberrabiner Adolph Jellinek ordiniert worden, getroffen hatte er Freud aber noch nie.

Der Auftritt des Rabbi muss Freud überraschen: ein breitschultriger Mann im teuren Geschäftsanzug, glatt rasiert, ein markantes Kinn, ein energisches Profil, eher ein Präsidentschaftskandidat als ein Geistlicher. Ein Mann mit geschmeidigen Manieren und unverhohlenen Machtinteressen. Wise ist als Politiker unterwegs: Freud soll gewonnen werden für seine Kampagne, auch in Österreich Waren aus Deutschland abzulehnen. Das gelingt ihm auch. Nicht aber, Freud von seiner Gutgläubigkeit abzubringen, den Österreichern sei die «deutsche Brutalität nicht gelegen». Freud sieht wie viele österreichische Juden, wenn auch widerwillig, die Rechtsdiktatur von Dollfuß als sicheren Schutz gegen die Nazis. «Ruhe vorläufig», schreibt er im Juli 1933, immer noch vom Sommerdomizil aus, an eine Freundin. «Wir dürfen annehmen, dass wir einem besonderen, bodenständigen Faschismus entgegengehen, der nicht so brutal sein wird wie der deutsche. Ob es schön sein wird, in Wien zu leben?»

Ernst und Lux sagen nein: Mitte September statten sie Freud im Sommerdomizil einen letzten Besuch ab, dann brechen sie mit ihren drei Söhnen für immer nach England auf. Alle werden dort erfolgreich sein, und der Mittlere, Lucian Freud, zu einem der größten Künstler des Landes werden.

Auch Anna wird, als sie endlich 1938 mit Mutter, Vater und Tante emigriert, im englischen Exil zu Weltruhm gelangen. In Wien jedoch wird der Name Freud unter den Nationalsozialisten aus dem Gedächtnis, aus den Büchern, aus dem öffentlichen Bewusstsein getilgt.

Dass ihr Vater zweiunddreißig Jahre nach Ende des Dritten Reichs ganz in der Nähe der Mauthnervilla gewürdigt wird, ist für Anna Freud Grund genug, nach Wien zurückzukehren: dorthin, wo ihr Vater 1895, im Sommer vor ihrer Geburt, Urlaub gemacht hatte, dorthin, wo früher das

Ausblick: «Glaubst Du eigentlich, dass an dem Hause dereinst auf einer Marmortafel zu lesen sein wird: ‹Hier enthüllte sich am 24. Juli 1895 dem Dr. Sigm. Freud das Geheimnis des Traumes?» hatte Freud vom Hotel Bellevue aus an Wilhelm Fließ geschrieben. Das Haus wurde abgerissen, aber die Gedenktafel mit genau diesem Text wurde angebracht auf einem Stein den Wilhelm Holzbauer entworfen hatte. Der Blick auf Wien ist schön wie ehedem.

Hotel Bellevue gestanden hatte, dorthin, wo er zum ersten Mal mit 39 Jahren einen Traum durchgehend analysiert hatte. Sie ist schon zweiundachtzig, als der Gedenkstein am

Ende der Himmelstraße enthüllt wird. Und der Weg Richtung Wienerwald durch Döbling und Grinzing die Anhöhe hinauf ist ein Weg zurück in jene stadtnahen Sommerparadiese, die sie wie ihre Mutter nie vergessen konnte. Gerade, weil sie da die letzten lichten Zeiten erlebten, bevor das Inferno hereinbrach über Wien.

Der Spaziergang an der Hohen Warte:

Hohe Warte 46, die sogenannte Mauthner-Villa, Sommerdomizil von Freud 1933

Villen in der Steinfeldgasse und der Wollergasse, die von der Hohen Warte abzweigen

Weg von der Villenkolonie an der Hohen Warte über Grinzinger- und Strassergasse durch die Himmelstraße zum Freud-Gedenkstein am ehemaligen Standort des Hotel Bellevue mit weitem Blick auf die Stadt

Annas Alleingang ins Hotel Métropole

Dunkle Erinnerungen am Morzinplatz

Es ist der Hintereingang des Hotel Métropole, der denen, die Bescheid wissen, Angst macht, nicht das Hauptportal. Durch die zentrale Tür unter dem Portikus mit seinen vier Säulen, vor dem kugelförmig geschnittene Buchsbäume stehen, sieht man selten Privatpersonen das Gebäude betreten. Aber hinten, an der Salztorgasse, schluckt der mächtige Prachtbau die Menschen. Laut sagt es keiner, aber es hat sich herumgesprochen, dass die meisten, die seit März 1938 dort hinten an der Salztorgasse von Uniformierten ins Hotel eskortiert worden sind, nicht mehr gesehen wurden. Und dass man irgendwo in Wien vergebens auf ihre Rückkehr wartet. Unwillkürlich senken viele Wiener, wenn sie am Métropole vorbeigehen, die Stimme und schauen nur verhohlen hin. Vielleicht wollen sie es nicht genauer wissen, was dort passiert, seit die Gestapo das Haus beschlagnahmt und zu einem ihrer Hauptquartiere in der Stadt gemacht hat. Zur offiziellen Stapoleitstelle im angeschlossenen Österreich.

Trotz der Hakenkreuzfahne an der viergeschossigen Palastfassade ist dem Hotel anzusehen, dass es eigentlich nach Champagnerempfängen und Ballnächten verlangt und seine ursprünglichen Besitzer nichts deplazierter gefunden hätten als diese rüden Männer in schweren Stiefeln auf dem Parkett ihres Hauses, einem Denkmal jener Ringstraßenherrlichkeit, mit der sich die Bourgeoisie selbst feierte.

Doch die Wiener haben nicht vergessen, dass das Hotel Métropole von Anfang an ein Ort der gescheiterten Hoffnung gewesen war. Es hatte nur hoffnungsfroh mit ihm begonnen; als eines der aufwändigsten neuen Palasthotels war es rechtzeitig vor der Weltausstellung 1873 eröffnet worden. Wie das Grand Hotel, das Hotel de France und das Hotel Imperial war es von den Investoren in siegessicherer Opulenz etabliert worden, um den Fremden zu zeigen, dass Wien von sich und seiner Zukunft überzeugt war. Und dass es verwöhnten Gästen so viel Komfort und moderne Technik bieten konnte wie Paris, Berlin oder New York. Aber vermessen wie der falsche Renaissancestil, mit dem das Métropole seinen Anspruch hinausposaunte, waren auch die Erwartungen; der Bauboom an der Ringstraße hatte etwas Ungesundes, die Konjunktur war überhitzt, Gewinnsucht vibrierte in den Köpfen, die Lust am Repräsentieren berauschte nüchterne Geschäftsleute. Tausende von neuen Firmen waren gegründet worden, Banken und Aktiengesellschaften, Ziegelfabriken, Industrieanlagen für den Bau von Maschinen und Lokomotiven. Kurz nach der Eröffnung der Weltausstellung, am 9. Mai 1873, brachen die Visionen in sich zusammen wie eine Pflanze mit morschem, innen verfaultem Stängel: der schwarze Freitag machte Pläne und Existenzen zunichte. Auch das Métropole strandete am Größenwahn, ein aufgelaufenes Schlachtschiff mit 360 luxusschweren Zimmern, 60 Bädern und hausinternem Kaffeehaus. Und, wie viele sich erinnerten, dick gepolsterten Doppeltüren, durch die nicht das geringste Geräusch drang.

Das kommt den Männern gelegen, die dort nun ihre Verhöre durchführen. Seit Heinrich Himmler am 12. März 1938, einen Tag nach dem Einmarsch der Nationalsozialisten, am Wiener Flughafen mit einem Stab von SD- und Gestapobeamten gelandet ist, gibt es viel zu tun im Métropole. Schon in den ersten Wochen sind die Funktionäre des alten Regimes als sogenannte Schutzhäftlinge in das Hotel gebracht worden, dann Kommunisten, Sozialisten, Antifaschisten und Juden, und kaum einer ist von dort wieder nach Hause zurückgekehrt. Längst kursieren Nachrichten über das, was hinter der Palastfassade vor sich geht. Dass von dem Eingang an der Salztorstraße eine Treppe direkt in den Keller führt, in dem die Gestapo ein Gefängnis eingerichtet hat, und dass dort die Häftlinge so lange gefoltert werden, bis sie an den Folgen der Misshandlungen sterben oder gestehen, was immer von ihnen verlangt wird.

Auch Anna und Martin Freud wissen das; als Anna zur Gestapo beordert wird, sucht sie mit ihrem Bruder umgehend Dr. Max Schur in seiner Wohnung auf, seit neuneinhalb Jahren der Leibarzt ihres Vaters, als Jude samt Frau und Kindern selbst bedroht. Er braucht keine Erklärungen, als sie von ihm zwei ausreichende Dosen Veronal erbitten. Der Selbstmord ist eine realistische Fluchtperspektive. Zwischen elftem und vierzehntem März haben vierzehn Wiener bereits diesen Weg gewählt, acht davon Juden. Vor ein paar Tagen, am 16. März, ist Egon Friedell, das Mastadon genannte Bildungsmonster, dessen Kulturgeschichte wenige gelesen, aber Tausende gekauft haben, aus dem Fenster seiner Wohnung im dritten Stock in den Freitod gesprungen, als SA-Männer seine Wohnung stürmten. Dass sie die Ursache sind, dementieren die Nationalsozialisten: «Vom 12. März bis 22. März», vermeldet eine offizielle Depesche, «verübten in Wien 96 Personen Selbstmord, von denen nur 50 direkt mit dem Wechsel der politischen Lage in Österreich verbunden waren.» Doch vor Ort kann dieses Dementi nicht über die Wahrheit hinwegtrügen. Die Angst vor Folter und Deportation ist auch für Anna und Martin natürlicher als das Vertrauen in all die Vorkehrungen, die zum Schutz von Freud und seiner Familie getroffen worden sind. Wie zerbrechlich diese sind, hat sich bereits gezeigt. Es hat zwar so ausgesehen, als sei das System sicher, das Marie Bonaparte und ein paar andere Vertraute sich ausgedacht haben: Paula Fichtl, das ergebene Dienstmädchen der Freuds, sollte sich im Ernstfall ins Esszimmer schleichen, dort über das Haustelefon die als US-Bürgerin unangreifbare Dorothy Burlingham in der Etage drüber alarmieren, und Dorothy sollte dann so-

Ort der Tragödien: Das Hotel Métropole, von den Ringstraßenarchitekten Carl Schumann und Ludwig Tischler erbaut, wurde 1945 von einem Bombentreffer zerstört. An seiner Stelle wurde eine Gedenkstätte errichtet, nach dem Politiker Leopold Figl benannt, der hier ebenfalls inhaftiert war, bevor er nach Dachau deportiert wurde. Der Eingang in den Gedenkraum liegt fast genau dort, wo sich der Eingang des Métropole an der Salztorgasse befand, durch den auch Anna Freud diesen Ort des Schreckens am 22. März 1938 betrat. Zehn Tage später startete der erste Transport aus Wien ins Konzentrationslager Dachau. Die Liste der Deportierten, im Métropole erstellt, ist in diesem Gedenkraum zu sehen.

fort die amerikanische Botschaft verständigen, die innerhalb weniger Minuten wie zufällig einen Mitarbeiter in der Berggasse 19 vorbeischicken würde. Doch als sich letzte Woche fünf SA-Männer gewaltsam Zugang verschafft haben zur Wohnung in der Berggasse, das Geld einschaufelten, das Martha Freud aus ihrem Portemonnaie mit dem Satz «Bedienen sie sich» vor den Braunhemden auf den Tisch leerte, als Anna aus dem Panzerschrank nebenan die insgesamt sechstausend Schilling holen und den Plünderern aushändigen musste, da war doch alles schiefgelaufen. Nur Marthas kühle Würde und Freuds stummer Zorn hatte die Eindringlinge mit der Drohung, bald wiederzukommen, das Feld räumen lassen.

Das Veronal in ihrer Tasche zu wissen, beruhigt Anna. Sie verlässt sich nicht darauf, dass an wichtigen Stellen Verbündete sitzen, sofort bereit, einzuschreiten; dass John Cooper Wiley, Generalkonsul der USA in Wien, genau instruiert ist, was für Freud und seine Familie getan werden muss, dass William Bullitt, der mit Freud eine psychoanalytische Studie über Präsident Wilson verfasste und nun als amerikanischer Botschafter in Frankreich sitzt, einen direkten Telefonkontakt zu Präsident Franklin Roosevelt gebahnt hat und dass nun seit dem 17. März schon Marie Bonaparte vor Ort ist und ihre Kampfbereitschaft als Schutzherrin der Freuds mehr als deutlich zu erkennen gibt. Anna weiß so gut wie alle in der Freud-Familie: Die Fraktion von Himmler und Goebbels vertritt die Meinung, die gesamte Bande um den großen alten Mann müsse weggesperrt und ausgelöscht werden, gilt sie doch als Herzstück einer Gemeinschaft, die den neuen Herren brisant erscheint; Hintergründe offen zu legen, heißt für sie, die Moral zu zersetzen.

Dass manche im deutschen Auswärtigen Amt, darunter auch Göring, vor dem internationalen Skandal zurückschrecken, der zu erwarten ist, wenn Freud etwas geschieht, bedeutet keinerlei Absicherung. Auch Freud selbst ist sich klar darüber, dass seine Mitgliedschaft bei der Loge B'nai B'rith, die Briefe und das handsignierte Foto des Staatsfeindes Einstein, die in der Berggasse sichergestellt worden sind, als Belastungsmaterial ausreichen, um ihn jederzeit zu verhaften. Und als Anna jetzt vor dem Weg ins Hotel Métropole Max Schur das Versprechen abnimmt, sich um ihren Vater zu kümmern, so lange es ihm möglich sei, weiß er, dass sie mit allem rechnet, auch mit ihrer Verschleppung oder heimlichen Ermordung.

Um zwei Uhr mittags kabelt John Cooper Wiley dem Außenminister mit dem Vermerk «für Bullitt»: «Anna Freud soeben verhaftet.»

Da sitzt sie bereits in einer dieser schwarzen Gestapo-Limousinen. Wohin sie fahren, wird von den Leuten auf der Straße genau verfolgt. Der 22. März ist nicht kalt, und man hat Anna Freud in einem offenen Auto abgeholt. Schmal und blass kauert sie im Fond zwischen zwei Uniformierten. Ihr ohnehin schmächtiger Körper verliert sich wie üblich in einem langen, weit fallenden Kleid. Um den Hals trägt sie eine der Ketten, mit denen ihr Vater sie immer am Geburtstag beschenkt. Anna Freud wirkt mädchenhaft, obwohl sie bereits zweiundvierzig ist. Vielleicht denkt sie auf dieser Fahrt Richtung Morzinplatz daran, dass ihr Vater sie seine Antigone nennt, weil sie ihn, den Hilflosen, bis zum Tod zu begleiten verspricht, und dass er oft gesagt hat, sie, die Jüngste, sei stärker als alle anderen Kinder, stärker als er selber. Anna Freud kann es nicht entgehen, wie sie von Passanten beobachtet wird auf ihrem Weg zum Hotel Métropole. Vor dem spurlosen Verschwinden wird sie dies so wenig bewahren wie viele vor ihr. Zeugen zählen nicht. Auch ihr Neffe Ernst hat Anna vom Kohlmarkt aus gesehen, als sie in dem Gestapo-Wagen zwischen den Schwarzuniformierten am Michaelerplatz vorbeigefahren worden ist. Er unternimmt Streifzüge durch die Stadt, obwohl er weiß, wie riskant das ist. Bei einem Mann von vierundzwanzig ist die Wissbegierde meistens größer als die Vorsicht. Außerdem, sagt er, sei es schwierig einzuschätzen, wo es sicherer sei. Bleibt man zu Hause, besteht Gefahr, von den Nazis abgeholt zu werden, auf offener Straße besteht Gefahr, von der Gestapo angepöbelt und aufgegriffen zu werden. Beim Friseur in der Liechtensteinstraße belauscht Ernst andere Kunden, die alle auf einmal nie einen Juden gekannt haben. In der Kärntnerstraße beobachtet er, wie die Wiener versuchsweise die Hand zum Hitlergruß recken und schauen, wie das ankommt. Sein Großvater hat die Wohnung schon seit dem 12. März nicht mehr verlassen. Anna befindet sich bereits im Vorzimmer der Entrechtung, als Ernst bei den Großeltern die Treppe hinaufrennt und wissen will, ob das wahr sein kann, was er beobachtet hat. Im Wohnzimmer sitzt schon Max Schur und versucht, Freud zu beruhigen. Bisher hat der fast Zweiundachtzigjährige alles mit einer Gelassenheit und Würde an sich vorbeiziehen lassen, die den anderen unheimlich ist. Nun aber hat ihn die

Heldin der Tragödie: Anna, Freuds Jüngste, wurde seine engste Vertraute. «Aber es ist ihnen doch nicht verborgen geblieben», schrieb Freud an Arnold Zweig vier Jahre vor der Emigration, «dass das Schicksal mir als Entschädigung für manches Versagte den Besitz einer Tochter gewährt hat, die unter tragischen Verhältnissen hinter einer Antigone nicht zurückgestanden hätte.» 1938 folgte sie ihm wie Antigone ihrem Vater Ödipus ins Exil.

Panik gepackt. Freud raucht eine Havanna an der anderen und ist nicht zu bewegen, sich hinzusetzen und durchzuatmen. Anna und seine Zigarren spielen für ihn eine vergleichbare Rolle, das hat er selbst schonungslos zugegeben: ohne sie fühlt er sich des Glückes beraubt. Es ist schon sechzehn

Jahre her, dass er seiner Freundin Lou Andreas-Salomé über seine jüngste Tochter geschrieben hat: «Ich bedaure sie längst, dass sie noch im Haus bei dem Alten sitzt, [...], aber andererseits, wenn sie wirklich fortginge, würde ich mich so verarmt fühlen wie z. B. jetzt, wenn ich das Rauchen aufgeben müsste.»

Schur weiß es genausogut wie alle anderen, dass Anna der wichtigste Mensch in Freuds Dasein ist. Nicht nur, was den geistigen Austausch angeht – da hat sie ihre Tante Minna, Freuds Schwägerin, die sich am Telefon mit «Frau Professor Freud» meldet, schon lange entmachtet. Auch was intime Verrichtungen betrifft, ist Anna unersetzbar. Derjenige, dem wir unsere Schwäche zu erkennen geben, ist uns am nächsten. Martha hilft ihrem Mann zwar beim morgendlichen Bad und beim Anziehen, das Reinigen und Einsetzen seiner Prothese aber und die vorherige Untersuchung der Mundhöhle in den Praxisräumen an der sogenannten Ordination, einem kleinen Rolltisch mit Spiegel, Wassergläsern, Verbandwatte, einer Emailschale mit Schere und Pinzette, über dem im Regal Flaschen mit verschiedenen Tinkturen stehen, das ist ausschließlich Annas Sache. Und wenn es Freud gut genug geht, um statt des Mittagschlafs einen Spaziergang zu machen, ist sie es, die ihn begleitet. Anna ist seine engste Vertraute. Sie jetzt zu verlieren, bedeutete für Freud das Ende.

Annas Bruder Martin ist ruhiger als der Vater. Er weiß, dass sie den besten Schutz mit sich führt, ihre Klugheit, und dass sie durchschaut, worin die größte Gefahr liegt: im Métropole auf einen der Flure gesetzt und vergessen zu werden, bis schließlich sämtliche Büros schließen. Dann muss sie nämlich damit rechnen, mit den anderen jüdischen Gefangenen, die noch nicht drangekommen oder bereits aussortiert worden sind, in einer Nacht- und Nebelaktion deportiert zu werden.

Freud notiert in seinem stichwortartig geführten Tagebuch an diesem Dienstag nur drei Worte. «Anna bei Gestapo.»

Spät kommt sie zurück. Sie ist weiß im Gesicht und zittert am ganzen Körper. Erzählen will sie nichts. Ihr Bruder Martin, ihre Eltern, auch Max Schur können nur raten, wie sie es geschafft hat, noch einmal mit heiler Haut davonzukommen. War es Dorothys Einsatz? Hat sich die Prinzessin Bonaparte eingeschaltet? Oder sind andere Retter aktiv geworden?

Erst achtzehn Jahre später wird Anna Freud in einem Brief an Jones berichten, dass es wohl «eine Intervention hinter den Kulissen gegeben» habe, dass also irgendeiner der gezogenen Drähte funktioniert hat. «Es kam jedenfalls», so Anna, «ein mysteröser Anruf, nachdem ich einige Stunden dort gewesen war, und danach wartete ich nicht mehr draußen, auf dem Korridor, sondern saß in einem inneren Zimmer.»

Es ist nicht bekannt, ob sie selbst es je erfahren hat, dass anscheinend auch Mussolini interveniert hat und, wie der Psychoanalytiker und Duce-Bekannte Dr. Edoardo Weiss erinnert, dem italienischen Botschafter in Wien Order gab, sich umgehend für die Freuds einzusetzen.

Die Chance, angehört zu werden, hat Anna Freud mit kühler Vernunft zu nutzen gewusst. Sie nahm genau wahr, wozu die anderen jüdischen Verdächtigen vor ihr in demselben Raum verhört wurden; dass sie keine Diskretion verdient hatten in den Augen der Gestapo, half Anna, denn sie hörte, wie von einer «Terrororganisation jüdischer Ex-Soldaten» die Rede war. Der Vorwurf würde sich also gegen die Machenschaften der Internationalen psychoanalytischen Vereinigung richten, die ohnehin als ominös galt. Sie als Deckadresse für antideutsche Sabotage zu verunglimpfen, wäre ein Leichtes. Doch offenbar ist es Anna Freud gelungen, der Gestapo das benötigte Alibi zu ihrer Freilassung zu liefern, indem sie darlegte, dass es sich bei der Vereinigung um eine rein wissenschaftliche Organisation handle. In Voraussicht hatte sie den an sie persönlich gerichteten Brief eines besonders bekannten deutschen, nicht jüdischen Mitglieds der

Vereinigung mitgenommen als Beleg für deren politische Unbedenklichkeit. «Sehr verehrtes gnädiges Fräulein», begann das Schreiben. Höflich und üblich, aber nicht gebührlich: so viel Ehre und Gnade hatte eine Jüdin von einem deutschen Arier nicht verdient. Der Absender sollte dafür büßen; seine Karriere wurde abrupt beendet.

Um sieben Uhr abends telegrafiert Wiley dem Außenminister «für Bullitt» die Nachricht: «Anna Freud freigelassen.»

Was das für ihren Vater bedeutet, entgeht keinem, der Annas Heimkehr miterlebt.

So gerne er mit den Enkeln schmust, zu den eigenen Kindern hält Freud von jeher körperlich Distanz, ist beinahe förmlich. Paula Fichtl, die ihn als einen warmherzigen Mann kennt, der ihr ab und zu die Wange tätschelt, fällt es auf, dass er nie einen seiner Söhne oder Töchter umarmt oder gar küsst, auch das Fräulein Anna nicht.

Doch nun bricht aus dem Vater, der so selten überschwänglich ist, mit der Erleichterung die Zärtlichkeit heraus. Sachlich bemerkt Schur: «Freud, der selten seine Zuneigung offen zur Schau trug, zeigte an diesem Abend seine Gefühle ziemlich unverhüllt.»

Dass Anna den Fängen der Gestapo entkommen ist, muss Freud als letzte Mahnung zur schnellstmöglichen Flucht verstehen; noch vor zwölf Tagen, als Schur im weißen Kittel direkt aus der Klinik in die Berggasse gekommen war, weil er die Meldung vom bevorstehenden Einmarsch der Nationalsozialisten vernommen hatte, war Freud keineswegs bereit gewesen, Wien zu verlassen.

Die Nähe zu seiner Tochter ist nun noch größer als zuvor, und ihre Hingabe an den Vater grenzenlos. Sie ist ihm ein zweites Mal geschenkt worden.

Während der letzten Monate seines Daseins im englischen Exil wird Anna jede Nacht mehrer Male aufstehen, um den Kiefer des Vaters mit Orthoform zu betupfen. Und er gibt zu, wie dankbar er für seine Antigone ist. «Das

Schicksal hat es gut mit mir gemeint», wird er Schur gestehen, «dass es mir die Beziehung zu einer solchen Frau gewährt hat – ich meine natürlich die Anna.» Ihr überlässt er die letzte und wichtigste Entscheidung seines Lebens. Es ist zwar sein Leibarzt Schur, den er an das Versprechen erinnert, ihn nicht im Stich zu lassen, wenn die Zeit gekommen ist. «Das ist jetzt nur noch Quälerei und hat keinen Sinn mehr», wird er dem Leibarzt sagen, der an seinem Bettrand sitzt, und erleichtert aufseufzen, als Schur im zu erkennen gibt, dass er verstanden hat. Dann aber wird Freud hinzufügen: «Besprechen Sie es mit der Anna, und wenn sie es für richtig hält, machen Sie ein Ende.»

Am 23. September 1939 um drei Uhr morgens stirbt er nach einer Überdosis Morphium im Koma.

Voller Schuldgefühle wird die Frau seines Lebens zurückbleiben, die sich nun dorthin rettet, wo sie dem Vater täglich begegnet: in die Arbeit.

Der Spaziergang zum ehemaligen Hotel Métropole:

Gestapo-Gedenkstein und Gedenkstätte für die Opfer des österreichischen Freiheitskampfes, Morzinplatz 4, Salztorgasse 6, I. Bezirk

Was Freud so gern vernichtet hätte
~
An den Schauplätzen des Abschieds

Als Prinzessin Marie Bonaparte sich im April 1938 auf den Weg an die Freyung macht, eine große Tasche in der Hand, weiß sie: das ist ihre letzte wichtige Aktion hier in Wien. Sie hat für den Mann ihres Lebens getan, was in ihrer Macht stand, hat ihre Beziehungen, ihre Position, ihr Geld für Freud verwendet, wohl wissend, dass bei jedem Schritt Vorsicht geboten ist, auch wenn ihr theoretisch keiner etwas anhaben kann.

Marie Bonaparte war klug genug, bei diesem Wien-Aufenthalt nicht wie üblich im Bristol einzuziehen, sondern in der Griechischen Botschaft. Damit gab sie sich unmissverständlich als Frau des Prinzen von Griechenland zu erkennen. Jeder Übergriff auf sie wäre ein Akt von staatspolitischer Tragweite. Und sie nutzte ihre Unantastbarkeit, wo sie konnte. Weil der Gestapo jederzeit eine weitere Razzia bei den Freuds zuzutrauen war, verbrachte sie ihre Nächte im Treppenhaus der Berggasse, von Paula mit Tee oder Schokolade versorgt. Wer dort auf sie gestoßen wäre, eine Gestalt in dunkelblauem Nerz, helle Wildlederhandschuhe an den Händen, auf dem Kopf ein fragiles Hutgebilde, neben sich griffbereit die Krokodilledertasche, um sich eine Wolke von Stephanotis-Duft, wäre automatisch zurückgewichen. Sie hatte Freuds Wünsche erfüllt, sogar die unausgesprochenen. Nachdem lange nicht sicher war, ob er seine Sammlung ausführen durfte, hatte sie bei jedem Besuch in der Berggasse ein Stück in den Rock gestopft. Sie hatte weg-

Klein, aber bedeutend: das Palais, das Ludwig Richter für Max Graf Vrints von Falkenstein in den Jahren 1887 bis 1889 errichtete, gilt als ein besonders charakteristisches Bauwerk für diese Epoche in Wien. Hier, in der Griechischen Botschaft, residierte Marie Bonaparte bei ihrem Wienaufenthalt im Frühjahr 1938.

geworfene Aufzeichnungen aus dem Papierkorb gefischt, Manuskripte eingesteckt und Freuds Goldmünzensammlung.

Skrupel kennt die Prinzessin keine. Ein skrupelloses Regime hat es verdient, hintergangen zu werden. Dem Rechtsanwalt Alfred Indra, den Freud hinzugezogen hatte, war es nicht gelungen, seinen Klienten von dem staatlich sanktionierten Diebstahl, Reichsfluchtsteuer genannt, befreien zu lassen; der Antrag war unterwürfig formuliert, doch mit einer

Freudschen Fehlleistung hatte Indra verraten, was er darüber dachte; er tippte «Reichsfluchsteuer» auf das Deckblatt.

Dass die Nationalsozialisten den alten Mann, nachdem sie sein Bargeld gestohlen, seinen Verlag konfisziert und seine Konten gesperrt hatten, auch noch seiner wenigen Kostbarkeiten, der Bücher und der Antiken, berauben wollten, hatte Marie Bonaparte besonders empört. Weil Freud, nachdem er bereits die Judenvermögensabgabe bezahlt hatte, nicht imstande war, die geforderten 33 325 Reichsmark zu entrichten, drohten sie, seine Sammlung zu beschlagnahmen. Marie hatte den Plünderern jedoch einen Strich durch die Rechnung gemacht und die Summe bezahlt.

Doch das, was Marie Bonaparte nun noch rettet, hätte Freud gerne den Nazis zur Vernichtung überlassen.

Sie lässt sich zur Rothschild-Bank am Rennweg bei der Freyung fahren, zu ihrem Safe bringen und entnimmt ihm ein Paket. Es enthält weder Schmuck noch Geld, nur einen Stapel Briefe und Aufzeichnungen. Für Marie ist es Gold wert.

Am 30. Dezember 1936 hatte der Schriftsteller und Kunsthändler Reinhold Stahl sie aufgesucht, um ihr brisante Objekte zum Kauf anzubieten. Es handle sich um ein Konvolut mit Briefen Freuds, darunter sehr spezielle Briefe. Sie sei doch als intime Freundin des großen Mannes bestimmt daran interessiert. Marie Bonaparte erkannte sofort, dass es die vertraute Handschrift war, und verstand, was dieses Bündel Papier so kostbar machte: es befanden sich darin die Briefe, die Freud an seinen ehemals engen Vertrauten Wilhelm Fließ geschrieben hatte, Briefe, in denen alles zur Sprache kam, bis hin zum Zerwürfnis und der Plagiatsdebatte in Sachen Otto Weininger. Die Herkunft war einwandfrei: Stahl hatte sie der Witwe von Fließ abgekauft, die sie ursprünglich der Berliner Nationalbibliothek vermachen wollte. Doch nachdem drei Jahre zuvor, im Mai 1933, in Berlin Freuds Bücher in Flammen aufgegangen waren, hatte Ida Fließ Angst, die Briefe könnten dasselbe Schicksal erleiden.

Aus Amerika lagen dem Unterhändler lukrative Angebote vor. Doch Stahl wusste, dass Prinzessin Bonaparte genügend Interesse und Mittel besaß, um diese Dokumente, insgesamt zweihundertfünfzig Briefe und einige theoretische Entwürfe, Europa zu erhalten. 12 000 Francs verlangte er. Und Marie zahlte. Anfang 1937 hatte Freud Wind von diesem Kauf bekommen und Marie angeboten, 6000 Francs zu übernehmen,

Brisant, aber gesichert: Im Safe der damaligen Rothschild-Bank schloss Marie Bonaparte 1937 die Briefe Freuds an Wilhelm Fließ ein und holte sie im März 1938 ab. Albert Salomon Anselm von Rothschild hatte das Gebäude, nach Plänen der Architekten Ernst von Gotthilf-Miskolczy, Franz und Gustav von Neumann 1916 bis 1921 errichten lassen. Der New Yorker Börsenkrach traf auch die Rothschilds. Die Creditanstalt sprang ein. 1934 wurde die Bank unter Dollfuß mit dem Wiener Bankverein fusioniert und hieß nun Österreichische Creditanstalt – Wiener Bankverein. 1938 wurde der Erbe Louis Nathaniel von Rothschild verhaftet und zur Emigration gezwungen, womit die 118jährige Verbindung der Bank mit der Rothschild-Dynastie endete. Im Dritten Reich diente ausgerechnet dieses Institut als KZ-Bank, die von den Lagern regelmäßig Todeslisten erhielt und, wie Archive der Deutschen Bank belegen, Wuchergebühren erhob für Überweisungen Angehöriger an KZ-Häftlinge. Kathartisch, dass das Haus 1989 durch Gustav Peichl umgestaltet und als Ausstellungshalle eröffnet wurde. Ursprünglich besaß das Gebäude zur Freyung keinen Zugang.

wenn sie ihm die Briefe an den Freund der frühen Jahre aushändige. Doch zum ersten und einzigen Mal schlug Marie dem Wahlvater einen Wunsch ab. Sie fühlte sich an das Versprechen gebunden, das an den Verkauf geknüpft war, Briefe und Manuskripte unter keinen Bedingungen an Freud oder seine Familie abzugeben, da sonst zu befürchten war, dass diese Dokumente vernichtet würden. «Sie selbst, lieber Vater», versuchte sie Freud schriftlich zu beschwichtigen, «erkennen vielleicht Ihre eigene Größe nicht. Sie sind Teil der Ideengeschichte, wie zum Beispiel Plato oder Goethe. Was für ein Verlust wäre es für uns, für die Nachkommen, wenn Goethes Unterhaltungen mit Eckermann zerstört worden wären oder Platons Dialoge aus Mitleid mit Sokrates, damit die Nachwelt nicht erfährt, dass er homosexuelle Beziehungen zu Phädrus und Alkibiades hatte!»

Freud witterte dennoch Ungemach, schon weil er Ida Fließ nie vertraut hatte und ihr die Schuld am seinem Bruch mit Wilhelm gab. Im Detail wusste er nicht mehr, was er alles in diesen Jahren an den Freund in Berlin geschrieben

Patriotisch und großzügig: Jüdische Mäzene trugen wesentlich dazu bei, dass aus der Österreichischen Nationalbibliothek, deren Prunksaal Johann Bernhard Fischer von Erlach ab 1721 errichtete, eine der reichsten und schönsten Büchersammlungen der Welt wurde. Sie beherbergt auch Originaldokumente zur Ausreise des Juden Freud aus Österreich 1938, die nur auf Voranmeldung eingesehen werden können.

hatte, nur diese juristisch heikle Affäre mit Weininger und der Bisexualität erinnerte er noch genau. Es stehe nichts in den Briefen, beruhigte Marie ihn, das ihn erniedrigen könnte – «nichts, wenn man Sie kennt». Und sie argumentierte gewitzt: «Sie selbst, lieber Vater, haben sich in Ihrem schönen Werk immer gegen die Idealisierung von großen Männern um jeden Preis gewandt.» An einem vermeintlich sicheren Ort hatte sie die Briefe hier, in Wien, deponiert, keine zehn Fußminuten von Freuds Wohnung entfernt: in einem Safe der Rothschild-Bank in der Nähe des Schottenstifts.

Nun aber, im April 1938, sind sie dort so gefährdet wie

Freuds Bücher in jeder privaten Bibliothek. Die Bankhäuser von Juden sind von Enteignungen bedroht. Marie Bonaparte weiß, dass sie handeln muss. Sie ist eine Frau, die das Risiko liebt, nicht nur was Liebesabenteuer betrifft. Routiniert, als handele es sich um irgendwelche Dokumente, entnimmt sie das Konvolut und steckt es in die Handtasche. Unter den Augen der Gestapo verfrachtet sie das Ganze ins Auto, in der Botschaft allerdings versenkt sie es in ihren Koffer. Schließlich hat Freud erst Ende des vergangenen Jahres bei ihrem letzten Wienbesuch gesagt, er hoffe Marie doch noch dahin zu bringen, dass sie die Briefe vernichte. Und jetzt, wo sie einem bemitleidenswerten herzkranken Krebspatienten, der ihr mehr bedeutet als jeder andere Mann, beim Abschiednehmen zusehen muss, ist die Gefahr groß, schwach zu werden. Alles will sie für ihn tun, nicht aber ein Stück seines Lebens verleugnen, auch wenn das in seinem Sinne wäre.

Noch im April verlässt sie Wien in Richtung Paris. Diplomatengepäck darf nicht untersucht werden. Auch aus der Ferne überwacht Marie Bonaparte die Abläufe in Wien. Freud hat gar keine Zeit, an die ominösen Briefe zu denken.

Erst am 2. Juni kann Marie Bonaparte aufatmen: Freud hat von den Behörden nach wochenlangem Kampf endlich die so genannte Unbedenklichkeitserklärung bekommen, die er zur Ausreise braucht.

Die Koffer sind gepackt. Die Antikensammlung steht in Holzkisten verpackt bereit; ein befreundeter Gutachter hat die Stücke so niedrig geschätzt, dass Freud die Ausfuhr erlaubt worden ist. Die Regale leer, an den Wänden helle Rechtecke, der Schreibtisch nackt. Friedhofsstimmung, sagt das Dienstmädchen Paula Fichtl. Sie hat ihr Erspartes, Gold- und Silbermünzen, mit denen Freud bar bezahlt worden war, in ihren Mantel eingenäht und dazu als Talisman ein Foto der Frau Professor Freud in jungen Jahren. Paula ist sechsunddreißig und wird zum ersten Mal in ihrem Leben die österreichische Heimat verlassen. Gezögert hat sie keine

Sekunde, sich dafür zu entscheiden, aber auch an ihr haben die letzten Wochen gezehrt. Die Nerven hat sie trotzdem behalten und drei Tage lang wie eine Kustodin einen jungen Fotografen namens Engelmann durch die Wohnung geführt, der noch alles dokumentieren wollte, bevor die Zimmer ausgeräumt werden. Hier hat der Herr Professor bei den Analysestunden gesessen, den Hund zu Füßen, hier beim Lesen, hier beim Schreiben, hier beim Essen, da hat er gebadet. Ihr Pragmatismus und die Sorge um ihre geliebten Freuds schützen Paula wie eine Regenhaut.

Freud wirkt stoisch, obwohl er seit bald drei Monaten, seit dem 12. März, die Wohnung nicht ein einziges Mal verlassen hat. Martha aber ist anzumerken, wieviel Kraft es sie kostet, die übliche Contenance zu wahren. Freuds Leibarzt Max Schur musste wegen einer Blinddarmentzündung unters Messer und seine Emigration mit Frau und Kindern verschieben. Josefine Stroß, eine Freundin von Anna und Kinderärztin am Rudolfplatz, die für ihn als Freuds Betreuerin einspringt, ist äußerst angespannt. Auch Anna ist die Überforderung anzusehen. «Fast alles, was zu tun war, hat Anna besorgt», sagt Freud. «Die Männer wie Robert und Martin waren unbrauchbar, halb närrisch.»

Martin war von seinem Vater immer schon als ein Verlierer eingeschätzt worden, einer, der es nicht wirklich geschafft hat, obwohl er Rechtsanwalt ist. «Der Sohn eines Genies bleibt der Sohn eines Genies und seine Chance, menschliche Anerkennung für irgend etwas, das er tut, zu erhalten, besteht fast nicht, wenn er versucht, für etwas Ruhm zu beanspruchen, das abgelöst vom Ruhm des Vaters ist», seufzte er, uneingedenk der Erfolge seines Bruders Ernst. Dass Martin jedoch Grund gehabt hatte, närrisch zu sein, war Freud bekannt. Als Leiter des Psychoanalytischen Verlags in der Berggasse 7 und als juristischer Berater seines Vaters war es seine Aufgabe gewesen, dort sämtliche Dokumente zu verstecken und zu vernichten, die verrieten, dass Freud Gelder im Ausland angelegt hatte. Noch bevor Martin alles Belastende beseitigt hatte, war eine unautorisierte Bande von zehn, zwölf bewaffneten Nazisympathisanten eingebrochen, die ihn in seinem Bürostuhl den ganzen Tag festhielten, die Gewehrmündungen auf seinen Bauch gerichtet. «Warum erschießen wir ihn nicht?» hatte ein verhärmter Zwerg, der aggressivste von allen, wie einen Refrain wiederholt. Doch nun waren auch Martin und Esti, seine Frau, samt Kindern schon abgereist. Freuds Bruder Alexander und dessen Frau, Marthas Schwester Minna, Enkel Ernst, genannt Ernstl, die älteste Tochter Mathilde und ihr Mann Robert Hollitscher hatten in den letzten Tagen und Wochen bereits das Land verlassen. Anna war den Eltern als einzige geblieben und gab sich erschreckend nüchtern. Ob es nicht klüger wäre, wenn sie sich alle umbrächten, hatte sie den Vater gefragt. «Warum?» hatte der geantwortet. «Weil sie gerne möchten, dass wir es tun?» Er verriet Ana nicht, dass er ausschließlich ihretwegen die anstrengende Reise antreten wollte. «Der Vorteil, den die Übersiedlung Anna bringen wird», hat er an Jones geschrieben, «ist all unsere kleinen Opfer wert. Für uns alte Leute hätte die Übersiedlung nicht gelohnt.»

Am 2. Juni wird Freud von Pichler noch einmal untersucht, am Pfingstsamstag, dem 4. Juni, stellt Paula zum letzten Mal das übliche Frühstück auf den Tisch in der Berggasse. Ein weiches Ei und etwas Rindfleischtartar für den Herrn Professor, Toast mit Konfitüre für die anderen. Anna hat das Gefühl, der Vater brauche eine zusätzliche Stärkung und bittet Paula, ihm ein Glas Wermut einzuschenken.

Gegen Mittag bestellt Paula Fichtl zwei Taxis, um halb drei steigen die drei Freuds in das eine, Josefine Stroß, Paula und Chow-Chow Lün in das andere ein; die Kinderärztin vom Rudolfplatz hat die Tasche vollgestopft mit Nitroglyzerin und Strychnin, um gegen Freuds Herzbeschwerden unterwegs sofort etwas unternehmen zu können. Seine Eisenbahnphobie, die er ein Leben lang nicht überwinden konnte, bedeutet ein zusätzliches Risiko.

Eine halbe Stunde vor Abfahrt sind sie am Wiener West-

Gezeichnet, aber erleichtert: Freud am Zugfenster. «Abreise 3h25. Orient-Express» ist alles, was Freud am 4. Juni 1938 in seiner «Kürzeste Chronik» einträgt.

bahnhof. Die Leute drehen sich um, als die Freuds mit Hund und Begleiterinnen durch die Halle gehen.

Im Abteil der Freuds sind die Vorhänge zugezogen, als der Orientexpress fahrplangemäß um 15 Uhr 25 aus dem Wiener Westbahnhof fährt. Endstation: Gare de L'Est, Paris. Marie Bonaparte, William Bullitt, der amerikanische Botschafter in Paris, Freud-Bewunderer und Journalisten empfangen dort die Reisenden. Von zehn Uhr morgens bis zehn

Uhr abends erholen sie sich in der Stadtvilla der Prinzessin. Und Freud wird überreicht, was Marie Bonaparte alles im Diplomatengepäck herausgeschmuggelt hat. Von der Bronzestatue der Athene bis zu den Goldmünzen: «... der eine Tag in Ihrem Haus», bedankt sich Freud bei Marie, «hat uns Würde und Stimmung wiedergegeben; nachdem wir 12 Stunden lang in Liebe eingehüllt wurden, sind wir stolz und reich unter dem Schutz der Athene abgereist.»

Dass sich unter der Schmuggelware der Prinzessin auch die ominösen Briefe befunden haben, kann Freud sich denken. Doch er redet nicht mehr davon.

Erst lange nach Freuds Tod wurde die Korrespondenz veröffentlicht, 1950 auf Deutsch, 1954 auf Englisch. Die Auswahl hatte Anna Freud getroffen. Im Sinne des Vaters. Es sollten noch einmal Jahrzehnte vergehen, bis die Briefe 1986 unzensiert erschienen. Im Sinne der Marie Bonaparte.

Der erste Spaziergang:

Besuch des *Kunstforums Länderbank* (Kunstforum der Bank Austria Creditanstalt), Freyung 8, Renngasse 2, I. Bezirk, Fon 0043/1/ 537 33 26, www.ba-ca-kunstforum.at. Wechselnde Ausstellungen ermöglichen während der Öffnungszeiten den dauernden Zugang

Der zweite Spaziergang:

Besuch des *Prunksaals der Hofbibliothek*, Josefsplatz 1, Haupteingang der Österreichischen Nationalbibliothek, I. Bezirk. Öffnungszeiten: Dienstag bis Sonntag von 10 bis 18 Uhr; Führungen jeden Donnerstag um 18 Uhr oder unter telefonischer Voranmeldung 0043/1/ 534 10-464

Weitere Adressen:

Westbahnhof, Neubaugürtel, XV. Bezirk
Griechische Botschaft (Fassade und Entrée), ehemals Palais von Max Graf Vrints zu Falkenstein, Argentinierstraße 14, IV. Bezirk

Vom Staat beraubt, verzogen nach Theresienstadt
~
Auf den Spuren von Freuds Schwestern im Stubenviertel

Es hört sich an, als könnte das Ganze komisch werden, komisch wie eine englische Boulevardkomödie. Vier Schwestern, die älteste achtundsiebzig, die jüngste vierundsiebzig, ziehen zusammen in eine gemeinsame Wohnung, größer, heller, schöner gelegen als die Behausungen, aus denen sie hinausgekündigt worden sind. Es könnte die vier amüsieren, in den Möbeln und Hinterlassenschaften ihres jüngeren Bruders herumzustöbern, der hier jahrelang sein Büro unterhielt und gerade erst, im April 1938, heimlich mit seiner Frau die Stadt, das Land verlassen hat, um bei seinem Sohn Harry in der Schweiz unterzuschlüpfen. Und es könnte ihnen gut tun, sich hier nach all dem, was sie hinter sich haben, auszutauschen wie früher als Kinder und junge Mädchen. Da hatten sie auch jahrelang zu zweit oder zu dritt in einem Zimmer geschlafen, während Sigmund sein eigenes Kabinett bewohnte.

Rosa, Maria, Adolfine und Paula haben ein Leben hinter sich, das ihnen zugesetzt hat, auch wenn ihre vier Viten sich bedeutungslos ausnehmen verglichen mit denen der beiden Brüder, beide Professoren, beide arriviert, Sigmund weltberühmt, Alexander, der Jüngste, immerhin wienberühmt. Aus deren Schatten getreten, eigentlich geflohen ist nur die älteste der Schwestern, Anna, die Lehrerin geworden und früh schon mit Mann und Kindern in die USA emigriert ist.

In jungen Jahren waren die Freud-Schwestern durchaus umschwärmt gewesen, Rosa besonders. Doch sie bekamen

Aufbruch in die Moderne: Die Schalterhalle des Österreichischen Postsparkassenamts, das nach Entwürfen von Otto Wagner in zwei Bauphasen von 1904 bis 1906 und von 1910 bis 1912 errichtet wurde, gilt als eines der Hauptwerke der Modernen Architektur. Seine kühle Funktionalität und seine schmucklos klare Fassade entsetzte die einen und begeisterte die anderen. Seine Ausstattung ist weitgehend original erhalten und kann zu den üblichen Geschäftszeiten besichtigt werden. Wahrscheinlich hatten die Schwestern Freud hier ihre Konten.

fast nie eine Gelegenheit, mit den Freunden, die ihr Bruder nach Hause brachte, Kontakte zu knüpfen, denn die zog er sofort in sein schmales, mit Büchern voll gestopftes Reich ab, wo dann hochgeistig debattiert wurde.

Dass er sich als Ältester für seine Schwestern verantwortlich fühlte, hatte er ständig gezeigt; über das, was die insgesamt fünf Mädchen lasen, befand er genauso streng wie über ihren Auftritt. Anna, seine nur zwei Jahre jüngere Schwester, hatte er mit fünfzehn sogar davon abgehalten, Balzac und Dumas zu lesen, was er selbst sich natürlich gönnte. Und als Rosa mit immerhin schon sechzehn mit ihrer Mutter in Bozen war, dort öffentlich Zither spielte und

Applaus erntete, obwohl sie das Instrument nicht besonders gut beherrschte, hatte er sie eindringlich gewarnt vor skrupellosen Menschen, die junge Frauen verderben, indem sie ihnen mit Schmeichelein den Kopf verdrehen. Zu jedem der Männer, die sich um seine Schwestern bemühten, hat Sigmund einen Kommentar abgegeben. Unselbständig sind die Freud-Mädchen trotzdem nicht geworden, abgesehen von Adolfine, Dolfi genannt, der ewigen Tochter. Alle haben sie einen Beruf gelernt, mit dem sie ihr eigenes Geld verdienen konnten, alle haben sie mehr von der Welt gesehen als nur ihre Heimatstadt Wien, alle, abgesehen von Dolfi, haben interessante Ehepartner gefunden. Und diese hat wohl gar nicht erst zu suchen begonnen.

Jetzt, wo sie bis auf Anna wieder zusammen sind, könnten sich die Freud-Schwestern über vieles amüsieren, was früher war, auch über den großen Bruder, der von seinem Vater wohl doch die Patriarchen-Rolle übernommen hat. «Schau, unsere Familie ist wie ein Buch», hatte er seinem jüngeren Bruder Alexander schon als Sechzehnjähriger erklärt. «Du und ich sind der letzte und der erste der Geschwister. So sind wir die starken Deckel, die die schwachen Mädchen, die nach mir und vor dir geboren sind, stützen und beschützen müssen.» Männliche Familienmitglieder sorgen für den Zusammenhalt, weibliche für die Unterhaltung zwischendrin, Männer geben Struktur, die Frauen ausfüllen, hieß das. Damals hat keine der Schwestern gekichert, zu sehr war Mutters Lieblingssohn Sigmund anerkannter Star der Familie. Aber jetzt könnten sie doch lächeln darüber, dass Sigmund letztlich nur den Bruder für vollgenommen, nur mit ihm seine Bildungsreisen unternommen und nur mit ihm ernsthafte, vor allem finanzielle Familienprobleme durchgesprochen hat. Dass sie bei ihren Besuchen in der Berggasse 19 an jedem Sonntagvormittag immer nur von Martha und Minna empfangen wurden, nie aber von Sigmund, der währenddessen mit Alexander in seinem Sprechzimmer, zu dem die Schwestern nie Zugang hatten, das Wesentliche bere-

Aufbruch in den Tod: Der Aspanger Bahnhof, von dem zwischen 1941 bis 1943 insgesamt siebenundvierzig Deportationen ausgingen, war 1880 erbaut, 1971 gesperrt und sechs Jahre später abgerissen worden. Im 19. Jahrhundert war dort auch ein Kanal angelegt worden, der Wien mit der Adria verbinden sollte.

dete. Dass er sie dann erst im Wohnzimmer nicht einzeln, sondern als Gruppe begrüßte, direkt bevor das Mittagessen aufgetragen wurde. Keine der vier hat sich deswegen minderwertig gefühlt oder zurückgesetzt. Schließlich haben sie selbst einiges geleistet. Sigmund hat das anerkannt und honoriert.

Dolfi hat das härteste und unscheinbarste Dasein geführt; klaglos hat sie beide Eltern gepflegt bis zum Tode. Geerntet hat sie dafür den Dank der übrigen Geschwister und die Ehre, von Sigi zur liebsten und besten Schwester gekürt zu werden. Was es an Kraft gekostet hat, die Demütigungen und die Herrschsucht der Mutter zu ertragen, ist Dolfi anzusehen. Amalia Freud ist sehr alt geworden, und ihre Lust an tyrannischer Launenhaftigkeit hatte mit den Jahren nicht abgenommen. Dolfi verwundete das umso mehr, als ihr Bruder recht hatte, der schon in jungen Jahren an ihr «Innigkeit und leider allzufeine Empfindsamkeit» diagnostiziert hatte. Fast siebzig war Dolfi, als die Mutter schließlich starb. Bleibt vielleicht noch Zeit, sich etwas zu gönnen, Zeit, noch ein Intervall einzuschieben zwischen dem Opferdasein und dem eigenen Ende.

Rosa, vier Jahre nach Sigmund geboren, scheint äußerlich unbeschädigt von dem, was ihr widerfuhr; dass ihr Sohn Hermann mit kaum zwanzig Jahren 1917 in einem der blutigen Grabenkriege am Isonzo, Massaker eher als Gefecht, jämmerlich gestorben ist, dass ihre Tochter Cäcilie, die schöne, gescheite, von Cousine Anna angehimmelte Medizinstudentin, sich mit dreiundzwanzig mit einer Überdosis Veronal vergiftet hatte, hat Rosas Jugendfrische nicht ruinieren können. Cäcilie, Mausi gerufen, war früh depressiv geworden, und nachdem ihr Geliebter wie der Bruder dem Krieg geopfert worden waren, aus ihrem Tal nicht mehr herausgekommen. Das uneheliche Kind in ihrem Bauch war wohl nicht mehr als ein Auslöser, Schluss zu machen mit einem verschatteten Leben. Außenstehende könnten meinen, Rosa habe den Verlust ihrer Kinder bewältigt, denn sie wirkt weder verhärmt noch vorgealtert; sie war schon über sechzig, als sich noch immer deutlich jüngere Männer um sie bemüht haben, und den ersten Zahn hat sie erst mit über siebzig verloren. Vom berühmten Bruder kann Rosa am meisten erzählen, weil sie bis 1896, bis zu ihrer späten Heirat mit sechsunddreißig, zu Hause wie im Urlaub oft das Freudsche Kindermädchen und auch die Kinder selber beaufsichtigt hatte und dann mit Mann und Kindern bis 1908 im selben Haus wie die Familie von Sigmund, in der Berggasse 19, wohnte. Sie verließ diese Räume, in die Freud daraufhin seine Praxis verlegte, als sie nach nur zwölf Jahren Ehe ihren Mann, den in Wien renommierten Rechtsanwalt Dr. Heinrich Graf, zu Grabe getragen hatte. Doch bis dahin hatte sie als glücklich gegolten, heiter, leicht und elegant wie ihre preisgekrönten

Aufbruch in Sehnsuchtswelten: Mit seinem Bruder Alexander, zehn Jahre nach ihm geboren, unternahm Sigmund Freud alljährlich Ende August oder Anfang September eine Ferienreise, «die mehrere Wochen dauerte und uns [...] an eine Küste des Mittelmeers führte». Alexander war nicht nur Professor an der Exportakademie in Wien und Herausgeber der Zeitschrift «Tarifanzeiger», sondern auch wandelnder Baedeker.

Stickereien und als so schön wie die Duse, nur ohne deren trauerumflorten Blick.

Maria, Mitzi genannt, war es weniger gut ergangen. Ihr deftiges Äußeres und ihre mangelnde Weltgewandtheit waren von Jugend an ein Problem; Freud hatte sie Fließ gegenüber als unbeholfen, kindisch und sentimental bezeichnet. Und es stimmt, es war ihr als Kindermädchen in Paris weder gelungen, die Sprache zu lernen, noch sich mit dem Pariser Dasein anzufreunden. Immerhin hatte sie dort den Mann ihres Lebens gefunden, besser gesagt wieder gefunden. Mit Moritz Freud, einem Cousin zweiten Grades, Chassid wie ihr Vater, blond, blauäugig, zupackend, einer, der sich allein durchschlagen und mit vierzehn für seine Familie sorgen musste, hat sie eine gute Ehe geführt. In den Augen mancher Beobachter vielleicht etwas verrückt, denn ihre gemeinsame Theaterbegeisterung inszenierten sie im privaten Leben, doch wie tief der Tod von Moritz sie getroffen hat, sagt genug. Und die Anhänglichkeit, mit der ihre Töchter an sie bis zuletzt schreiben, spricht für sich. Von Familientragödien ist auch Mitzi nicht verschont geblieben. Sie, die Ordnungen liebte und brauchte, musste erleben, wie sie zerbrachen; einer ihrer Zwillingssöhne war tot geboren worden, der überlebende ist als Achtzehnjähriger in einem Berliner See ertrunken. Die drei Töchter sind zwar allesamt etwas Besonderes geworden, Margarethe hat Literatur studiert, Lilly ist als Schauspielerin erfolgreich, und Martha, die sich Tom nannte, sich auch so anzog und benahm, hat in Berlin, München und London Kunst studiert, sämtliche Techniken gelernt, war zu einer originellen, avantgardistischen und vielseitigen Künstlerin geworden, die Geschichten und Gedichte für Kinder verfasste, Buchumschläge, Kinderspielzeug, Modellkleider und Möbel entwarf. Aber nachdem sich ihr Mann, an seiner Erfolglosigkeit verzweifelnd, umgebracht hatte, war auch Tom in den Tod gegangen. Das war nun acht Jahre her, verheilt war die Wunde noch nicht. Immerhin, zwei von Mitzis Töchtern lebten noch, lebten gut, und deren Zuneigung tröstete die Mutter. Denn sie war so bodenständig wie ihr Beruf: Mitzi hatte doppelte Buchführung gelernt. Und die Gegenwart der Schwestern, zu denen Mitzi aus Berlin zurückgezogen war, tat gut.

Paula, zu der von jeher alle Pauli sagen, galt lange als die verwöhnte Jüngste, und als sie der ältesten der insgesamt fünf Schwestern, der aufmüpfigen Anna, in die USA nachreiste, war sie alles andere als arbeitswillig. Aber nach fünf Jahren Ehe hatte ihr Mann, als Anwalt anerkannt und arriviert, sie und ihre Tochter Beatrice verlassen müssen; nicht überraschend, aber schmerzlich früh hatte es den Hünen Valentin von Winternitz gefällt. Es war Pauli, der jungen Witwe, nur ihre Tochter Beatrice, Rosi genannt, geblieben – und die Heimkehr nach Wien, wo mehr Vertraute lebten als drüben. Woran es lag, dass Rosi schizophren wurde, wusste auch der Onkel Sigmund nicht zu sagen. Kurzfristig hatte es so ausgesehen, als könnten sie die Ehe mit dem Dichter Ernst Waldinger und die zwei gemeinsamen Kinder stabilisieren, doch als beiden fünf und acht waren, versank sie endgültig in Wahnideen. Auch Pauli wüsste nicht, wo sie besser aufgehoben wäre als hier, bei ihren Schwestern.

Bis auf Dolfi haben die Schwestern einiges von der Welt gesehen. Es drängt sie nicht mehr hinaus. Seit sie alle verwitwet sind, ist ihr Verhältnis zueinander noch enger geworden. Gemeinsame Ausflüge, Ferien, Kuraufenthalte und Feste haben sie zusammengeschweißt und wieder mit der Heimat verbunden. Sie teilen durchaus die Ansicht von Sigmund, es mache wenig Sinn, in diesem Alter noch nach England zu emigrieren. Alte Bäume versetzt man nicht, heißt es. Die vier verstehen es schon richtig, wenn Sigmund von ihnen als den alten Frauen redet, die er zurücklassen muss; er selbst wäre auch nicht auf die Idee verfallen, auszuwandern, gäbe es nicht Anna, deren Zukunft sein eigentlicher Beweggrund ist, das Land zu verlassen.

Was die Finanzen angeht, haben die Brüder und auch Anna von den USA aus vorgesorgt für Rosa, Mitzi, Dolfi und Pauli. Seit Beginn der Dreißigerjahre haben die drei einen Fonds von Wertpapieren geschaffen, deren Erträge die Existenz der Schwestern unter normalen Bedingungen mühelos abgesichert hätten. Eine Summe von 160 000 Schilling, umgerechnet 22 400 Dollar, ist zu dieser Zeit ein beträchtliches Vermögen. Und es sieht es so aus, als werde ihnen wirklich Unterstützung zuteil im Namen ihres großen Bruders. Der Chemiker Dr. Sauerwald ist zwar eine ominöse Figur, aber hilfreich. Und seine Verehrung für Freud ist größer als seine Treue zu den Nazis. Eingesetzt als Kommissar des Psychoanalytischen Verlags, hat er in seiner Langeweile zu lesen begonnen, wurde von der Lektüre und schließlich von Freuds Persönlichkeit so tief beeindruckt, dass er alles daran setzte, die Auswanderung von Freud und seiner Familie zu erleichtern. Eng hat er mit Freuds nur offiziell nationalsozialistischem Anwalt Dr. Alfred Indra zusammengearbeitet, persönlich hat er überwacht, dass Freuds Bücher, Manuskripte und Antiquitäten allesamt korrekt verpackt wurden, und seit die Emigration schließlich über die Bühne gegangen ist, kümmert er sich um die Schwestern. Sauerwald schert sich nicht darum, ob er beobachtet wird bei seinen Besuchen in der Biberstraße. Und den Schwestern ist bewusst, dass seine Anwesenheit einen Schutz bedeutet. Es fragt sich, ob ihr Bruder Alexander ihnen verraten hat, wie Sauerwald seine widersprüchliche Haltung kommentiert; dass er ihm sogar unumwunden erklärt hat, der Führer habe durchaus Recht, die Juden zu eliminieren, weil sie wegen ihrer internationalistischen Neigungen und ihrem individualistischen Verhalten nie ein zuverlässiger Bestandteil der Bevölkerung werden könnten, dass das aber dem einzelnen nicht verbiete, in bestimmten Fällen zu helfen.

Freud verfolgt von London aus genau, was in Wien geschieht. Er erfährt, dass am 12. November 1938 ein Gesetz erfunden wird, das die Juden zu einer JUVA, abgekürzt für Judenvermögensabgabe, von 25 Prozent ihres angemeldeten Besitzes als «Sühneleistung» nach der Reichskristallnacht verpflichtet. Nicht genug mit diesem staatlich sanktionierten Diebstahl, die JUVA muss auch noch im Voraus entrichtet werden und wird aufgestockt durch ebenfalls daraus errechnete Steuernachzahlungen für die letzten zehn Jahre.

«Die letzten abscheulichen Ereignisse in Deutschland», schreibt Freud am 12. November 1938 an Marie Bonaparte, «verschärfen das Problem, was mit den alten Frauen zwischen fünfundsiebzig und achtzig geschehen soll. Es geht über unsere Kräfte, sie in England zu erhalten. Das Vermögen, das wir ihnen beim Abschied hinterlassen, gegen hundertsechzigtausend österreichische Schillinge, ist vielleicht schon jetzt konfisziert, geht sicherlich verloren, wenn sie weggehen. Wir denken an einen Aufenthalt an der französischen Riviera, Nizza oder Nähe. Aber wird es möglich sein?»

Alexander ist ebenso wenig wie Freud imstande, für die gemeinsamen Schwestern finanziell zu sorgen, denn er hat mit dem überstürzten Aufbruch aus Wien sein gesamtes Vermögen eingebüßt; allein die Reichsfluchtsteuer hat den Großteil davon aufgefressen.

Mit Freud geht es bereits bergab, als seine Tochter Anna Alarm schlägt und sich am 26. März 1939 an den alten Vertrauten Paul Federn wendet. «Wir werden jetzt etwas unternehmen müssen, um die Tanten aus Wien herauszunehmen.» Dr. Sauerwald kann nicht mehr helfen, er ist zur Wehrmacht eingezogen worden. Alexander Freuds Sohn Harry wendet sich daher an Dr. Alfred Indra, den Anwalt, der Freud bei den bürokratischen Abwicklungen zu seiner Ausreise vertreten hatte. Freud ist bereits tot, als sich die Lage in Wien verschärft. «Tanten im August mittellos», telegraphiert Indra am 20. Juli 1940 an Harry Freud, «alle Werte längst veräußert, Hilfe dringend notwendig.» Indra seinerseits fragt Dr. Erich Führer um Rat. Dass ausgerechnet dieser Jurist um Beistand gebeten wird, macht das Ausmaß der Ratlosigkeit deutlich, war es doch Führer, der sich zu einem beträchtlichen Teil an dem Vermögen bereicherte, das Alexander «zu treuen Händen» seiner Verwaltung anvertraut hatte.

Im Oktober 1940 wird es eng in der Biberstraße 14: zwei Ehepaare werden bei den Schwestern Freud zwangseinquartiert.

Am 15. Januar 1941 wenden sie sich mit einem Brief an Dr. Erich Führer. Was sie von seinen Machenschaften wissen, hindert sie nicht, denn es gibt offenbar sonst niemanden mehr, von dem sie sich auch nur die geringste Hilfe erwarten. Es ist Mitzi, die Buchhalterin, die den Brief aufsetzt.

«Sehr verehrter Herr Doktor! Die äusserste Not zwingt uns trotz Ihrer ablehnenden Haltung in der Wohnungsfrage an Ihre Hilfe zu appellieren. Nachdem wir vor 3 Monaten 2 Ehepaare zu uns in die Wohnung aufnehmen mussten, wird uns die neuerliche Einweisung von 8!! Personen zuteil und wir 4 Schwestern auf Einen [sic] Raum, der Schlaf- und Wohnzimmer sein soll, beschränkt. Wir sind, wie Sie wissen, alte, teilweise kränkliche, oft bettlägrige Personen, eine ordentliche Lüftung und Aufräumung ist ohne Gefährdung der Gesundheit unmöglich, ebenso die Unterbringung auch nur der allernotwendigsten Gebrauchsgegenstände. Das einfachste Gebot der Menschlichkeit spricht gegen einen solchen Zwang und wir können einfach nicht glauben, dass Sie einer solchen Anordnung fühllos gegenüberstehen und uns Ihre Hilfe versagen werden. Wir wenden uns deshalb an Sie, sehr verehrter Herr Doktor, als unseren Vertreter, mit der ergebensten Bitte, ausnahmsweise unter der Betonung der Dringlichkeit beim Referenten der Judenumsiedlung des Wohnungsamtes für den 1. Bezirk die Beschränkung der Neuzuweisung von 8 Personen auf 4 Personen zu erbitten, für welch letztere bereits Vorsorge getroffen wurde. In der sicheren Erwartung, dass Sie unserem verzweifelten Hilferuf Gehör schenken werden, zeichnen wir Hochachtungsvoll

Marie Freud, Adolfine Freud, Pauline Winternitz.»

Rosa unterzeichnet nicht, es geht ihr zu schlecht.

Bereits am Tag darauf schreibt Mitzi mit dickem Rotstift «ist überholt» über den Brief. Führer kann sich die Mühe mit dem Einspruch sparen, die angekündigten acht Mitbewohner sind bereits in die Wohnung in der Biberstraße eingewiesen worden.

Marie Bonaparte bemüht sich energisch um die Ausreise der Schwestern, aber der Gesundheitszustand der ausgelaugten Dolfi und der von Angina pectoris-Anfällen gebeutelten Mitzi ist miserabel. Und das hinterlassene Geld schmilzt dahin. Schließlich sieht es so aus, als könnten die internationalen Freunde mit vereinten Kräften zumindest Rosa und Pauli in Sicherheit bringen, die kräftig genug wirken, eine lange Reise zu überstehen. Doch das Verfahren stockt; woran es hängt, ist nicht herauszubekommen. Am 18. März 1942 löst sich dieses Rätsel; die einundachtzigjährige Maria Sara Freud erfährt aus einem Brief des Anwalts, dass sie – mit 22 Reichsmark Steuerzahlung im Rückstand sei, er selbst den Betrag nicht auszulegen imstande sei und Mitzi sich umgehend bei der Vollstreckungsstelle des Finanzamts melden müsse, um die finanzielle Lage der Schwestern zu besprechen. Diese 22 Reichsmark haben die Ausreise von Rosa und Pauli verhindert, offiziell zumindest.

Ziemlich genau drei Monate später, am 26. Juni 1942 werden Dolfi, Mitzi und Pauli abgeholt und zum Aspanger Bahnhof gefahren. Warum Rosa zurückgelassen wird, weiß keiner. Vermutlich steht ihr Name einfach auf einer anderen Liste. In Viehwaggons werden sie Richtung Mähren nach Theresienstadt transportiert. Für ältere Menschen ist bereits die Fahrt eine Folter, die sie an den Rand des Zusammenbruchs bringt. Es kann die Freud-Schwestern nicht trösten, dass sie im Waggon auf Bekannte treffen wie den Freud-Patienten Dr. Benno Fürst, der bewundert, wie viel Haltung sie wahren. Sie können nicht wissen, dass das Lager hier in Theresienstadt, auf der Wannseekonferenz vom 20. Januar 1942 offiziell zum Altersghetto erklärt, nur für Dolfi Endstation sein wird. An den letzten Augusttagen landet auch Rosa in Theresienstadt. Wer immer unter den Neuangekommenen davon hört, dass die Freud-Schwestern hier eingesperrt sind, schaut nach ihnen, auch Eugenie Moser, eine alte Freundin der Familie. Sie findet Dolfi bereits dahinsiechend vor, zum Skelett abgemagert, von Durchfällen gepeinigt, Mitzi und Pauli apathisch resignierend, Rosa aber resolut. Ob auch Tilly Frankl die Schwestern begrüßt, die zusammen mit ihrem Mann, Freuds Kollegen und Bekanntem Viktor Frankl eingeliefert worden ist, beide erst in den Dreißigern und damit ohnehin Kandidaten für den Weitertransport in das, was sich Arbeitslager nennt? Ob sie alle ahnen, dass es noch schlimmer werden wird als hier, wo die hygienischen Verhältnisse bereits so katastrophal sind wie die Ernährung? Ob die Schwestern daran denken, dass daheim zunehmend panische Briefe ihrer Familie auf sie warten? Ob Mitzi vermutet, dass dort Post ihrer Tochter Margarethe aus Kopenhagen liegt, deren angestrengter Optimismus einem das Herz zerreißt? «Geliebtes Mutterl! Ich warte mit Sehnsucht u Ungeduld [auf] Deine neue Adresse u. hoffe, dass man Dir meine Karten u. Paket nachsendet, damit Du nicht ohne Nachrichten bist. Ich hoffe so sehr, dass Du u die Geschw. gut untergebracht. Schreibe doch bitte bald.»

Genau am dritten Todestag ihres Bruders, am 23. September 1942, werden Mitzi und Pauli wieder in Viehwaggons gepfercht und weiter nach Osten in Richtung Minsk gekarrt. Zwischen vier und sieben Uhr morgens kommen sie dort auf dem Güterbahnhof an, von wo die Züge sofort über ein Stichgleis weitergeleitet werden nach Maly Trostinec, eine ehemalige Kolchose, von der aus Zwangsarbeiter die deutschen Einheiten in Minsk mit Nachschub versorgen. Was in Maly Trostinec mit ihnen geschieht, hat Reinhard Heydrich als Chef der Sicherheitspolizei und des SD persönlich angeordnet: alle Deportierten sollen direkt nach ihrer Ankunft ermordet werden. Wenn sie nicht gleich am Güterbahnhof Minsk in Gaswagen gezwängt, darin umgebracht und dann in die Massengräber gekippt werden, kommen sie zu einem Sammelplatz, wo man ihnen die Wertsachen abnimmt und dann auf Lastwagen zum Ort der Hinrichtung fährt: ein Kiefernwald in der Nähe des Gutes, wo bereits die Gruben ausgehoben sind. Augenzeugen berichten später, dass mit Traktoren über die Leichen gefahren wurde, um sie Platz sparend zusammenzupressen.

Dolfi und Rosa bleiben in Theresienstadt zurück: sie können nur mutmaßen, wo die beiden anderen hingeraten sind, denn Nachrichten gibt es nicht. Im Oktober kommt auch Rosa auf eine Liste zum Weitertransport. Sie ist nun dreiundachtzig, aber sie hat noch immer nicht aufgegeben. Als sie östlich von Warschau in Treblinka aus dem Zug steigt, geht sie auf einen Mann zu, der seinen Abzeichen nach einer der Maßgeblichen hier sein muss. Es ist der stellvertretende Lagerkommandant Kurt Franz. Sie zieht ihren Ausweis heraus. Regine Debora Graf, geborene Freud. Die Schwester von Professor Sigmund Freud, Rosa gerufen. Nein, sie bittet nicht um Gnade, nur darum, anstatt für körperliche Arbeit für Bürotätigkeit eingeteilt zu werden in diesem Arbeitslager. Franz hatte offenbar Lust auf einen Scherz. Nachdem er sich den Ausweis genau angesehen hat, erklärt er, ihre Einweisung müsse ein Irrtum sein, zieht Rosa Graf zum Fahrplan, zeigt ihr, dass in zwei Stunden ein Zug nach Wien hier abfahre. Bis zu ihrer Rückreise solle sie ein Bad nehmen und währenddessen ihre Dokumente und Wertgegenstände hier lassen. Aus diesem Badehaus kehrte Rosa Graf ebensowenig zurück wie die anderen von der Million Juden, die Kurt Franz im Januar 1943 als in Treblinka vernichtet meldet, was ihm die Beförderung zum Obersturmbannführer einbringen soll. Einen Monat später gelingt es Dolfi in Theresienstadt, dem Schicksal ihrer Schwestern zu entkommen: Am 5. Februar 1943 stirbt sie an inneren Blutungen, wie das Totenbuch von Theresienstadt vermerkt. Sie ist eine von 33 456 Menschen, die dort eines Todes sterben, den natürlich zu nennen sich verbietet.

Keiner der Neffen und Nichten wird das Ende der vier Freud-Schwestern jemals Onkel Sigmund anlasten. Das übernehmen einige selbstgerechte Biographen. Dort, wo der Aspanger Bahnhof stand, an dem die Schwestern Freud wie alle Deportierten Abschied nahmen von Wien, erstreckt sich heute ein Niemandsland zwischen der Trostlosigkeit billiger Gemeindebauten, Parkplätzen für Lastkraftwagen, Baumärkten, Nachtclubs und dem St. Marxer Friedhof. Das Gelände daneben wurde «Platz der Opfer der Deportation» genannt. Was bestimmt keiner ausspricht.

Der Spaziergang durchs Stubenviertel:

Wohnung der Schwestern Freud Biberstraße 14, I. Bezirk
Österreichisches Postsparkassenamt, Georg Coch-Platz 2, I. Bezirk

Weitere Adresse:

Mahnmal Aspangstraße, III. Bezirk

Literatur
~
eine Auswahl

Andreas-Salomé, Lou: In der Schule bei Freud. Tagebuch eines Jahres (1912/1913), hrsg. von Ernst Pfeiffer. Frankfurt am Main, Berlin, Wien 1983

Appignanesi, Lisa und John Forrester: Die Frauen Sigmund Freuds. München 1996

Bahr, Hermann: Wien. Stuttgart 1906

Behling, Katja: Martha Freud. Die Frau des Genies. Mit einem Vorwort von Anton W. Freud. Berlin 2002

Bernfeld, Siegfried und Suzanne Cassirer: Bausteine der Freud-Biographik. Frankfurt am Main 1981

Bernhard, Marianne: Zeitenwende im Kaiserreich. Die Wiener Ringstraße. Architektur und Gesellschaft 1858–1906. München 1992

Bertin, Célia: Die letzte Bonaparte. Freuds Prinzessin. Ein Leben. Freiburg im Breisgau 1989

Berthelsen, Deltef: Alltag bei der Familie Freud. Die Erinnerungen der Paula Fichtl. München 1989

Brunnbauer, Heidi: Im Cottage von Währing/Döbling. Interessante Häuser – interessante Menschen. Gösing/Wagram, 2003

Clare, George: Letzter Walzer in Wien. Spuren einer Familie. Frankfurt am Main, Berlin und Wien 1980

Clark, Ronald: Sigmund Freud. Leben und Werk. Frankfurt am Main 1989

Dubrovic, Milan: Veruntreute Geschichte. Die Wiener Salons und Literaturcafés. Frankfurt am Main 1987

Ehrmann, Salomon: Meine persönlichen Beziehungen zu Sigmund Freud. B'nau B'rith Mitteilungen für Österreich, 26, 1926, Heft 5

Engelmann, Edmund: Sigmund Freud Wien IX. Berggasse 19. Mit einer Einleitung von Inge Scholz-Strasser. Wien 2004

Fischer, Lisa und Regina Köpl: Sigmund Freud. Wiener Schauplätze der Psychoanalyse. Wien 2005

Freud, Ernst und Lucie (Hrsg.) Sigmund Freud. Briefe 1873–1939
Freud, Sophie: Im Schatten der Familie Freud. Meine Mutter erlebt das 20. Jahrhundert. Berlin 2006
Freud, Sigmund: Briefe an Wilhelm Fließ 1887–1904, hrsg. von Jeffrey Moussaieff Masson. Frankfurt 1986
Ders.: Gesammelte Werke. 18 Bände und ein Nachtragsband. Frankfurt am Main 1960
Freud, Sigmund: Selbstdarstellung. In: Die Medizin der Gegenwart in Selbstdarstellungen, hrsg. von Louis R. Grote, 8 Bände. Leipzig 1923–1929, zitiert nach der von Ilse Grubrich-Simitis herausgegebenen Taschenbuchausgabe. Frankfurt am Main 1973
Ders. Tagebuch 1929–1939. Kürzeste Chronik. Herausgegeben, eingeleitet und kommentiert von Michael Molnar. Stroemfeld, Basel und Frankfurt am Main 1996
Freud-Bernays, Anna: Eine Wienerin in New York. Die Erinnerungen der Schwester Sigmund Freuds, hrsg. von Christfried Tögel. Berlin 2006
Freud-Marlé: Mein Onkel Sigmund Freud. Erinnerungen an eine große Familie. Berlin 2006
Fromm, Erich: Sigmund Freud. Seine Persönlichkeit und seine Wirkung. München 1995
Gardiner, Muriel (Hrsg.): Der Wolfsmann vom Wolfsmann. Sigmund Freuds berühmtester Fall. Erinnerungen, Berichte Diagnosen. Frankfurt am Main 1982
Gay, Peter: Freud. Eine Biographie für unsere Zeit. Frankfurt am Main 1987
Gödde, Günter: Mathilde Freud. Die älteste Tochter Sigmund Freuds in Bildern und Selbstzeugnissen. Gießen 2003
Gropp, Rose-Maria: Lou Andreas-Salomé mit Sigmund Freud. Grenzgänge zwischen Literatur und Psychoanalyse. Weinheim und Basel 1988
Hanke, Helmut: Yvette Guilbert. Die Muse vom Montmartre, Berlin 1978
Jones, Ernest: Sigmund Freud. Leben und Werk. Frankfurt 1969
Kolbrunner, Jürg: Der kranke Freud. Stuttgart 2001
Krüll, Marianne: Freud und sein Vater. Die Enstehung der Psychoanalyse und Freuds ungelöste Vaterbindung. München 1979
Lahann, Birgit und Ute Mahler: Als die Psyche auf die Couch kam. Die rätselvolle Geschichte des Sigmund Freud. Berlin 2006
Le Rider, Jacques und Norbert Leser: Otto Weininger. Werk und Wirkung. Quellen und Studien zur österreichischen Geistesgeschichte im 19. und 20. Jahrhundert, Band 5. Wien 1984
Leupold-Löwenthal, Harald und Inge Scholz-Strasser: Sigmund Freud. Vorlesungen 1970–1988. Wien und Köln 1990

Leupold-Löwenthal, Harald, Hans Lobner und Inge Scholz-Strasser (Hrsg.): Sigmund Freud-Museum. Katalog. Wien 2001
Marinelli, Lydia (Hrsg.): Freuds verschwundene Nachbarn. Mit einem Vorwort von Inge Scholz-Strasser. Wien 2003
Markus, Sigmund: Freud und das Geheimnis der Seele. Die Biographie. Berlin und Frankfurt am Main 1991
Molnar, Michael (Hrsg.): Sigmund Freud. Tagebuch 1929–1939. Kürzeste Chronik. Basel und Frankfurt am Main 1996
Nemetschke, Nina und Georg Kugler: Lexikon der Wiener Kunst und Kultur. Wien 1990
Reichmayr, Johannes: Spurensuche in der Geschichte der Psychoanalyse. Frankfurt am Main 1994
Reik, Theodor: Dreißig Jahre mit Sigmund Freud. Reihe Geist und Psyche. München. 1976
Roazen, Paul: Brudertier. Sigmund Freud und Viktor Tausk: Die Geschichte eines tragischen Konflikts. Hamburg 1973
Sachs, Hanns: Freud. Meister und Freund. Frankfurt am Main, Berlin und Wien 1982
Schur, Max: Sigmund Freud. Leben und Sterben. Frankfurt am Main 1982
Sinhuber, Bartel F.: Zu Gast im alten Wien. Wien 1997
Tögel, Christfried: Freuds Wien. Eine biographische Skizze nach Schauplätzen. Wien 1996
Troller, Georg Stefan: Das fidele Grab an der Donau. Mein Wien 1918–1938. Düsseldorf und Zürich 2004
Weissweiler, Eva: Die Freuds. Biographie einer Familie. Köln 2006
Welsch, Ursula und Dorothee Pfeiffer: Lou Andreas-Salomé. Eine Bildbiographie. Leipzig 2006
Wiesner-Bangard, Michaela und Ursula Welsch: Lou Andreas-Salomé. «Wie ich Dich liebe, Rätselleben.» Eine Biographie. Leipzig 2002

Personenregister

Kursive Ziffern verweisen auf Abbildungen

Abraham, Karl 122, 126
Adam, Heinrich 151
Adler, Alfred 104 f., 107, 126, 173
Altenberg, Peter 101
Andreas, Friedrich Carl 103, 110
Andreas-Salomé, Lou 101, *102*, 103–117, 192

Bahr, Hermann 17 f.
Baumann, Ludwig 147
Beer-Hoffmann, Richard 101
Bernays, Berman 61
Bernays, Eli (Schwager) 35–39
Bernays, Emmeline 36 f.
Bernays, Hermann (Schwager) 32 f.
Bernays, Judith (Nichte) 159, 161
Bernays, Minna (Schwägerin) 36 f., 61 f., 70, 72, 98, 133, 167–169, 176, 193, 205, 210
Bernfeld, Siegfried 173
Bjerre, Poul 103
Blanton, Margaret 145
Blanton, Smiley 145
Bleibtreu, Hedwig 136
Bloch, Ernst 179
Bonaparte, Marie 90, 97, 99, *102*, 121–124, *125*, 126–129, 174, 177 f., 188, 190, 194, 197–203, 206 f., 217 f.
Braun, Heinrich 27
Braun, Ludwig 131
Brecht, Bertolt 179 f.
Breuer, Josef 44–46, 52 f., 90, 126, 137
Brücke, Ernst Wilhelm v. 43–45, 61
Brunswick, Mark 148
Bullitt, William C. 149, 190, 195, 206
Burlingham, Dorothy 69, 128, 168, 188
Busch, Wilhelm 76

Canetti, Elias 9, 15
Cappellini, Arnoldo 143
Charcot, Jean-Martin 61, 149
Corleone, Martine 156
Cromwell, Oliver 61

Deuticke, Franz 12, 83 f.
Deutsch, Helene 112
Döblin, Alfred 179
Dobril, Otto 27
Dollfuß, Engelbert 177, 182, 201

Eckstein, Emma 96
Eckstein, Friedrich 96

Eitington, Max 18, 89, 164, 171
Engelmann, Edmund 71, 204

Fabiani, Max 116
Federn Paul 217
Fellner, Ferdinand 135, 147
Ferenczi, Sándor 8, 16, 97 f., 181
Ferstel, Heinrich v. 44, 130
Ferstel, Marie v. 52
Feuchtwanger, Lion 180
Fichtl, Paula 100, 123, 128, 166, 171 f., 176, 181, 188, 195, 203, 205
Figl, Leopold 189
Fischer von Erlach, Johann Bernhard 202
Fleischl-Marxow, Sigmund Ernst v. 43, 48, 51
Fließ, Ida 199, 201
Fließ, Wilhelm 17, 39, 52, 55–57, 60, 62–64, 75, 86–88, 91 f., 123, 126, 184, 199, 213
Förster, Emil v. 88
Frankl, Tilly u. Viktor 219
Franz, Kurt 221
Freud, Adolfine (Dolfi, Schwester) 34, 56, 160 f., 208, 210–212, 215, 218 ff.
Freud, Alexander (Bruder) 26, 36, 56, 77, 97, 146, 158, 205, 208, 210, 213, 216 f.
Freud, Amalia (geb. Nathanson, Mutter) 20, 22, 25 f., 34, 58, 155, 157–163, 164, 211
Freud, Anna (Tochter) 95, 98, 123, 127, 132 f., 141–143, 146, 150, 162, 168 f., 172, 176, 178, 180, 183, 188–191, 192, 193–196, 204 f., 207, 212, 215, 217
Freud, Anna (verh. Bernays, Schwester) 7, 29–31, 33–40, 56, 69, 72, 89, 133, 159, 208 f., 215
Freud, Clemens Raphael (Enkel) 177
Freud, Emanuel (Halbbruder) 25
Freud, Ernst (Ernstl, Enkel) 7, 191, 205
Freud, Ernst (Bruder) 61, 78, 89, 177, 181, 183, 204
Freud, Esti (Frau von Sohn Martin) 205
Freud, Harry (Neffe) 97, 208, 217
Freud, Jacob (Vater) 23, 25 f., 54, 55, 56, 58, 60 f., 63 f., 155
Freud, (Jean-)Martin (Sohn) 61, 95 f., 146, 157, 159, 188, 193 f., 204 f.
Freud, Joseph (Onkel) 24 f.
Freud, Lilly (Enkelin) 7, 65, 157 f., 173, 214
Freud, Lucian (Enkel) 183
Freud, Lux (Frau von Sohn Ernst) 177, 183
Freud, Margarethe (Gretl, Nichte) 7, 214, 220
Freud, Maria Sara (Mitzi, Schwester) 31, 34, 155, 157, 160, 173, 213–215, 218–220
Freud, Martha (geb. Bernays, Frau) 7, 36–39, 45 f., 47, 54, 56, 61 f., 68, 70, 72, 76, 88, 90, 93, 95 f., 98, 123, 141, 145, 158, 162, 168 f., 176, 189, 193, 204 f., 210
Freud, Martha (= Tom, Nichte) 214
Freud, Mathilde (verh. Hollitscher, Tochter) 59, 65, 73, 75–79, 132 f., 160, 162, 178, 181, 205

Freud, Moritz (Cousin u. Schwager) 214
Freud, Oliver (Sohn) 61, 178, 181
Freud, Paula (Pauli, Pauline; verh. v. Winternitz, Schwester) 34, 73, 214 f., 218–220
Freud, Philipp (Halbbruder) 25, 34
Freud, Regine (Rosa) Debora (verh. Graf, Schwester) 31, 34, 161, 208 f., 212, 215, 218 f., 221
Freud, Sophie (verh. Halberstadt, Tochter) 132
Friedell, Egon 188
Fromm, Erich 64
Führer, Erich 217 f.
Fürst, Benno 219

Georg v. Griechenland, Prinz 122
Geymüller, Johann Heinrich Frh. v. 170
Goebbels, Josef 178, 190
Goldmann, Salka 132
Goldwyn, Samuel 125
Göring, Hermann 190
Gotthilf-Miskolczy, Ernst v. 201
Graf, Cäcilie (Mausi, Nichte) 161, 212
Graf, Heinrich (Schwager) 212
Graf, Hermann (Neffe) 212
Gropius, Walter 140
Guilbert, Yvette 102, 128, 145, 148, 149–152

Hajek, Markus 92, 137
Halban, Josef 128 f.
Halberstadt, Max (Schwiegersohn) 7

Hammerschlag, Samuel 25, 31, 132
Hansen, Theophil 15, 81, 88
Härtel, Wilhelm v. 52
Heine, Heinrich 180
Heller, Hugo 107
Helmer, Hermann 135, 147
Heydrich, Reinhard 220
Himmler, Heinrich 187, 190
Hitler, Adolf 11, 180
Hoffmann, Josef 176
Hofmannsthal, Hugo v. 101
Hollitscher, Robert (Schwiegersohn) 77–79, 205
Holzbauer, Wilhelm 184

Indra, Alfred 198 f., 216 f.

Jellinek, Adolph 183
Jodl, Friedrich 82
Jones, Ernest 49, 133, 173, 178 f., 194, 205
Jones, Mervyn 173 f.
Jung, Carl Gustav 104 f., 123, 126

Karl Ludwig, Erzherzog 130
Klein, Melanie 153
Klimt, Gustav 101
Knoepfmacher, Wilhelm 43, 182
Koller, Broncia 101
Koller, Carl 49–51
Königstein, Leopold 49 f., 52, 92, 96, 137
Kornmehl, Siegmund u. Helene 69
Kraus, Karl 10–17, 19, 85, 119, 138
Kugler, Georg 145

Laforgue, René 118, 121, 127
Levy, Lajos 131

Lichtheim, Anna 132
Lieben, Anna von 94
Loewi, Hilde 113 f.
Loos, Adolf 12, 14

Mack-Brunswick, Ruth 126, 132, 148
Mahler, Gustav 139
Mahler-Werfel, Alma 140, 176
Mann, Heinrich 144
Mann, Thomas 151
Mendelssohn, Moses 157
Meynert, Theodor 137
Moll, Carl 176
Moser, Eugenie 219
Moser, Koloman 176
Müller, Hermann 136

Neumann, Alexander 131
Neumann, Franz u. Gustav 201
Nietzsche, Friedrich 101–103, 109

Oerley, Robert 120
Olt, Richard 27
Orlik, Emil 52

Peichl, Gustav 201
Pfister, Oscar 182
Piccolomini, Ottavio 156
Pichler, Hans 94, 120 f., 142, 181, 205
Pineles, Friedrich «Zemek» 101 f.
Planck, Max 58
Popper, Josef 58
Pozzo, Andrea 42

Rank, Otto 121 f., 126, 173
Reik, Theodor 140, 180
Richter, Ludwig 198
Rie, Oskar 75, 92

Rilke, Rainer Maria 101–103, 108, 113
Riviere, Joan 153
Roosevelt, Franklin 190
Rosenberg, Ludwig 92
Rosenfeld, Eva 150, 153
Rosenthal, Konrad 170
Rothschild, Albert Salomon Anselm v. 201
Rothschild, Louis Nathaniel v. 201
Ruben, Victor Richard 99

Sachs, Hanns 121
Sadger, Isidor 117
Salten, Felix 101, 136
Sandrock, Adele 88
Saphir, Moritz 81
Sauerwald, Dr. 216 f.
Scheu, Robert 12
Schiller, Max 150
Schmerz, Arthur 92
Schmidt, Max 170
Schnitzler, Arthur 58, 88, 92, 101, 134 f., 137 f., 140–144, 149
Schnitzler, Gisela 137
Schnitzler, Julius 92 f., 136, 143
Schnitzler, Lili 142–144
Schnitzler, Olga 138, 142
Schönberg, Arnold 85
Schumann, Ludwig 94, 189
Schur, Max 99, 177, 188, 190 f., 193–196, 204
Silberstein, Eduard 73
Silberstein, Pauline 73
Stahl, Reinhold 199
Stein, Lorenz v. 36
Stekel, Wilhelm 104, 173
Stern, Ernst 35
Stiassny, Anna u. Ernst 78
Stierlin, Hermann 69

Stroß, Josefine 204 f.
Swoboda, Hermann 84, 87

Tausk, Marius 109, 113, *115*, 117
Tausk, Martha 112 f.
Tausk, Victor Hugo 109, *115*
Tausk, Viktor 104, 106–117
Thimig, Hugo 134, 136, 144
Tischler, Ludwig 94, 189
Toulouse-Lautrec, Henri de 153 f.
Tucholsky, Kurt 149

Urbantschitsch, Rudolf v. 134

Vrints, Max Graf 198

Wagner, Julius 182
Wagner, Otto 116, 209

Wagner-Jauregg, Julius 50, 52 f.
Waldinger, Ernst 215
Weich, Osiach 24 f.
Weinberger, Charles (Karl) 81
Weininger, Otto 80–88, 202
Weiss, Edoardo
Wells, H. G. 149
Werfel, Franz 176
Wiley, John Cooper 189 f.
Winternitz, Beatrice (Rosi, verh. Waldinger, Nichte), v. 215
Winternitz, Valentin v. (Schwager) 215
Wise, Stephen 182
Wittels, Fritz 15
Wittgenstein, Ludwig 85

Zweig, Arnold 181, 151, 192
Zweig, Stefan 82, 144, 147, 163

Ortsregister
~
Kursive Ziffern verweisen auf Abbildungen

Alsergrund 155–158
Alserstraße 53, 80, 113
Alte Elster (Beisl) 103
Alte Universität 42, *44*, 51, 53
Alter evangelischer Friedhof
 s. Matzleinsdorfer Friedhof
Alter israelitischer Friedhof
 s. Zentralfriedhof
Altes Allgemeines Krankenhaus
 (AKH) 41, 46, 49, 53, 80, 92,
 121, 137
Aspanger Bahnhof *211*, *219*, *221*
Auersperg-Sanatorium *120*, *121*, 124, 129, 142
Auerspergstraße 120, 129
Augarten 22, 36, 40

B'nai B'rith (Loge) 9, 19, 63, 162, 190
Bäckerstraße 44, 53
Beethovenhaus 80, 85, 88
Berggasse 7, 17 f., 68, *69*–*71*, 77 f., 80, 82 f., 89, 103, 105–107, 113, 118, 125, 127, 131, 133, 137 f., 141, 158, 161, 169, 189 f., 190, 195, 197, 204 f., 210, 212
Biberstraße 216–218, 222
Burgtheater 14, 16

Café Central 11, 89, 93, 96, 100
Café Griensteidl 101, 117
Café Imperial *11*, 19
Café Korb 9, 19
Café Landtmann 18, 93, *94*, 96, 100, 137
Café Ronacher 109, 117
Chemisches Institut *44*, 53
Cottage-Lyzeum *131*, 132, 134
Cottage-Sanatorium 130–136, 142–144

Dr. Karl-Lueger-Ring 44, 100

Frankgasse 138
Freiberg (Mähren) 20, 25

Geymüllerschlössl *170*
Ghetto, jüdisches 21
Glockengasse 28
Graben 27
Griechische Botschaft 197, *198*, 203, 207
Große Schiffgasse 21
Grüne Thorgasse 7, 57, 155, 158, 162, 165
Gymnasiumstraße 132, 134, 144

Hamifgasch (Judaica-Zentrum) 35

Hohe Warte 176 f., 182, 185
Hollandstraße 35
Hotel Bristol 118, *119*, 126–129, 146 f., 154, 197
Hotel Imperial 19, 147, *151*, 187
Hotel Métropole 186 f., *189*, 190 f.

Jesuitenkirche 42
Johannesgasse 33

Karlskirche 12, *14*, 19, 156
Karmeliterkirche 20, *21*, 28
Kleine Pfarrgasse 21
Konzerthaus 16, 19, 145, *147*, 149–151, 154
Krummbaumgasse 21

Leopoldstädter Communal- und Real-Gymnasium 20, 22–24, 28
Lichtenfelsgasse 94
London 18, 25, 78, 100, 153, 181, 216
Lothringerstraße 11, 19, 154

Maly Trostinec 220
Maria-Theresienstraße 73, 78
Matzleinsdorfer Friedhof *81*, 88
Mauthner-Villa 176, 179, *180*, 182 f., 185
Minsk 220
Musikvereinsgebäude *15*, 19, 147, 154

Nationalbibliothek *202*, 207

Oppolzergasse 93

Paris 38, 61, 127, 149, 178, 203, 214
Pfeffergasse 28
Pötzleinsdorf 166, 169 f., 172, f., 175
Praterstraße 22, 35, 137

Rathausgasse 38
Rembrandtgasse 29, 34, 36–40

Salztorgasse 186, 189, 196
Schönbrunn *104*
Schwarzspanierhaus 80, 88
Servitengasse 84, 88, 155, 165
Servitenkirche 155, *156*, 157, 165
Sirk-Eck *119*
Spöttelgasse 138
Sternwartestraße 134, 141, 144
Sühnhaus 73, 78, 88, 134

Taborstraße 20–22, 24, 28, 40
Theresienstadt 219, 221
Treblinka 221
Türkenschanze 130, 134 f.
Türkenstraße 77, 79, 160
Tysmenica 74

Unterdöbling 176, 180 f.
Urania 109, 113, 116 f.
Ursulinenkirche, -kloster *32*, 33, 40

Votivkirche 18 f., 44, 94, 100

Wandsbek b. Hamburg 37, 41, 48, 50, 56

Zentralfriedhof 14, 54, *58*, *59*, 66

Stammbaum der Familie Freud
(Auszug)

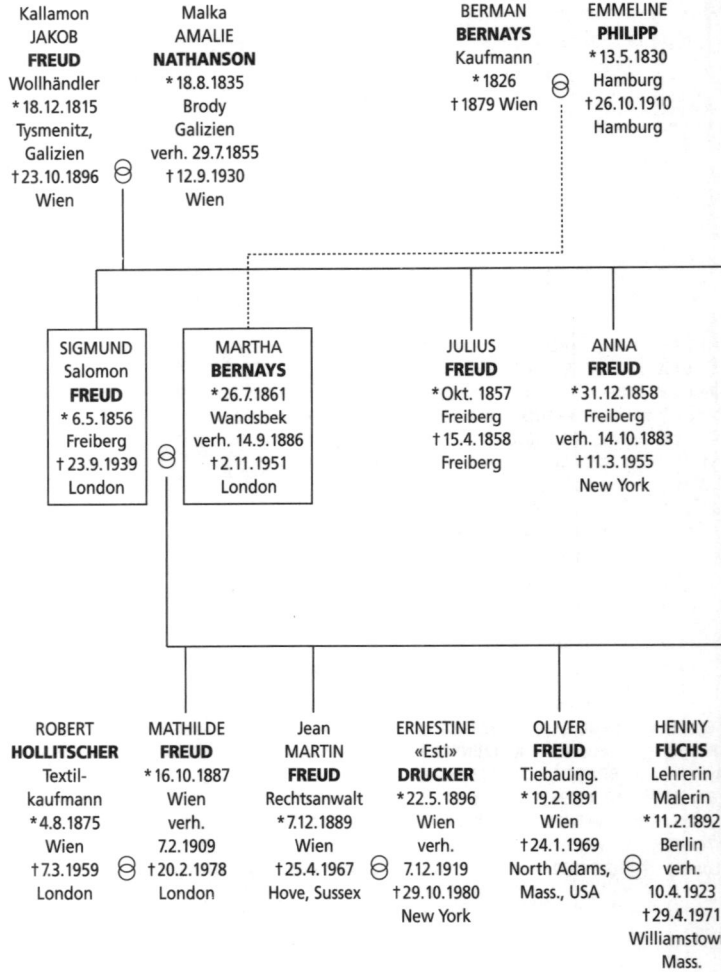

HEINRICH **GRAF** Rechtsanwalt *ca. 1852 Wien †15.3.1908 Wien	«ROSA» Regine Debora **FREUD** *21.3.1860 Wien verh. 17.5.1896 †ca. 1942 in Treblinka vergast 2 Kinder	MARIA «Mitzi» **FREUD** *22.3.1861 Wien verh. März 1886 †ca. 1942 in Treblinka vergast	Esther ADOLPHINE «Dolfi» **FREUD** *23.7.1862 Wien †ca. 1942 Theresienstadt	«Paula» PAULINE **FREUD** *3.5.1864 Wien verh. New York †ca. 1942 in Treblinka vergast	ALEXANDER **FREUD** Professor an der Exportakademie *19.4.1866 Wien †22.4.1943 Toronto
ERNST **FREUD** Architekt *6.4.1892 Wien †7.4.1970 London	LUCIE «Lux» **BRASCH** *2.3.1896 Berlin verh. 18.5.1920	BERTHA **KATZENSTEIN** *15.5.1894 verh. 20.11.1923 Hamburg	MAX **HALBERSTADT** Fotograf *14.6.1882 †30.12.1940 Johannesburg, Südafrika	SOPHIE **FREUD** *12.4.1893 Wien verh. 26.1.1913 †25.1.1920 Hamburg	ANNA **FREUD** Kinderanalytikerin *3.12.1895 Wien †9.10.1982 London

*Aus dem
Verlagsprogramm*

Stadt- und Regionalgeschichte bei C.H.Beck

Eva Gesine Baur
Mozarts Salzburg
Auf den Spuren des Genies
2005. 174 Seiten mit 31 Abbildungen. Gebunden

Richard Bauer/Michael Brenner
Jüdisches München
Vom Mittelalter bis zur Gegenwart
2006. 287 Seiten mit 44 Abbildungen und 4 Karten.
Gebunden

Hubert Goenner
Einstein in Berlin
2005. 368 Seiten mit 14 Abbildungen. Gebunden

David Clay Large
Berlin
Biographie einer Stadt
Aus dem Englischen von Karl Heinz Siber
2002. 656 Seiten mit 52 Abbildungen. Leinen

Olaf B. Rader
Kleine Geschichte Dresdens
2005. 192 Seiten mit 64 Abbildungen, davon
28 in Farbe sowie 2 Karten. Gebunden

Norbert Huse
Kleine Kunstgeschichte Münchens
3., durchgesehene Auflage. 2004. 255 Seiten
mit 79 Abbildungen. Klappenbroschur

Verlag C.H.Beck München